우리는 **어떻게** 지금까지
살아남았을까

팬 데 믹 한 복 판 에 서 읽 는 인 류 생 존 의 역 사

우리는 **어떻게** 지금까지
살아남았을까

스티븐 존슨 지음 | 강주헌 옮김

한국경제신문

이 책을 어머니에게 바친다

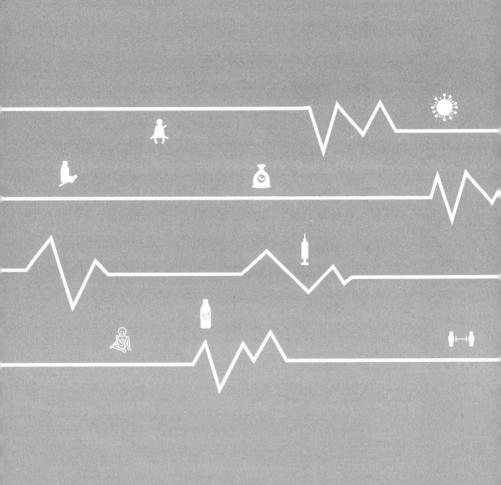

무엇이 인간을 죽이고
무엇이 인간을 살렸을까

정크션시티 북쪽을 흐르는 캔자스강 구역의 군사적 뿌리는 1853년까지 거슬러 올라간다. 캘리포니아를 찾아가는 골드러시가 시작되고 수년 후, 서쪽으로 몰려가는 여행자들을 보호하기 위한 초소가 그곳에 세워진 것이 그때였다. 수십 년이 지난 뒤에 그 지역은 라일리 요새로 알려졌고, 미국 기병 학교가 한동안 그곳에서 운영되기도 했다. 1917년 미군이 제1차세계대전에 참전할 준비를 시작할 즈음에는 해외에서 벌어지는 그 전쟁에 파견할 중서부 출신의 병사들을 훈련하기 위한 인구 5만의 작은 도시가 실질적으로 하룻밤 사이에 세워졌다.

캠프 펀스턴이라고 불렸던 그곳에는 약 3,000개의 가건물이 있었다. 막사와 식당 및 사령부는 물론이고, 잡화점과 극장, 심지어 커피숍도 있었다. 급작스레 지어졌지만 그 도시에는 젊은 신병들을 위한 편의 시설도 있었다. 한 병사가 집에 보낸 편지에 따르면, 캠프 펀스턴에서 병사들은 교향곡을 감상할 수도 있었다. 그러나 임시로 지어진 건물이었던 까닭에 대부분의 막사가 단열되지 않았다. 더구나 캠프 펀스턴에서 맞이한 첫 겨울은 유난히 추웠다. 따라서 그렇잖아도 비좁은 병영에서 함께 뒹굴던 병사들은, 막사와 식당 난롯가에 더욱더 밀착해 모일 수밖에 없었다.

1918년 3월 초, 겨울이 끝나갈 무렵 27세의 이등병 앨버트 기첼(Albert Gitchell)이 의무실을 찾아와 근육통과 고열에 시달린다고 호소했다.[1] 기첼은 민간인 시절에 푸주한이었기에 캠프 펀스턴에서 취사병으로 일하며, 함께 훈련을 받던 수백 명의 전우들을 위해 식사를 준비했다. 의사들은 기첼의 증세를 인플루엔자, 즉 독감으로 진단했고, 독감의 확산을 예방하기 위해 그를 감염병동에 격리했다. 그러나 그런 조치는 뒤늦은 것으로 드러났다. 일주일이 지나지 않아, 캠프 펀스턴에서만 수백 명이 독감 증세를 보였다. 4월쯤에는 1,000명 이상의 병사가 독감을 앓았고, 사망자가 38명이었다. 독감은 주로 어린아이와 노인에게만 위협적인 질병으로 알려졌던 까닭에 38명이라는 사망자 수는 놀라울 정도로 높은 숫자였다.

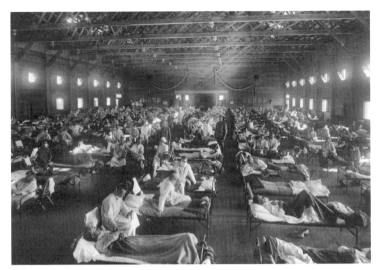

인플루엔자가 창궐하던 때의 응급 병원, 캠프 펀스턴, 캔자스, 1918년

　캠프 펀스턴의 혼잡한 의무실과 영안실을 가득 채운 시신들은 그 캔자스의 군사기지에서 이례적인 사건이 벌어지고 있다는 걸 뜻하는 초기 징조였다. 그러나 그로부터 수십 년 후에 전자현미경이 개발되고서야 과학자들은 그곳을 덮친 게 무엇인지 볼 수 있었다. 앨버트 기첼 이등병의 폐 안쪽에서는 돌기들로 둘러싸인 구체(球體) 하나가 기도(氣道) 표면에서 세포 하나를 꽉 붙잡고 있었다. 그 구체는 그 세포의 막을 뚫고 세포질까지 파고들어, 자신의 유전자 부호 가닥을 기첼의 그것과 결합하고는 자기 복제를 시작했다. 열 시간이 지나지 않아, 그 세포는 그렇게 복제된 구체들로 바글거렸고, 세포막은 한계점까지 팽창했다. 결국 한계점에 이른 세포가 폭발하며, 수십만 개의 새로운 구체가 기첼의 기도로 퍼져나갔다.

기첼이 기침이나 재채기를 할 때마다 그 구체 중 일부는 식당과 막사의 공기에 뒤섞였고, 일부는 그의 폐에서 다른 세포들에 달라붙어 똑같은 식으로 자기 복제를 되풀이했다.

당시 캠프 펀스턴의 군의관들은 그 구체가 무엇인지 전혀 몰랐다. 하지만 앨버트 기첼의 폐를 공격한 그 구체들은 새로운 종류의 H1N1 바이러스로 변이돼, 스페인독감으로 흔히 일컬어지는 팬데믹을 일으키며 2년 동안 전 세계를 공포에 몰아넣었다. 그 바이러스 자체가 병사들의 기도에서 자기 복제됐듯이, 캠프 펀스턴의 처참한 모습도 그 이후로 수개월 만에 세계 전역의 군사기지에서 재현됐다. 군인들이 미국 전역에서 유럽의 여러 전선으로 계속 유입된 때문이었다. 미군은 프랑스 브르타뉴반도의 북서쪽 끝에 위치한 군사 항구, 브레스트로 그 바이러스를 옮겨 갔다. 결국 4월 말쯤 그 바이러스가 파리를 휩쓸었고, 곧이어 이탈리아에도 나타났다. 5월 22일, 마드리드에서 발행되던 일간지 〈엘 솔(El Sol)〉은 "의사들이 아직 정확히 진단하지 못한 질병"에 마드리드의 군사기지들이 황폐해지고 있다고 보도했다.[2] 5월 말쯤, 그 바이러스는 뭄바이와 상하이와 뉴질랜드에도 상륙했다.

대부분의 다른 독감 바이러스와 비교할 때, 1918년 봄에 세계를 일주한 H1N1계 바이러스의 확산 속도는 놀라웠다. 사람에서 사람으로 쉽게 전염되며, 감염된 사람의 폐에서 세포들을 연쇄적으로 파열시켰다. 그 독감이 짧은 시간 내에 전 세계를 휩쓴 전파력과, 폐에서 구체들이 자기 복제를 해내는 속도는 섬뜩할 정도였다. 하지만 많은 감염자의 폐가 바이러스의 공격에서 회복됐다. 과학 기술의 시대였던 덕분에 이환율(morbidity rate, 집단 중 병에 걸리는 환자의 비율–옮긴이)은 높아도 치사율(mortality rate)은 상대적으로 낮았다. 요컨대 H1N1계 바이러스는 무시무시한 복제 능력을 과시했지만 숙주, 즉 감염자의 목숨까지 매몰차게 빼앗지는 않았다.

그러나 1918년 가을에 전 세계를 강타한 H1N1계 바이러스는 그다지 너그럽지 않았다.

오늘날까지 과학자들은 1918년 봄에 처음 나타난 스페인독감 바이러스보다 그 후의 2차 파도가 훨씬 더 치명적이었던 이유를 두고 논쟁 중이다. 일부 학자는 두 파도를 일으킨 H1N1계 바이러스가 서로 다른 것이었다고 주장하는 반면, 애초부터 다른 두 변종이 유럽에서 만나 어떤 이유로든 더 치명적인 새로운 변종으로 변이를 일으켰을 것이라고 주장하는 학자도 적지 않다. 한편 스페인독감이 처음 창궐했을 때에는 바이러스가 동물 숙주에서 인간 숙주로 이동한 지 얼마 되지 않아, 호모사피엔스의 기도라는 새로운 서식지에 적응하는 데 수개월이 걸렸기 때문에 치명률이 상대적으로 낮았을 것이라고 생각하는 학자들도 있다.[3]

근본 원인이 무엇이든 간에 2차 파도가 남긴 죽음의 흔적은 충격적이었다. 미국에서 새로운 위협이 처음 나타난 곳은 군인들로 붐비는, 보스턴 외곽의 군사기지 캠프 디번스였다. 9월 셋째 주가 되자 캠프에 주둔한 병사의 5분의 1이 감염됐는데, 이는 캠프 펀스턴에서 발발한 H1N1의 이환율을 훌쩍 넘어서는 수치였다. 캠프 디번스의 의료진에게 특히 충격을 준 것은 치사율이었다. 한 군의관은 "감염되면 언제 사망하느냐는 그저 시간 문제"라며 다음과 같이 덧붙였다.

끔찍하다. 한 명, 두 명, 아니 스무 명이 죽어가는 걸, 그 불쌍한 영혼들이 파리처럼 쓰러지는 걸 지켜보는 일은 마음이 강퍅해져야 견딜 수 있다. 하루에 평균 100명가량이 죽어간다. …… 거의 모든 경우에 폐렴은 죽음을 뜻한다. …… 간호사와 의사도 무수히 죽었다. 에어(제1차세계대전 동안 뉴잉글랜드 병사들을 훈련시키려고 캠프 디번스를 세운 마을-옮긴이)라는 작은 마을은 눈을 뜨고 보기 힘든 지경이다. 시신을 옮기려면 특별 열차가 필요하다. 며칠 동안 관이 준비되지 않아, 시신이 층층이 쌓여 섬뜩한 광경을 빚어내기도 했다. …… 전투가 끝난 뒤의 프랑스 전장(戰場)도 그만큼 치참하지는 않았다. 커다란 막사가 하나씩 비워지며 시체 안치소로 변해간다. 누구나 그 막사에 들어서면 자세를 똑바로 하고, 옷이 입혀진 채 두 줄로 길게 눕혀진 시신들에서 눈을 뗄 수 없을 것이다.[4]

캠프 디번스에 닥친 참상은 곧이어 세계 전역으로 퍼지며 더욱더 참혹한 상황을 빚어냈다. 미국에서는 이듬해 총사망자의 거의 50

퍼센트가 그 독감으로 인해 죽었고, 유럽의 전선과 군병원에서는 수백만 명이 죽어갔다. 인도에서는 감염자의 치사율이 20퍼센트에 달했다. 첫 번째 파도가 닥쳤을 때보다 훨씬 더 높은 치사율이었다. 오늘날 가장 보수적인 추정에 따르더라도 그 독감이 세계 전역에서 창궐하는 동안 무려 1억 명이 사망했다. 그 전염병의 발발 과정을 다룬 고전적인 저서 《악성 독감(The Great Influenza)》에서 존 배리(John Barry)는 "특히 1918년 가을, 그 끔찍했던 12주 동안 사망자가 집중 발생했다. 1918년 세계 인구가 대략 18억 명이었다는 걸 고려하면, 최대치로 계산할 때 2년만에 세계 인구의 5퍼센트 이상이 사망했다는 뜻"이라고 그 수치를 해석했다.[5]

사망률 보고서를 보면, 그 팬데믹의 또 다른 충격적인 면이 드러난다. 일반적인 독감이 유행할 때에는 젊은층의 회복력이 가장 좋지만, 1918~1919년에 창궐한 H1N1은 이상하게도 젊은층에게 치명적이었다. 배리의 지적에 따르면, "미국에서 가장 많은 사망자를 낸 연령대는 25~29세, 사망자가 두 번째로 많은 연령대는 30~34세, 세 번째로 많은 연령대는 20~24세였다. 5세 단위로 나뉜 그 각 집단에서 발생한 사망자가 60세 이상의 총사망자보다 더 많았다."[6] 이런 특이한 양상은 군부대와 군병원이라는 밀집된 구역에서 그 바이러스가 확산된 게 부분적인 원인일 수 있다. 한편 과학자들은 노년층과 장년층이 1900년대를 휩쓴 유사한 바이러스를 경험한 덕분에 스페인독감의 변종에 면역력을 가졌을 것이라고 추정하기도 했다.

스페인독감의 특이한 인구통계는 그 기간에 계산된 기대수명표에서도 명확히 드러났다. H1N1이 창궐하는 동안 50세 이하에서는 모든 연령대의 기대수명이 급격히 떨어진 반면, 70세 노인의 기대수명은 그 전염병에 아무런 영향을 받지 않았다. 그러나 종합적으로 보면, 기대수명표는 상상을 초월할 정도로 암울했다. 미국에서는 평균 기대수명이 실질적으로 하룻밤 사이에 온전히 10년이나 떨어졌다. 잉글랜드와 웨일스에서는 그 반세기 전부터 기대수명이 꾸준히 상승하고 있었지만, 전쟁으로 인해 확산된 바이러스 때문에 3년 만에 원점으로 돌아갔다. 구체적으로 말하면, 제1차세계대전 직전에 엘리트층만이 아니라 전 인구의 출생 시 기대수명은 55세까지 상승했다. 그러나 쌍둥이처럼 앞뒤로 닥친 세계대전과 팬데믹이 끝나갈 즈음, 잉글랜드와 웨일스에서 태어난 아기의 기대수명은 41세에 불과했다. 엘리자베스 1세 시대 동안 영국인들이 경험한 기대수명과 크게 다르지 않았다.

이렇게 기대수명이 최종적으로 계산되기 전, H1N1 비이러스가 세계 전역에서 인간의 폐를 여전히 엉망진창으로 만들고 있을 때, 미군 의무감 빅터 본(Victor Vaughan, 1851~1929)은 유럽 전선에서 전해지는 대략적인 사상자 수를 분석했다. 이를 바탕으로, 누군가에게 쓴 편지에서 "이 팬데믹이 지금과 같은 가속도로 계속 확산된다면 인류 문명은…… 앞으로 몇 주가 지나지 않아 지상에서 사라질 것"이라고 추정했다.[7]

▲ ▲ ▲

1918년 말, 당신이 캠프 디번스에 파견돼, 임시로 지어진 시체 안치소에 보관된 시신들을 조사한다고 생각해보라. 아니면 도시민의 5퍼센트 이상이 지난 수개월 동안 문제의 인플루엔자로 사망한 뭄바이의 길거리를 돌아다닌다고 상상해도 상관없다. 또는 유럽의 여러 군병원을 방문해 첨단 전쟁 무기, 예컨대 기관총과 탱크 및 폭격기의 공격에 전사했거나 H1N1 바이러스의 사이토카인 폭풍(cytokine storm, 인체에 바이러스가 침투했을 때 면역 작용이 과다하게 이뤄져 정상 세포까지 공격하는 현상 – 옮긴이)에 목숨을 잃은 무수한 젊은이들의 시신을 둘러본다고 상상해보라. 또 그런 대학살로 범세계적인 기대수명이 크게 떨어지며, 건강 상황이 20세기를 벗어나 17세기 수준으로 되돌아간 것을 알게 됐다고 상상해보라. 세계대전과 팬데믹의 끝자락에서 산더미처럼 쌓인 시신들을 지켜보며, 당신이라면 이후의 100년이 어떤 모습일 거라고 예측했겠는가? 지난 반세기 동안의 진보는 순전히 요행이었던 것일까? 그래서 군홧발과, 범세계화된 접속에 따라 증가한 팬데믹의 위험에 쉽게 뒤집혔던 것일까? 아니면 본 의무감이 염려했던 것처럼, 스페인독감은 훨씬 더 암울한 상황, 즉 훨씬 더 치명적인 '가속도'로 확산되는 악성 바이러스가 문명의 범세계적인 붕괴를 초래하는 지독히 암울한 상황의 예고편이었던 것일까?

세계대전과 H1N1이라는 이중의 불폭풍으로부터 세계가 서서히 회복되기 시작할 때, 두 개의 암울한 시나리오가 제시됐다. 하지만 놀랍게도 두 시나리오 중 어느 것도 실현되지는 않았다. 그 이후로 실제로 닥친 세계는 그 섬뜩한 예측을 따르기는커녕 예기치 않은 삶으로 점철된 한 세기였다.

1916년부터 1920년까지는 세계의 기대수명이 눈에 띄게 역진한 마지막 시기였다. 제2차세계대전 동안 기대수명이 잠깐 하락했지만, '악성 독감(Great Influenza)', 즉 스페인독감이 창궐하던 때만큼 극심하게 떨어지지는 않았다. 예컨대 1920년에 영국에서 태어난 아기는 기대수명이 41세에 불과했지만, 그 후손들은 이제 80세 이상의 기대수명을 향유하고 있다. 서구 사회에서는 기대수명이 대체로 20세기 전반기에 크게 증가했지만, 중국과 인도를 비롯한 개발도상국들은 지난 수십 년 동안 기대수명에서 역사상 어떤 시대보다 빠른 증가를 이뤄냈다. 100년 전만 해도 뭄바이와 델리에서 태어난 아기는 온갖 역경을 이겨내야 20대 후반까지 살아남을 수 있었다. 그런데 오늘날 인도 아대륙의 기대수명은 70년을 넘는다. 우리 미래에 예외적인 '가속도'가 있을 것이라는 본의 예측은 맞았다. 다만 긍정적인 방향으로의 변화 속도여서, 더 많은 생명을 빼앗은 게 아니라 구해냈다는 점이 달랐다.

이런 진보의 행진이 영원히 계속될 수는 없다. 스페인독감이 종식되고 거의 정확히 100년이 흐른 뒤에 나타난 코로나 바이러스 감염증-19(COVID-19), 즉 코로나19 팬데믹은 촘촘히 연결된 세계가 신속히 확산되는 감염증에는 여느 때보다 취약하다는 걸 떠올려주며 우리의 등골을 서늘하게 만들었다. 지금까지 코로나19 팬데믹으로 인해 미국의 기대수명은 1년가량 줄었고, 아프리카계 미국인 공동체에서는 그 두 배가 줄었다. 한편 2020년을 휩쓴 코로나19 팬데믹은 두렵고 비극적이지만, 1918년 이후로 인류가 한 세기 동안 이뤄낸 발전을 가감 없이 증명하기도 한다. 1918년 팬데믹의 사망자 수에 비교하면, 이 땅에 그때의 네 배나 되는 인구가 살고 있지만 지금까지 코로나19로 인한 사망자 수는 1퍼센트에도 못 미친다. 일부 추정에 따르면, 2020년 전반기는 팬데믹이 창궐한 초기라서 많은 실수가 있었음에도 공공의 개입으로 100만 명 이상의 목숨을 구했다. 그러나 언젠가 어떤 바이러스가 SARS-CoV-2(Severe acute respiratory syndrome coronavirus 2, 제2형 중증급성호흡기증후군 코로나바이러스)의 무증상 전염력과 1918년 스페인독감 바이러스의 높은 사망률을 동시에 띠며, 코로나19가 노령층을 무자비하게 죽음을 몰아넣듯이 어린이와 청년층을 무지막지하게 죽음으로 몰아갈지도 모른다. 이런 대대적인 죽음과 건강의 위기를 피하려면, 다시 말해서 인간의 수명을 늘려가는 진보의 행진을 꾸준히 계속하려면, 지난 수백 년 동안 보건 분야에서 일어난 중대한 변화들을 정확히 이해할 필요가 있다. 인류가 이뤄낸 중대한 업적을 찬양하는 데 그치지 않고 거기에 무엇을 더할 수 있을지를 생각해봐야 한다는 말이다.

▲　▲　▲

　20세기에 '악성 독감', 즉 스페인독감이 종식된 이후의 인류 건강에 대한 거시적인 이야기는 세 종류의 그래프로 요약할 수 있다. 가장 간단한 그래프부터 시작해보자. 아래의 그래프는 영국의 기대수명을 17세기 중반부터 지금까지 추적한 것이다.[8]

　인류에게, 더 나아가 이 땅에서 일어난 사건들을 파악하는 데 이 그래프만큼 중요한 기준은 없을 듯하다. 기대수명을 계산해보려는 시도가 처음으로 꿈틀대기 시작했던 1600년대 초, 평균적인 영국

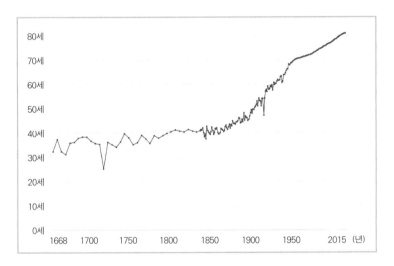

영국의 출생 시 기대수명, 1668~2015년
이 그래프는 출생 시 기대수명을 나타낸 것으로, 아기가 태어난 해의 사망률이 그가 사망할 때까지 동일한 수준으로 지속된다고 가정할 경우에 그 아이가 갖는 평균 기대수명을 가리킨다.
출처: Our World in Data

인의 수명은 30세를 조금 넘었지만, 오늘날 영국에서 태어나는 아기는 그보다 50년을 더 살 수 있다고 추정된다. 이런 놀라운 상승 기조는 세계 전역에서 반복되고 또 반복됐다. 지난 서너 세기 동안 다양한 분야에서 이뤄낸 성과, 예컨대 과학적 방법론, 획기적인 의학 발전, 공중위생 시설, 향상된 생활수준 등으로 우리는 평균 2만 일가량을 더 살 수 있게 됐다. 과거였다면 살아서 성년을 맞이할 수 없었거나 자녀를 둘 수 없었을 무수한 사람들이 가장 소중한 선물을 받은 셈이다.

인류의 진보에서 기대수명의 증가보다 놀라운 성과는 거의 없다고 봐도 무방하다. 장기적인 관점에서 보면, 추가로 얻은 2만 일은 매일 모든 일간지에서 머리기사로 다뤄져야 마땅하다. 그러나 그렇게 추가된 수명이 어떤 신문의 1면에서도 언급되지 않는 게 현실이다. 그 이유가 무엇일까? 평균수명의 증가라는 소식은 전통적으로 뉴스거리가 되기에는 극적인 요소가 부족하기 때문이다. 평균수명이 늘었다는 이야기는 흔한 진보의 한 형태에 불과하다. 뛰어난 발상과 협력이 있었지만, 대중의 관심을 받지 못한 채 수십 년에 걸친 점진적인 개선 끝에야 2만 일의 수명 연장이라는 놀라운 결과에 도달한 때문이다. 신문들이 눈앞에 닥친 선거, 유명 인사의 추문 등 단기적인 관심사에 초점을 맞춰 기사를 편집하는 게 이해되지 않는 것은 아니다. 비유하자면, 모두가 지표의 떨림에 주목하느라 지표 아래에서 흔들리는 판(板)의 움직임을 보지 않는 것과 같다. 한때 증조부모 세대를 공포에 떨게 한 위협적인 사건이 이제는 너끈히 관리할 수 있는 일상적인 현상으로 전락한 경우가 많다. 그런 경우에는 대부분이 그 사건의 존재 자체도 생각하지 않는다. 장기적인 관점을 상실하면, 이런 위협적인 사건들이 있었다는 사실조차 망각하기 마련이다. 이런 선택적 기억(selective memory)은 진보의 증거로는 인상적이지만 안타깝게도 부작용이 따른다. 극복된 위협들을 더는 생각하지 않을 때, 지난 수백 년 동안 기본적인 건강과 사회복지에서 인류의 진보를 이끌어온 근원적인 축으로부터 쉽게 멀어질 수 있다. 또한 과거에 대해 생각하지 않으면 그 과거로부터 아무것도 배울 수 없고, 수명을 늘리려면 어떤 분야를 꾸준히 발전시켜가야 하는지 결정하는 데 역사를 활용할 수도 없다. 물론 그 발전에서 필연적으로 야기되는 의도하지 않은 결과를 대비하는 데에도 역사를 활용할 수 없어, 현재 우리가 보유한 자원과 제도적 기관으로 코로나19 팬데믹처럼 최근에 닥친 위협을 이겨낼 수 있을 것이라는 믿음도 떨어지기 마련이나. 그 결과로, 과학과 의학괴 공중위생이 하나의 문화로서 지난 수세대 동안 평균적인 삶의 질과 수명을 얼마나 크게 향상시켰는가를 잊는다. 그 대신에 빌 게이츠(Bill Gates)가 대규모 백신 접종을 통해 마이크로칩을 우리 몸에 심고 있다는 식의 음모론이 난무하고, 마스크를 쓰는 단순한 행위에 대해 노골적인 적대감을 드러낸다.

어떤 의미에서 인간은 보이지 않는 방패의 보호를 꾸준히 받아왔다. 그 방패는 지난 수세기 동안 조금씩 구축되며 점점 더 강력해졌고, 우리를 죽음으로부터 더 안전하고 확실하게 지켜줬다. 식수를 소독하는 염소, 세계 전역에서 천연두를 박멸하기 위한 포위접종(ring vaccination), 새롭게 발생한 질병을 추적해 기록하는 데이터 센터 등 크고 작은 무수한 간섭이 우리를 지켜주는 보이지 않는 방패다. 우리는 실리콘밸리의 억만장자들이나 할리우드 스타들에게, 심지어 군사령관에게도 주기적으로 관심을 쏟지만, 이런 혁신이나 그와 관련된 제도적 관리를 하는 기관에는 거의 눈길을 주지 않는다. 그러나 그들이 우리 주변에 우뚝 세운 공중위생이라는 방패는 인류 역사에서 가장 위대한 업적 중 하나다. 무엇보다 기대수명을 두 배로 늘려놓지 않았는가? 2020년과 2021년에 전 세계를 휩쓴 코로나19 팬데믹 같은 위기를 계기로 우리는 이런 진보를 새로운 시각으로 보게 됐다. 팬데믹은 그 보이지 않는 방패를 짧은 시간에 불현듯 보이게 하는 흥미로운 경향을 띤다. 예컨대 이번 팬데믹을 계기로 우리는 일상이 의학과 병원 및 공중보건 당국, 의약품 공급망 등에 얼마나 의존하고 있는가를 다시 한번 깨닫게 됐다. 또한 그 방패에 뚫린 구멍들과 제도적인 취약점, 새로운 과학적 돌파구가 필요한 분야들, 급작스레 닥치는 위협으로부터 우리를 보호하기 위한 새로운 시스템과 방법이 필요하다는 것도 알게 됐다.

대부분의 역사책은 사람이나 사건 또는 장소를 중심에 둔다. 따라서 위대한 지도자, 군사적인 충돌, 어떤 도시나 국가가 역사책의 주인공이다. 그러나 이 책은 한 숫자에 대한 이야기, 구체적으로 말하면 세계 인구의 기대수명이 증가함으로써 한 세기 만에 우리 모두가 추가로 더 오랜 삶을 살게 됐다는 이야기다. 또한 그런 진전이 어디에서 비롯됐는가를 이해해보려는 시도이기도 하다. 이를 위해 그런 발전적 변화를 가능하게 해준 과학적 성과와 공동 작업 및 제도적 기관에 대해 살펴보려 한다. 구체적으로는 '추가로 얻은 2만 일 중 며칠이 백신이나 무작위 이중맹검 대조 실험, 또는 기아의 감소로 얻은 것일까?'라는 질문에 엄격히 대답해보려 한다. 최초의 사망률 보고서는 17세기 영국에서 무엇이 사람들을 죽이고 있는지 분석할 목적에서 고안됐다. 이 책은 이런 궁금증을 뒤집어 '지금 우리를 살아 있게 해주는 것들은 무엇인가?'라는 질문에 초점을 맞췄다.

▲ ▲ ▲

전반적인 기대수명을 요약한 그래프들은 중요하지만, 작은 오해를 불러일으킴으로써 인간의 영생이 머지않다는 환상을 지극할 염려가 없지는 않다. 수명표를 평균값 또는 중간값으로 보면, 그 증가속도는 놀라울 정도로 빠르다. 시곗바늘을 빨리 돌려, 그 추세선이 다음 세기에는 어떻게 그려질까 상상해보라. 지금의 상승 추세가 계속된다면 '평균수명'이 160세에 이를 것이다.

그러나 '분포(distribution)'라는 관점에서 수명표에 접근하면 그림이 달라진다. 사망률이 가장 현격하게 줄어든 연령대는 생후 10세까지다. 물론 성인도 산업혁명이 한창이던 때보다 더 오래 살게 됐고, 1990년에 비교하면 현재 100세를 넘긴 노인이 네 배나 많아졌다. 그러나 이런 차이는 평균 기대수명 그래프를 분석할 때만큼이나 극적이지는 않다. 두 세기 전에도 많은 사람이 60세가 넘도록 살았다. 미국 건국의 아버지들만 생각해봐도 충분하다. 토머스 제퍼슨(Thomas Jefferson)이 73세에 사망했고, 제임스 매디슨(James Madison), 존 애덤스(John Adams), 벤저민 프랭클린(Benjamin Franklin)은 모두 80대 중반까지 살았다. 따라서 유아와 아동 사망률의 가파른 하락에 주목할 필요가 있다. 전체 인구에서 생후 5개월이나 5세처럼 어린 사망자의 비율이 높으면, 전체적인 평균수명이 크게 떨어진다. 반면에 대부분의 아이가 성년까지 살아남으면 평균 기대수명은 급격히 치솟는다.

전체 인구가 열 명에 불과한 사회를 가정해서 계산해보면 그 결과가 명확히 드러난다. 그들 중 세 명이 2세에 사망하면, 그 사회의 아동 사망률은 30퍼센트가 된다. 그러나 나머지는 모두 70세까지 생존하면 그 사회의 기대수명은 49세가 된다. 그 세 아이를 어떻게든 살려서 다른 사람들처럼 70세까지 살게 하면, 전체 평균은 21세에서 70세로 훌쩍 올라간다. 그러나 이 시나리오는 성인의 수명은 하루도 늘어나지 않은 상태에서, 아이들이 더는 죽지 않게 된 경우일 뿐이다.

조기 사망이 이처럼 과대한 영향을 미치기 때문에, 인구통계학자들은 '출생 시' 기대수명과 다른 연령의 기대수명을 구분한다. 많은 사회에서 출생 시 기대수명은 15세나 20세의 기대수명보다 크게 낮다. 그 이유는 유아기나 초기 아동기에 사망할 확률이 더 크기 때문이다. 따라서 갓난아이의 기대수명은 예컨대 30세에 불과하더라도, 청소년이 50세 이상까지 생존할 것이라는 기대는 합리적일 수 있다. 대부분의 현대사회에서는 아동 사망률이 무척 낮고, 한 해를 더 살면 앞으로 살아갈 것이라고 기대되는 햇수에서 한 해가 줄어들게 된다. 달리 말하면, 한 살을 더 먹으면 죽음에 한 해만큼 더 가까워진다는 뜻이다. 그러나 아동 사망률이 높은 사회에서

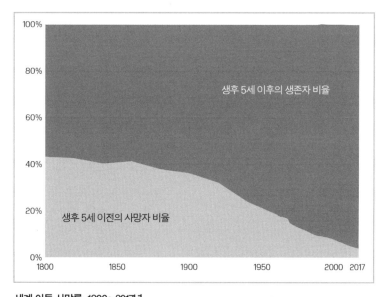

세계 아동 사망률, 1800~2017년
세계 인구에서 생후 5세 이후의 생존자와 이전의 사망자 비율
출처: Gapminder, World Bank. ourworldindata.org/a-history-of-global-living-conditions-in-5-charts

는 그 양상이 뒤집어진다. 나이를 먹어감에 따라, 적어도 성년 초기까지는 죽음의 가능성에서 더 멀어진다.

요컨대 기대수명의 급격한 증가를 보여주는 그래프에는 그만큼이나 경이로운 하락 추세를 보여주는 아동 사망률 그래프가 항상 수반돼야 한다는 뜻이다.[9]

이 책은 두 종류의 단순하지만 놀라운 사실에서 시작한다. 하나는 우리가 한 세기 만에 기대수명을 두 배로 늘렸다는 것이고, 다른 하나는 우리 인간에게 가장 파괴적이던 슬픔, 즉 유아와 아동의 사망률을 10분의 1 이하로 줄였다는 것이다.

▲ ▲ ▲

결론적으로 이 책은 사회에서 유의미한 변화가 어떻게 일어나는가에 대한 연구다. 100년 전, 스페인독감의 사망자 수가 표로 작성될 때, 세계의 기대수명이 언젠가는 70대에 이를 것이라는 생각은 가당찮게 들렸을 것이다. 하지만 오늘날 그 생각은 현실이 됐다. 지금과 당시 사이에 어떤 변화가 있었던 것일까? 아주 오래전부터 제기되던 이 질문에 대한 답은 뒤에서 밝혀질 것이다. 인구통계학자가 기대수명이 증가하고 있다는 데 주목하기 시작할 즈음, 학자들과 공중위생 전문가들도 그런 변화를 끌어낸 동력이 무엇인지 논의하기 시작했다. 그들의 다채로운 연구가 이 책을 구성하는 핵심적인 부분

중 하나다. 어떤 긍정적인 변화의 근원을 이해하는 일은 그런 변화를 직접적으로 유도한 획기적인 발전만큼이나 중요하다. 변화의 근원을 이해함으로써 첫째로는 잘못된 가정이나 엉터리 치료법을 폐기할 수 있기 때문이고, 둘째로는 진정으로 성공적인 방법을 모색하는 동시에 그 방법을 더 넓은 사회에 적용할 수 있기 때문이다.

유명한 지도자나 전설적인 해전을 중심에 두지 않고, 인구통계의 변화를 추적하는 역사책을 쓰는 것도 무척 흥미로운 도전일 수 있다. 당신이라면 수백 명의 주인공이 등장하는 이야기를 어떤 식으로 쓰겠는가? 시간 순서대로 이야기를 나열하면 엑스레이, 항생제, 소아마비 백신으로 이어지는 혁신의 연대표와 크게 다르지 않을 것이다. 따라서 이 책에서는 다른 접근법을 시도하려고 한다. 그 시작은 지난 한 세기 동안 기대수명이 두 배로 증가한 이유를 설명할 수 있는 유의미한 '범주(category)'들을 규정하는 것이다. 코로나 시대의 성배로 여겨지는 백신을 비롯한 몇몇 범주는 자명하지만, 명백히 규정하기가 쉽지 않은 범주들도 있다. 당신이라면 어떤 기준을 사용하겠는가? 이상적으로 생각하면 언젠가 우리는 어떤 특정한 아이디어로부터 얻는 기대수명의 햇수를 계산해낼 수 있고, 그 아이디어는 범주들을 규정하는 완벽한 기준점이 될 것이다. 그러나 현실 세계에서 이런 종류의 계산을 해내기는 무척 어렵다. 당연한 말이겠지만 그런 계산은 반(反)사실적이기 때문이다. 이 책에서 추적하려는 것은 사망자 수가 아니라 구해진 생명의 수다. 사망률 보고서와 공중위생 기록이 공식적으로 시작된 덕분에, 폐렴이나 자동차 사고 등 특정한 위협으로 인해 얼마나 많은 사람이 사망했는지 계산하기는 이제 상당히 쉬워졌다. 세계 어디에서나 컴퓨터를 켜놓고 몇 번만 클릭하면 관련 자료를 엑셀 파일로 다운로드할 수 있다. 그러나 '어떤 특정한 수단이 시의적절하게 고안되지 않았더라면 얼마나 많은 사람이 죽었을까?'라는 가정적 의문을 제기하는 순간, 문제는 복잡해진다. 그 답을 간단히 찾는 방법 하나를 상상해보자면, 그 수단이 폭넓게 사용되기 전의 사망률로부터 추정하는 것이다. 예컨대 안전벨트가 발명되어 광범위하게 채택되기 전에는 미국에서는 주행거리 16만 킬로미터당 6명이 사망했다. 안전벨트가 발명된 이후에도 이 수준의 사망률이 계속됐다면, 반세기 동안 1,000만 명의 미국인이 추가로 사망했을 것이다. 그러나 안전벨트는 그 기간 동안 자동차의 안전성을 획기적으로 개선한 많은 요인들 중 하나였다. 뒤에서 다시 보겠지만, 에어백과 크럼플존(crumple zone, 차량이 충돌할 때 운전자 등을 보호하기 위해 먼저 찌그러지는 영역 – 옮긴이), 음주운전을반대하는어머니회(Mothers Against Drunk Driving, MADD), 자동차 설계에서 수없이 시도된 크고 작은 개선과 한층 안전해진 도로도 상당한 몫을 해냈다.

인류 보건의 역사에서 피할 수 없는 사실은, 긍정적인 방향의 발전을 끌어내는 혁신은 거의 언제나 다른 혁신과 공생적 관계에 있다는 것이다. 예컨대 인류 역사에서 발명이 인명 구조에 미친 영향을 측정하려는 몇몇 시도에서 밝혀졌듯이, 1860년대에 대량으로 도입된 화장실은 변변찮았음에도 불구하고 이후로 10억 명 이상의 목숨을 구했다. 화장실이 중산층 가정에 생긴 직후부터 수인성 질병이 줄어들었고, 그 현상이 산업화된 서구 국가들에서 기대수명을 처음으로 비약적으로 끌어올린 여러 원동력 중 하나였다는 주장은 타당하면서도 교훈적이라는 점을 인정하지 않을 수 없다. 화장실이 생명을 구하는 데 큰 역할을 했다는 찬양에서, 우리가 흔히 파괴적 혁신이나 와해성 혁신(disruptive innovation)과 관련지어 생각하는 소비자용 발명만이 아니라 지극히 사소한 발명에서도 진보가 이뤄진다는 걸 새삼 깨닫게 된다. 그러나 화장실이 보건 수준을 실질적으로 개선하기 위해서는 폐수와 식수를 구분하는 기능적인 하수 시스템과 연계돼야 한다. 또 많은 비용을 들여 그런 하수 시스템을 구축하려면, 질병이 대기 중에 존재하는 병독에 의해 발생한다는 독기설(毒氣說, miasma theory)이, 질병이 물에 의해 퍼진다는 수인성 전염설로 대체돼야 한다. 이런 대체가 가능히려면, 공중위생학과 전염병학의 수준이 성숙해야 한다. 그렇다, 10억 명 이상의 생명을 구해낸 것은 화장실이라는 물리적 실체, 하수 시스템이라는 공공 기반 시설, 물을 통해 질병이 확산된다는 전염병학에서의 이론적인 혁신 등이 결합된 결과다. 그 공로가 화장실에게만 돌아갈 수는 없다는 얘기다.

이런 현실적인 난관에도 불구하고, 최근의 발명과 조치가 수명을 늘리는 데 어떤 영향을 줬는가를 대략적으로 추정하는 작업은 여전히 계속할 만한 가치가 있다. 그 작업을 통해 과거에는 무엇이 효과적이었는지 판단할 수 있고, 그 판단을 근거로 향후에 유효하게 도입할 만한 조치와 방향을 예상해볼 수 있기 때문이다. 이런 작업의 성과는 주로 대체적인 규모—수백만 명의 목숨을 구한 혁신, 수억 명의 목숨을 구한 혁신, 수십억 명을 구하고 수명을 크게 늘린 획기적인 혁신—로 파악되기 때문에 명쾌하게 규정하기는 어렵다. 수명 연장과 관련해 지난 수세기 동안 이뤄진 혁신을 이런 식으로 분류하면 대략 다음과 같다.

수백만 명의 목숨을 구한 혁신	에이즈 치료를 위한 칵테일 요법 마취 혈관 성형술 말라리아약 심폐 소생술 인슐린 신장 투석 경구 수액 요법 심박 조율기 영상의학/방사선학 냉장 기술 안전벨트
수억 명의 목숨을 구한 혁신	항생제 분지침 수혈 염소 소독법 저온살균법

| 수십억 명의 목숨을 구한 혁신 | 화학비료
화장실/하수도
백신 |

화장실부터 분지침(bifurcated needle)까지 많은 목숨을 구한 혁신들의 순위를 매기는 작업은 누구에게나 흥미진진할 것이기 때문에, 우리는 그런 획기적 혁신들에 얽힌 뒷이야기들을 차례로 살펴보려한다. 그러나 이런 식의 역사가 인류의 건강을 새로운 방식으로 개선하는 데 일조한 혁신들의 점진적인 진행 과정으로만 생각돼서는 안 된다. 정말 중요한 변화는 하나의 혁신으로 축약될 수 없다. 때로는 메타 혁신(meta-innovation), 즉 새로운 아이디어를 생각해내거나 확산시키는 걸 더 쉽게 해주는 새로운 아이디어가 중대한 돌파구 역할을 해낸다. 정보를 처리하는 방법, 또는 새로운 형태의 공동 작업을 가능하게 해주는 플랫폼이 중대한 변화의 기폭제 역할을 해내는 경우도 적지 않다. 때로는 생명과 관련된 아이디어를 과거에는 상상조차 할 수 없던 방식으로 지원할 수 있는 새로운 유형의 제도적 기관이 메타 혁신, 즉 혁신을 유도하는 혁신이 되기도 한다. 보건과 직접적인 관계가 없지만 간접적으로는 어떻게든 관계를 찾아낼 수 있는 분야의 이론적 발전이 중대한 돌파구가 되는 경우도 있다. 인간 사회의 발전을 설명할 때 거의 예외 없이 언급되는 전형적인 '깨달음의 순간'에 대한 이야기보다, 이런 유형의 발전들은 덧없고 무의미하게 여겨지기 마련이다. 이런 이유에서 우리는 안

전한 의약품과 가짜 약을 구분하도록 도와주는 식품의약국(Food and Drug Administration, FDA)의 설립 과정보다, 페니실린의 우연한 발견 과정을 더 잘 안다. 그러나 뒤에서 다시 보겠지만, FDA는 인류의 건강에 중대한 영향을 미쳤을 뿐만 아니라, 독불장군 연구자들의 파격적인 이야기와 그들의 깨달음의 순간만큼이나 흥미진진하고 강렬한 조용한 영웅들과 천재들의 이야기를 시시때때로 남겼다.

끝으로, 나는 추가로 얻은 삶에 대한 이야기를 크게 여덟 항목으로 나눴다. 첫째는 기대수명이라는 개념이다. 측정 대상을 근본적으로 바꿔놓은, 측정의 과학에서 이뤄낸 많은 혁신 중 하나가 기대수명으로 밝혀졌기 때문이다. 나머지 항목은 차례로 백신, 데이터와 전염병학, 저온살균과 염소 소독, 의약품 규제와 시험, 항생제, 안전 기술과 안전 규정, 기아 극복을 위한 여러 조치들이다. 여기에서 각 항목은 하나의 장(章)으로 다뤄지며, 관련된 새로운 아이디어를 세상에 내놓은 주역들과, 그 아이디어가 채택되도록 투쟁한 사람들의 이야기를 소개한다. 나는 중대한 영향을 미친 혁신들과 관련된 실질적인 공중위생 자료에 근거해 각 장을 구성하려고 애썼지만, 항목의 구분은 어느 정도 주관적일 수밖에 없다. 또한 때로는 보건의 기준에서 상대적으로 덜 알려진 이야기에 더 많은 공간을 할애했으며, 그런대로 널리 알려진 돌파구들, 예컨대 19세기 소독 처치법의 개척자로 알려진 헝가리 의사 이그나즈 제멜바이스(Ignaz Semmelweis,

1818~1865)와 세균설 및 비교적 최근에 행해진 에이즈와의 싸움 등은 여기에서 주마간산 식으로 다뤘을 뿐이다. 그래도 전체적인 추세를 제대로 보여주는 대표적인 표본을 찾아내려고 애썼다.

전체적으로 보면, 이 책에서 다뤄진 항목들을 통해 우리는 '2만 일을 추가로 얻은 삶'이라는 변화 자체의 규모를 엿볼 수 있다. 그리고 다양한 분야의 재능과 전문 지식의 협력으로 그런 변화가 가능했다는 걸 깨닫게 될 것이다.

▲ ▲ ▲

이 책은 진보와 긍정적인 변화에 방점을 찍고 있지만, 승리의 찬가로 오인돼서는 안 된다. 요컨대 과거의 성공에 안주하려는 핑겟거리가 돼서는 안 된다. 20세기에 맞이한 기대수명의 급격한 상승이 앞으로도 영원히 계속되지는 않을 것이다. 이 책을 쓰는 지금도 코로나19 팬데믹이 여전히 기승을 부리고 있다. 코로나19가 발생하기 전에도 미국은 마약류 과다 복용과 자살 등 이른바 '절망사(絶望死, deaths of despair)'라는 전염병에 시달리고 있었다. 그 때문에 미국의 기대수명은 이미 3년 연속으로 줄어들었다. 그 3년은 스페인 독감 이후로 하락이 가장 오랫동안 지속된 기간이다.[10] 물론 사회 경제적 집단들 사이에, 또 국가들 사이에 건강 격차는 여전히 존재한다. 얄궂게도 기대수명이 두 배로 증가하는 과정에서, 그 승리에

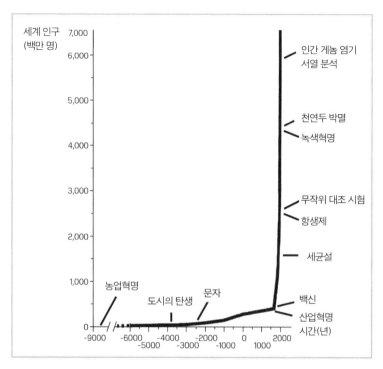

농업혁명 이후의 세계 인구 증가 추세

출처: Our World in Data; Fogel, 1999

못지않은 중대한 일련의 문제가 야기됐다. 농업혁명 이후로 세계 인구가 어떻게 증가했는가를 보여주는 그래프를 분석해보자.[11]

이 그래프는 기대수명의 장기적 변화와 거의 동일하다. 별다른 변화 없이 수천 년이 흐르다가 지난 두 세기 동안 미증유의 급격한 상승이 있었다. 이는 결코 우연이 아니다. 기대수명과 세계 인구의 변화를 요약한 두 그래프는 실질적으로 동일한 현상을 측정한 결과이기 때문에 거의 동일한 모습을 띨 수밖에 없다. 간혹 선동가들이 개발도상국들의 출생률이 터무니없이 높다고 떠벌리지만, 세계 인구가 급격히 증가한 원인은 일부 지역에서 출산율이 급등한 때문이 아니다. 오히려 1인당 자녀 수는 여느 때보다 낮다. 그 원인은 지난 두 세기 동안 처음에는 선진 공업국에 국한됐다가 나중에는 범세계적으로 변한 것, 젊은층의 때이른 죽음이 멈춘 것이다. 대부분의 사람들이 이른 나이에 죽지 않고, 자녀를 두기에 충분할 정도의 연령까지 생존했고, 이런 현상이 그들의 자녀 세대에도 되풀이됐다. 따라서 임신할 수 있는 연령까지 생존하는 인구의 비율이 증가했고, 개개인이 평균적으로 더 적은 자녀를 두더라도 전체 자녀 수는 늘어날 수밖에 없었다. 이런 현상이 세계 전역에서 예닐곱 세대 동안 되풀이됨으로써 출산율이 하락했음에도 세계 인구는 10억에서 70억 명으로 증가할 수 있었다.

어떤 면에서는 이런 변화를 환상적인 현상으로 생각하지 않는 게 더 어렵다. 과거였다면 유아기에 죽었을지도 모를 아이들이 이제는 성년까지 살아남아 충만한 삶을 즐기고, 자신의 자녀를 낳을 수도 있다! 그러나 그래프가 오른쪽 끝에서 급격히 상승하는 모습에서 불길함을 떨칠 수 없는 것도 사실이다. 안정된 균형 상태를 유지하는 건강한 자연계에서 정상적으로 관찰되는 그래프 모양이 아니기 때문이다. 암세포가 기하급수적으로 증가하거나, H1N1 바이러스가 기도에서 급격히 자기 복제하는 속도를 표현한 그래프와도 다르지 않아 보인다. H1N1 바이러스 같은 위협의 폭증을 중단시키기 위해 우리가 고안해낸 해결책들은 한결같이 새로운 차원의 더 큰 위협을 만들어냈다. 따라서 지금 우리가 인간종으로서 직면한 대다수의 중대한 문제는 사망률 하락에 따른 부수적 효과다. 예컨대 기후변화는 흔히 산업혁명의 부작용으로 해석된다. 그러나 우리가 화석연료를 동력원으로 사용하는 생활 방식을 채택했더라도 사망률을 낮추지 못했다면, 다시 말해 증기기관, 석탄을 이용한 전력망, 자동차를 발명했지만 세계 인구는 여전히 1800년대 수준을 유지했다면 기후변화가 쟁점으로 전혀 부각되지 않았을 것이다. 1800년대 수준의 인구로는 대기 중의 탄소 농도에 유의미한 영향을 미치지 못했을 것이기 때문이다.

'출생 시 기대수명'이라는 단순한 숫자에 대한 이야기가 어떤 모호함도 없는 명백한 승리의 이야기로 이해돼서는 안 된다. 그런 기념비적인 변화의 영향이 전적으로 긍정적이지는 않기 때문이다. 그럼에도 기대수명의 배증은 지난 100년 동안 인간 사회에서 일어난 가장 중요한 발전으로 이해돼야 마땅하다. 그 영향이 지극히 개인적이면서도 범세계적이기 때문이다. 수세기 만에 어떻게든 우리는 2만 일의 삶을 추가로 얻었다. 과거였다면 생후 수년을 넘기지 못하고 죽었을지도 모를 수십억의 아이들이 이제는 성인으로 성장해 자식을 둘 수 있게 됐다. 이 책은 이런 변화가 어떻게 일어났는지를 추적한다.

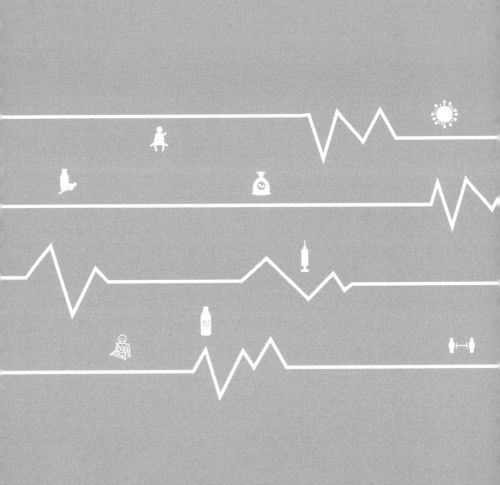

긴 천장
기대수명의 측정

1967년 봄, 하버드 사회학과 대학원생 낸시 하월(Nancy Howell)은 남편인 인류학자 리처드 리(Richard Lee)와 함께 보스턴에서 로마까지 날아가는 비행기를 탔다. 그들은 이탈리아에서 며칠을 체류한 뒤, 케냐의 수도 나이로비로 내려가 리처드의 학계 동료를 만났고, 그 지역에 거주하는 하자족(Hadza)을 방문했다. 그곳에서 다시 요하네스버그로 넘어간 그들은 마음껏 먹고 마시며, 그 지역의 연구자들과 어울렸다.[1] 그들은 트럭을 구입해 북쪽으로 달려가, 보츠와나라는 신생독립국가를 둘러봤다. 수도에서 보급품을 챙긴 뒤에 북서쪽으로, 오카방고 삼각주(Okavango Delta)라는 습지로 향했다. 얼마 전까지 계속된 우기에 내린 비로 범람한 곳이었다. 그들은 마운이라는 소도시에서 우편 사서함 하나를 빌렸다. 마운은 외딴 곳이었지만 편의점과 주유소 등 현대적 편의 시설이 있었다. 그들은 다시 마운을 출발해 서쪽으로 240킬로미터 정도 비포장도로를 달린 끝에 칼라하리사막의 서쪽 경계지, 노카넹이라는 작은 마을에 도착했다.

그곳에 도착한 때는 남반구의 7월이었다. 그러나 오카방고 삼각주를 뒤덮었던 겨울 강수의 흔적이 칼라하리 끝자락에서는 전혀 보이지 않았다. 그 신혼부부는 노카넹에서 머물며, 장래의 여정을 위해 휘발유를 비축했다. 그러고는 칼리하리사막을 정서(正西)로 가로지르며 나미비아 국경으로 향했다. 95킬로미터에 불과한 그 척박한 땅을 운전해서 지나는 데 무려 여덟 시간이 걸렸다.[2]

정말 힘들고 험한 여정이었고, 어떤 의미에서는 과거로 돌아가는 여행이었다. 여덟 시간의 순례 끝에는 작은 인간 공동체를 지탱하기에 충분한 물을 가진 땅이 있었다. 그런 물을 담은 아홉 개의 물웅덩이가 곳곳에 널찍한 공간을 차지하지 않았다면, 약 26만 제곱킬로미터의 평평한 땅은 척박하기 이를 데가 없었을 것이다. 칼라하리에서도 상대적으로 쾌적한 편이던 그 지역은 한 물웅덩이의 이름을 따서, 한때 도비(Dobe)라고 일컬어졌다. 하월과 리가 그처럼 고된 여행을 계속한 이유는, 도비 지역이 !쿵족(!Kung)의 고향이기 때문이었다. !쿵족은 현대적 관습, 과학기술과 기적적으로 동떨어진 채 살아온 수렵 채집 부족이었다. !쿵족은 아프리카의 다른 부족들이나 유럽의 식민지 개척자들과 거의 접촉하지 않은 채, 피로 범벅된 시대에서 어떻게든 살아남은 부족이었다. 훗날 하월이 지적했듯이, "남아프리카에서 상대적으로 강한 부족들이 !쿵족의 영토를 탈취하거나 공유하려고 하지 않았다는 단순한 사실" 덕분에 !쿵족은 안전하게 지낼 수 있었다.[3]

세계 전역에서 지금까지 살아남은 많은 수렵 채집 사회가 그렇듯이, !쿵족도 약 1만 년 전에 농업혁명이 도래하기 전에 호모사피엔스의 진화에 영향을 미친 환경을 엿볼 수 있는 흥미로운 단서를 서구의 인류학자들에게 제공해줬다. 따라서 리는 1967년 이전에도 !쿵족 사회를 여러 차례 방문해 그들의 사회조직과 식량 생산방법 및 공동체 내에서 자원을 관리하고 공유하는 전략을 연구했다. 그 결과로, 리의 연구는 "외롭고, 불쌍하며, 불결하고, 잔인하며, 짧다"라고 자연 상태를 요약한 토머스 홉스(Thomas Hobbes, 1588~1679)의 유명한 해석에 압축된 오래된 관점을 뒤로 밀어내며, 수렵 채집 사회에 대한 새로운 관점을 잉태시키는 산파 역할을 해냈다. 옆에서 지켜본 !쿵족은, 홉스의 추정처럼 굶주림에 바둥대며 힘겹게 살아가는 부족이 아니었다. 주변에 자연자원이 부족하기는 했지만, 놀라운 정도로 높은 수준의 삶을 누리고, 일주일에 20시간 미만을 일하면서도 필요한 영양을 섭취하는 듯했다. 인류학자 마셜 살린스

(Marshall Sahlins, 1930~2021)는 태평양의 수렵 채집 문화권에서 유사한 연구를 실시해 얻은 결과에 근거해 인류의 초기 사회조직을 재구성하고, 그 사회를 '최초의 풍요 사회(original affluent society)'라고 칭하자고 제안했다. !쿵족을 비롯해 유사한 사회들은 안타깝게도 현대 과학기술의 혜택을 누리지 못했지만, 그렇다고 가난에 찌들어 살아오지는 않았다. 오히려 살린스는 "세계에서 가장 '원시적'인 사람들은 가진 것은 거의 없지만 결코 가난하지 않다"라고 주장했다.[4] 서구 문명의 보편적인 기준에서 봤을 때 !쿵족은 당연히 원시적으로 여겨졌을 것이다. 다국적기업은 물론이고 트랜지스터라디오와 세탁기도 없었기 때문이다. 그러나 식량과 여가, 가족과 인간관계 등 기본적인 사항들을 기준으로 평가한다면, 당시의 통념에 비해 !쿵족의 경쟁력은 산업화된 사회들에 그다지 뒤지지 않았다.

낸시 하월이 지구를 반바퀴 돌아 도비 지역까지 날아간 데에는 또 다른 종류의 측정, 어쩌면 인간의 삶에서 가장 기본적인 것의 측정이라는 목적이 있었다. !쿵족은 인간의 초기 생존 조건이 정말 '외롭고, 불쌍하며, 불결하고, 잔인하며, 짧았는지' 알아내는 데 충분히 유의미한 증거를 보여줬다. 그러나 인구통계학자로서 하월은 홉스의 주장에서 마지막 구절에 특히 관심을 뒀다. 과학기술적으로 발전한 사회에서 살아가는 사람들과 비교할 때 그들의 수명은 정확히 얼마나 짧았을까? 그들이 손자를 볼 때까지 생존할 확률은 얼마나 됐을까? 반면에 자식을 먼저 보내는 아픔을 겪거나 출산하

!쿵족의 사회망 연구를 위해 현장 조사를 하는 낸시 하월과 그녀의 동료 가케고셰(Gakekgoshe), 1988년(ⓒ Richard Lee)

는 동안 사망할 확률은 얼마나 됐을까? 풍요는 대개 여가 시간, 칼로리 섭취, 개인적 자유를 기준으로 측정된다. 그렇지만 우리가 사회 구성원으로서 얼마나 오래 살고, 죽음의 위협을 어떻게 벗어나느냐가 이른바 풍요 사회를 판정하는 가장 중요한 기준 중 하나인 것은 분명하다.

하월과 리는 !쿵족 사회에 체류한 3년 동안, 무수히 많은 자료를 수집했다. 그들의 친족 관계를 추적했고, 출산율과 칼로리 섭취량도 조사했다. 그러나 하월이 가장 관심을 뒀지만 좀처럼 찾아내지 못한 숫자가 있었다. 인구통계학의 초석이자, 인구통계학을 학문으로 존립하게 해주던 숫자, 즉 출생 시 기대수명이다.

그 숫자는 여러 이유에서 찾아내기 힘들었다. !쿵족에게는 인구 변화를 기록한 문서가 없었다. 물론 하월에게 제공할 생명표도 없었고, 인구조사 자료도 없었다. 하월과 리는 !쿵족과 수년간 함께 지냈지만, 수십 년 동안의 출생과 죽음을 추적해야 하는 인구의 장기적인 변화 과정을 연구하기에는 턱없이 부족한 시간이었다. 가장 곤혹스런 장애물은 !쿵족 자체가 자신의 나이를 알지 못한다는 지극히 단순한 사실이었다. 그들의 수체계가 3을 넘지 않는 것도 그 이유 중 하나였을 것이다. 따라서 당신이 !쿵족 사회의 구성원에게 몇 살이냐고 물었다면, 대답 대신 멍한 눈빛밖에 얻지 못했을 것이다. 숫자로 표현할 수 있는 연령은 그들에게 아예 존재하지 않았기 때문이다.

낸시 하월이 !쿵족의 인구통계를 조사하기 위해 남편의 도움을 받아 1967년 7월 말 도비 지역에 연구 캠프를 설치했을 때 맞닥뜨린 문제를 한마디로 요약하면, '번거롭게 햇수를 헤아리지 않는 문화권에서 기대수명을 계산해내려면 어떻게 해야 할까?'였다.

▲　▲　▲

특정한 문화권에서 인구과 연령을 기록해두는 관습은 문자만큼이나 오래됐다. 고고학적 증거에 따르면, 기원전 제4천년기에 바빌로니아는 정기적으로 인구조사를 실시해 전체 인구와 개개인의 연령을 파악했고, 그 결과를 점토판에 기록해뒀다. 십중팔구 과세가 그런 인구조사의 목적이었을 것이다. 그러나 기대수명이라는 개념은 상대적으로 근대에야 탄생했다. 인구조사 자료는 '이 남자는 40세, 저 여자는 55세' 등과 같은 사실의 나열이다. 반면에 기대수명은 완전히 다르다. 마법이나 억측 또는 개인적인 일화가 아니라, 객관적인 통계자료에 기초해 예측하는 미래의 현상이다.

기대수명 계산은 뜻밖의 자료에 영감을 받아 시작됐다. 존 그란트(John Graunt, 1620~1674)라는 영국인 남성복점 주인이 1660년대 초에 취미로 런던의 사망자 수를 치밀하게 연구했고, 그 결과를 1662년 《사망표에 대한 자연적이고 정치적인 관찰(Natural and Political Observations)》이라는 제목의 소책자로 발표했다. 그란트는 인구통계학자로서 정식 교육을 받지 않았지만, 그것이 놀라울 일은 아니다. 당시에는 인구통계학이나 보험통계학이 정식 학문으로 존재하지 않았기 때문이다. 그란트의 소책자는 두 분야의 토대가 된 자료로 폭넓게 해석된다. 통계와 확률도 그 시기에는 유아기에 불과했다. 엄격히 말하면, '통계(statistics)'라는 단어도 한 세기 후에야 생겨났고, 그란트 시대에는 '정치 산술(political arithmetic)'로 불렸다. 하지만 그란트가 기대수명을 계산해보기로 결심한 이유는 여전히 풀리지 않는 미스터리다. 여하튼 이타적인 동기가 있었던 것은 분명하다. 그란트는 '런던의 사망률 보고서를 면밀히 분석해 정부 당국에 림프절 페스트(bubonic plague)에 대한 경각심을 불러

일으킴으로써 검역과 격리 및 시민 건강을 지키기 위한 조치를 실시하도록 유도할 수 있지 않을까' 하고 생각했다. 이런 생각 덕분에 그란트는 역학(epidemiology)의 아버지로도 여겨진다. 하지만 그의 소책자는 그로부터 3년 뒤, 1665년에 폭발적으로 발병한 역병을 멈추는 데는 아무런 역할을 하지 못했다. 그 역병이 바로 새뮤얼 피프스(Samuel Pepys, 1633~1703)의 일기와 대니얼 디포(Daniel Defoe, 1660~1731)의 반(半)실화 소설 《전염병 연대기(A Journal of the Plague Year)》에서 자세히 설명되며 널리 알려진 흑사병이다.

그란트는 남성복 제작 전문가로 직업훈련을 받았지만, 취미로 인구통계를 연구하기 시작했을 때쯤에는 넓은 인맥을 자랑하는 성공한 사업가로서 입지를 굳힌 뒤였고, '드레이퍼스 컴퍼니 (The Drapers' Company)'로 알려진 국제무역 회사의 관리자로도 일했다. 또 여러 도시의 시의회에서도 활동하며 새뮤얼 피프스만이 아니라, 박학다식한 외과 의사이자 음악가이던 윌리엄 페티(William Petty, 1623~1687)와도 교제했다. 특히 페티는 나중에 《정치 산술 (Political Arithmetic)》을 비롯해 정치경제와 통계에 대한 다수의 영향력 있는 저작을 꾸준히 발표한 경제학자이기도 했다. 그 때문인지 당시의 일부 학자는 《사망표에 대한 자연적이고 정치적인 관찰》의 실제 저자는 그란트가 아니라 페티라고 생각했다. 게다가 그 소책자의 서문에서 그란트는 1600년대 초부터 교구 성직자 조합이 매주 충실히 편집해 발표하던 주간 사망표를 런던 시민들이 어떻게 읽는지를 오랫동안 관찰한 후에 그 책을 써야겠다는 생각을 처음 떠올리게 됐다고 주장했다. 그란트의 표현을 빌리면, "[독자들은] 그 사망표를 다른 용도로 거의 사용하지 않았다. 하단에 정리된 사망자의 증감, 특히 그 주에 두드러진 사망 원인 등을 눈여겨보는 데 그쳤다. 그렇게 그들은 다음 모임에서 화제로 삼을 만한 이야깃 거리를 사망표에서 구했다."[5] 요컨대 런던 시민들은 사망표 중 자극적인 소식(이번 주에는 몇 명이 사망했는가? 새롭게 유행하기 시작한 주목할 만한 질병이 있는가?)에 주로 관심을 기울였다. 재밌는 소식이 눈에 띄면 그들은 맥주를 마시며 친구에게 그 소식을 아무런 생각도 없이 전달했다. 사망표는 매주 무작위로 오르내리는 사망자 수 너머의 깊은 진실이 담긴 자료였지만, 누구도 사망표를 체계적으로 분석하는 수고를 떠안지 않았다.

그란트의 소책자는 기대수명을 무시하던 역사와 단절하겠다는 급진적인 선언이었다. 그는 사망표를 재밌는 이야깃거리를 찾아내는 창고가 아니라, 런던 시민의 전반적인 건강에 대한 가설들을 검증하는 수단, 또 런던이라는 공동체의 장기적인 흐름을 파악하기 위한 수단으로 이용했다. 그는 소수의 사망표를 꼼꼼히 읽는 것부터 시작했다. 그의 표현을 빌리면, 사망표에는 런던 시민의 건강에 대한 "평가와 의견과 추측"이 담겼다고 생각한 때문이었다. 이런 일련의 조사에서 용기를 얻은 그란트는 서더크 다리 북쪽으로 브로드가(街)에 위치한 행정 교구 관리청을 수개월 동안 번질나게 방문하며, 기대수명을 조사하고 연구하는 데 필요한 사망표를 최대한 많이 얻었다. 스프레드시트는 말할 것도 없고 계산기가 발명되기 수세기 전에, 수집한 자료들을 끈질기게 분석해서 정리한 10여 개의 도표는 그가 소책자에서 주장한 핵심 내용을 요약해준다. 그란트는 현대 전염병학의 핵심적인 질문 중 하나인 '전체 인구에서 사망 원인의 분포는 어떻게 되는가?'에서 시작했다. 이 질문에 대답하기 위해 그란트는 두 개의 도표를 작성했다. 하나는 '악명 높은 질병들', 다른 하나는 '사망자'를 요약한 것이었다. 두 도표는 아르헨티나 소설가 호르헤 루이스 보르헤스(Jorge Luis Borges, 1899~1986)가 인용한 유명한 '중국의 백과사전'과 무척 유사하며, 다양하게 절충적으로 나열된 병명들이 현대인에게는 무척 재밌게 느껴진다. 49쪽에 '악명 높은 질병들' 표를 인용했다.[6]

한편 '사망자' 표에는 요즘의 인구통계학자들에게도 익숙한 다수의 사망 원인들이 눈에 띈다. 예컨대 그란트는 86건의 살인을 적시했다. 우리 눈살을 찌푸리게 하기에 충분한 사망 원인들도 언급된다. 그란트는 279명의 사망 원인이 '슬픔'이고, 26명은 '놀라서' 죽은 것으로 보고했다.

가장 중요한 도표는 그란트가 "격심한 감염병"이라 칭한 것들, 예컨대 천연두와 페스트, 홍역과 결핵 등과 관련된 것이었다. 물론 그란트는 당시의 용어를 사용해, 결핵을 '소모성 질환(consumption)'이라고 칭했다. 그 시기에 사망한 총인원을 계산한 후에 그 총수를

뇌출혈(중풍을 의미)	1306
결석	38
간질	74
객사	243
통풍	134
머리앓이(두통을 의미)	51
황달	998
졸음증	67
문둥병	6
미친병	158
유아의 급사	529
마비	423
파열	201
돌(결석을 의미)과 통증 배뇨	863
좌골신경통	5
급사	454

질병별로 분류함으로써, 그란트는 '우리가 특정한 질병 때문에 사망할 가능성이 얼마나 되는가?'라는 질문에 처음으로 대답할 수 있었다. 사망표는 사망 목록에 불과했다. 달리 말하면, 인간이 개인적으로 맞이하는 생명의 상실이라는 비극 이상의 의미가 없는 무미건조한 사실의 나열이었다. 그러나 그란트의 도표들은 사실을 취해 확률로 바꿔놓았다. 그렇게 계산된 확률을 통해, 정부 당국은 공중위생을 주로 위협하는 게 무엇인지를 개괄적으로 파악하고, 그 위협들과 싸우는 동시에 어떤 위협에 우선적으로 맞서야 하는지를 더 효과적으로 결정할 수 있는 통찰을 얻었다.

그러나 그란트가 도입한 가장 혁명적인 통계 기법은 "거주민 수에 대하여"라는 제목이 붙은 장에서 확인된다. 이 장은 그란트가 "그 도시의 경험 많은 사람들"과 나눈 다양한 대화를 언급하면서 시작한다. 그들은 그 도시의 총인구가 수백만 명에 달할 것이라고 이구동성으로 말하지만, 그란트가 사망표에 대한 연구에서 알아낸 바에 따르면 그 수치는 무척 과장된 것이 분명했다. (인구 200만이 넘는 도시라면, 사망표에 기록된 숫자보다 사망자가 훨씬 많아야 한다는 게 그란트의 계산이었다.) 그란트는 대략적인 계산을 통해 38만 4,000명이라는 훨씬 낮은 숫자를 런던의 총인구로 제시했다. 그란트 자신도 그 숫자가 "어쩌면 지나치게 무작위로" 결정됐다고 생각했지만, 그 숫자는 처음 발표된 이후로 꾸준히 언급되며 유지됐다. 실제로 현대 역사학자들도 이 시기의 런던 인구가 40만 안팎이었을 것이라고 추정한다.[7]

총인구라는 중요한 분모를 찾아낸 뒤, 그란트는 사망표에서 또 하나의 핵심적인 요소, 즉 사망 시의 연령을 새로운 각도에게 조사하기 시작했다. 그는 사망과 관련해 기록된 모든 자료를 아홉 구역으로 나눴다. 예컨대 여섯 번째 생일을 맞기 전에 사망한 사람, 6세부터 15세 사이에 사망한 사람…… 76세부터 85세 사이에 사망한 사람으로 분할했다. 사망자를 이런 식으로 분할하자, 연령대별로 인구의 사망 분포를 계산할 수 있었다. 그란트의 계산에 따르면, 런던에서 태어난 시민 100명 중 36명이 6세 이전에 사망했다. 현대적으로 표현하면, 유아기 사망률이 36퍼센트였다.

그란트의 '생명표'에 런던 당국은 큰 충격을 받았다. 런던 인구의 절반 정도가 청소년기를 넘기지 못했고, 60대까지 생존하는 비율이 6퍼센트를 넘지 않았다. 안타깝게도 그란트는 다음 단계로 넘어가지 못했다. 생명표를 오늘날 우리가 가장 기본적인 공중위생의 지표로 사용하는 하나의 숫자, 즉 출생 시 기대수명으로 생명표를 요약해내지는 못한 것이다. 그러나 그란트가 생명표에 모아둔 자료를 바탕으로, 우리는 당시의 출생 시 기대수명을 계산해낼 수 있다. 그란트의 자료에 따르면, 1600년대 중반경 런던에서 태어난 아기의 기대수명은 17.5세에 불과했다.

▲ ▲ ▲

1967년 중반경 낸시 하월이 도비 지역에 들어가 !쿵족의 건강과 수명을 조사하기 시작했을 때에는, 존 그란트에 비교하면 그런 연구를 시도하기에 중대한 이점이 적지 않았다. 그즈음에는 통계학과 인구통계학에서 300년 동안 축적된 다양한 기법들이 있었다. 그란트의 시대 이후로, 인구통계학자들은 출생 시 기대수명만이 아니라 그에 못지않게 중요한 다른 연령에서의 기대수명도 계산할 수 있는 포괄적인 도구들을 개발해냈다. 하지만 하월에게는 개념적인 도구만 있었던 게 아니다. 자료를 입력하는 시스템과, 입력된 숫자들을 고속으로 처리하는 계산기도 있었다. 물론 카메라를 이용해 !쿵족의 모습을 사진에 담아둠으로써 그들의 신원을 확인하고, 그렇게 마련한 기록을 10년 전에 실시한 연구들과 연계할 수도 있었다. 또한 테이프 리코더에 !쿵족을 인터뷰한 내용을 녹음해둘 수도 있었다. 심지어 '암부시(AMBUSH)'라는 소프트웨어를 개발해 시간의 흐름에 따른 !쿵족의 인구 변동을 시뮬레이션하기도 했다.

하지만 이런 모든 자산에도 불구하고, 하월은 인구조사를 기능적으로 실시하기가 쉽지 않았다. !쿵족은 연령을 숫자 단위로 생각하지 않았기 때문이다. 외모를 근거로 연령을 대략적으로 추정하는 것도 쉽지 않았다. 채집 수렵 사회의 독특한 식습관과 역동적인 생활 방식 덕분인지 서구인의 눈에는 상당히 젊어보이는 사람이 나중에 60대로 밝혀지는 경우가 많았다. 게다가 참조할 만한 사망표는 물론이고, 문자 기록 자체가 전혀 없었다. 그래도 하월은 3보다 큰 수를 사용하지 않는 문화권에서, 어떻게든 행정 교구 사무원의 역할을 해내야 했다.

1967년 9월쯤 하월이 그 과제를 성공하리라는 전망은 그다지 밝지 않았다. 그 시기의 칼라하리사막 기후를 고려하면 더욱더 힘들어 보였다. 비는 이미 수개월 전에 그쳤고, 기온은 거의 언제나 섭씨 43도를 넘었다. 따라서 일시적으로 형성됐던 물웅덩이도 뜨거운 열기에 증발돼 곧 바닥을 드러냈다.

하월은 칼라하리의 혹독한 건기를 자신에게 유리한 방향으로 이용하는 끈기를 발휘했다. 우기가 다시 시작하는 연말까지 일시적으로 물웅덩이가 말라붙자, !쿵족은 그 지역의 주된 물웅덩이들 주변에 모여 살았다. 하월과 그녀의 남편은 그런 물웅덩이를 둘러싼 작은 마을들을 번질나게 찾아다니는 단골손님이 됐다. 그들은 !쿵족 마을을 찾을 때마다 저울과 눈금자 및 담배 한 봉지를 가져갔다. 학자 부부인 하월과 리는 담배를 주민들에게 조금씩 나눠주며, 주민들의 체중과 신장을 측정했다. 훗날 하월은 !쿵족이 그들의 방문을 즐거운 마음으로 기다렸다며, "우리가 방문할 때마다 그들은 담배를 얻었고, 그늘 아래에서 서너 시간 동안 휴식을 취하고 농담을 주고받으며 남들이 측정받는 걸 지켜볼 수 있었기 때문"이라고 말했다. 물론 그 시간은 하월과 리에게 !쿵족 사회에 대한 일상적인 정보와 소식을 편안히 수집하는 좋은 기회이기도 했다.[8]

하월이 !쿵족의 체중과 신장을 측정하는 데는 상당한 성공을 거두었지만, 그녀가 가장 관심을 뒀던 측정 단위, 즉 연령은 쉽게 파악할 수 없었다. 결국 하월이 !쿵족 개개인의 연령을 햇수로 그런대로 정확히 계산해내기 위해 동원한 기준은 절대적인 숫자가 아니라 언어 표현이었다. 요컨대 !쿵족은 연령을 햇수로 계산하지 않았지만, '상대적인 연령(relative age)'은 정확히 파악하고 있었다. 다시 말하면, 그들은 누가 누구보다는 먼저 태어났고, 누구보다는 나중에 태어났다는 걸 정확히 알았다.[9] 그런 연령 차이는 그들이 사용하는 언어에 반영됐다. 프랑스어와 스페인어를 비롯해 많은 인도·유럽어가 직접 호칭에서 점잖은 관계와 편안한 관계를 구분한다. 예컨대 프랑스어에서 vous(당신)와 tu(너)를 구분하듯이, !쿵어에도 손윗사람과 손아랫사람을 구분하는 문법소가 있었다. 가령 !쿵족 사회에서 누군가가 '식사 준비를 도와달라'고 말을 한다면, 맥락에 따라서 "젊은이, 내가 이번 식사를 준비하는 걸 도와주겠나?"라는 뜻이라는 얘기다.

문법적으로 아주 작은 차이였지만, !쿵족의 기대수명을 추적하려는 하월에게는 충분한 실마리가 되고도 남았다. 더구나 리처드 리는 1963년부터 도비 지역을 여러 차례 방문한 까닭에 그 지역 주민들에 대한 인구조사를 개략적으로 끝낸 뒤였다. 또 리는 그 기간에 직접 목격한 갓난아기들을 기초로 삼아, 어린아이들의 연령을 그런대로 정확히 판단할 수 있었다. 예컨대 1963년에 봤을 때 걸음마를 배우던 아이는 1967년에 예닐곱 살인 것으로 추정됐고, 그런 추정은 합리적이었다. 이런 자료들이 하월이 진행하는 연구의 토대가 됐다. 예컨대 여섯 살로 추정된 아이가 친구들과 주고받는 일상적인 대화를 유심히 들으며, 그들 중 누구를 손아랫사람으로 대하고, 누구를 손윗사람으로 대하는지를 알아냈다. 또 가임 연령이거나 그 연령을 넘긴 165명의 !쿵족 여성을 직접 인터뷰해 필요한 자료를 보충했다. 그 인터뷰에서 하월은 임신과 유산, 낙태와 사산, 성공한 출생 등 출산과 관련된 사례들을 자세히 기록했다. 이런 사건들은 대개 한두 해의 간격을 두고 일어나기 때문에 형제자매의 연령을 짐작하게 해주는 단서가 됐다. 예컨대 어떤 어머니가 하월과 인터뷰할 때 2년 전에 유산한 적이 있고, 그보다 2년 전에 딸을 낳았다고 말하면 그 딸은 네 살이 된다. 이렇게 가족 관계과 사회적 관계를 추적함으로써 하월은 일종의 위계 구조, 즉 사회 구성원들의 연령별 계급 구조를 구축할 수 있었다. 연령이 많아질수록 인구 수도 줄었고, 정확한 연령을 파악하기도 더 어려웠다. 가령 70대가 두 사람밖에 없다면 둘 중 누가 손위인지 짐작할 수 있을 뿐, 그들이 몇 살인지 정확히 추적하기는 힘들었다. 그러나 둘의 연령 차이가 크지 않아서 !쿵족의 기대수명을 대략적으로 그려내기에는 충분했다.

하월은 분석 과정에서, !쿵족의 출생 시 기대수명이 지난 세기에 꾸준히 향상됐다는 증거를 찾아냈다. 그런 증거는 근대의 의료 체계가 부분적으로 수렵 채집 문화에도 스며든 결과로 해석됐다. 따라서 하월은 손위 세대들의 기대수명은 30년에 불과하지만 1960년대 후반기에 !쿵족 사회에서 태어난 아이는 향후에 평균 35년을 생존할 것으로 기대할 수 있다고 주장했다. 현대의 기준에서 보면 35년도 짧은 시간이다. 하지만 실제로는 대다수의 !쿵족이 1960년대 말에는 선진국에서도 길다고 생각할 정도의 수명을 누렸다. 일례로 하월이 1968년 인터뷰하고 사진을 찍어, 한 책에서 소개한 카제 치쇼이(Kase Tsi!xoi)라는 !쿵족 노인은 당시 82세였다.[10] 당시에도 그 노인은 먼길을 걸어다니며 직접 식량을 채집할 정도로 튼튼

했다. 게다가 하월을 처음 만났을 때도 그는 새로운 주거지로 삼겠다며 자신의 오두막을 짓고 있었다.

!쿵족의 기대수명이 낮은 주요인은 상대적으로 높은 유아와 아동 사망률이었다. 그 사망률은 그란트가 300년 전에 런던에서 계산해낸 사망률과 크게 다르지 않았다. 어린아이 열 명 중 두 명이 생후 수개월을 넘기지 못했고, 또 다른 10퍼센트는 열 번째 생일을 맞이하기 전에 사망했다. 따라서 기대수명이 35세인 사회를 방문하면 처음 생각한 것보다 조부모와 증조부모 세대가 훨씬 더 많다. 만약 당신이 !쿵족 사회에서 태어나 청소년기를 무사히 넘기면 60대 이상까지 생존할 확률이 크다. 60대까지 생존한다는 것은 사는 동안 다수의 자녀와 손주를 먼저 하늘나라에 보내는 아픔을 경험한다는 걸 뜻한다는 게 문제였다. 요컨대 !쿵족에게도 혹독한 어린 시절을 견뎌내면 늙을 때까지 생존하는 게 어렵지는 않았다.

▲ ▲ ▲

사망표를 분석한 존 그란트의 소책자는 즉각적인 반응을 불러일으켰다. 남성복점 주인에 불과하던 그란트는 권위 있는 왕립학회(Royal Society)에 초대받아 회원이 됐고, 그의 소책자는 유럽의 수학 관련자들과 초기의 보건 전문가들 사이에 유통되며 폭넓게 읽혔다. 그란트의 통계분석에 영감을 받아, 파리시는 1697년 자체적으로 사망표를 도입하기도 했다. 17세기 중반경의 확률론은 유아기에 불과했다. 그란트가 행정 교구청의 자료들을 처음 조사하고 분석하기 시작했을 때, 어떤 사건이 일어날 개연성을 알아내기 위해 수학을 사용한다는 생각은 참신하기 이를 데 없는 아이디어였다. 그란트가 삶과 죽음에 관한 존재론적 문제와 씨름하는 동안, 얄궂게도 그때까지 확률론을 다룬 거의 모든 연구는 훨씬 더 가벼운 문제, 예컨대 '주사위 놀이나 카드 놀이에서 어떻게 하면 승리할 가능성을 높일 수 있는가?'라는 문제에 집중하고 있었다. 따라서 그란트의 도표들은 확률론이라는 새로운 수학적 도구를 활용하는 방향을 제시해준 셈이었다. 주사위 놀이에서 위험과 기회의 가능성을 정확히 평가할 수 있다면, 그 도구를 사용해 삶이라는 게임에서도 그런 가능성을 정확히 알아낼 수 있지 않을까?

기대수명을 최초로 제대로 계산한 내용은 네덜란드의 대학자 크리스티안 하위헌스(Christiaan Huygens, 1629~1695)와 외교관이던 동생 로데베이크(Lodewijck Huygens, 1631~1699)가 1669년에 주고받은 일련의 편지에서 언급됐다. 크리스티안은 그 시대에 가장 뛰어나고 영향력도 막강한 학자 중 하나였다. 천문학자로서 그는 토성의 고리들을 연구했고, 토성의 위성 타이탄을 최초로 관측했다. 또 빛이 파동으로 이뤄졌다는 빛의 파동설을 주장했고, 진자시계도 발명했다. 또한 확률론을 다룬 16쪽의 중대한 논문, 〈도박에서의 계산에 대하여(De Ratiociniis in Ludo Aleae)〉를 발표하기도 했다. 이 논문에서 처음 도입된 '기대 이득(expected gain)'이라는 중요한 개념은 오늘날 모든 카지노 산업을 뒷받침하는 기본 원리가 됐다. 이 때문에 그란트의 소논문이 발표되자마자, 영국학사원 회장은 그 소논문을 크리스티안에게 보내 검증을 부탁했다. 하지만 기대수명 계산을 처음 제안한 사람은 크리스티안의 동생 로데베이크였다.

로데베이크는 재정적인 이유로 기대수명이라는 문제에 관심을 가졌다. 그는 기대수명을 수학적으로 철저히 계산해내면 갓 태동한 보험업계가 종신연금보험료를 한층 효과적으로 책정할 수 있을 것이라고 믿었다. 국가가 지급하는 연금의 사촌 격인 종신연금은 생존 기간 동안 연금이 일정한 간격을 두고 지급된다는 점에서 전통적인 생명보험 계약과 다르다. 이익을 우선시하는 보험회사의 관점에서 보면, 고객이 예상보다 오래 살기보다 일찍 죽어야 이익이다. 일반적인 생명보험의 경우와는 반대인 셈이다. 그러나 두 종류 모두에서 보험료 결정은 예상되는 수명, 즉 기대수명을 측정할 수 있느냐에 달려 있다. 보통 사람이 35세나 17세까지 생존하는 사회보다 60세까지 생존하는 사회에서 종신연금보험료가 훨씬 높게 책정될 것이다. 또한 출생 시 기대수명만이 아니라 특정한 연령에서 예상되는 수명까지 계산해낼 수 있다면 무척 유용할 것이다. 종신보험에 가입하려는 스무 살의 고객에게 마흔 살의 고객보다 얼마를 더 청구해야 할까?

1669년 8월 22일의 편지에서 로데베이크는 지난 수주 동안 심취했던 이상한 취미를 형에게 알렸다. "연령을 기준으로, 각 연령 대에게 앞으로 남은 생존 기간을 계산해 표로 만들어봤어요." 로데 베이크의 표는 그란트가 소책자에 수집한 자료를 근거로 계산한 것이었다. 그 편지에서 로데베이크는 자신의 작업에 대한 자부심을 숨김 없이 드러냈다. "이 표에서 끌어낼 수 있는 이익은 무척 많을 거고, 특히 종신연금을 설계하는 데 유용하게 쓰일 거예요." 로데베이크가 언급한 한 결과 중에는 크리스티안도 분명히 상당한 관심을 기울였을 만한 내용도 있었다. "내 계산에 따르면, 형님은 약 56세까지 살고, 나는 55세까지 살 것 같습니다."[11]

크리스티안은 동생의 수학적 계산에 약간의 수정을 제안하는 답장을 보내며, 그란트의 자료를 독창적으로 해석한 그래프를 개략적으로 그려 보내기도 했다. 그 그래프는 오늘날 '연속 생존 함수 (continuous survival function)'라고 일컬어지는 곡선의 모태가 됐다. 지금 그 편지를 읽어봐도 두 형제가 서로 지지 않으려고 실랑이하는 말투가 귓가에 들리는 듯하다. 로데베이크는 이미 큰 성취를 이룬 형에게 깊은 인상을 주려고 안간힘을 다하고, 크리스티안은 동생의 성취를 어떻게든 깎아내리려고 이런저런 수정을 가하기 때문이다(하위헌스 형제가 이런 식으로 여가 시간을 즐겼다는 게 놀랍기만 하다). 두 형제가 1669년 늦여름에 주고받은 편지들이 처음부터 영국학사원을 비롯해 위엄 있는 단체들로부터 찬사를 받았던 것은 아니다. 그러나 오늘날 그 편지들은 '나는 몇 살까지 살 수 있을까?'라는 해묵은 질문의 역사에서 전환점을 이룬 순간으로 평가된다.

▲　▲　▲

로데베이크 하위헌스의 예측은 지나치게 비관적이었던 것으로 밝혀졌다. 크리스티안은 로데베이크의 예측보다 10년을 더 살았고, 로데베이크 자신도 68세까지 생존했다. 그러나 로데베이크의 계산은 확률이었지, 예언이 아니었다. 로데베이크의 계산과, 그 계산에서 잉태된 기대수명이라는 개념은 수많은 개개인의 복잡하고 혼란스런 삶을 안정된 평균치로 압축했다. 이렇게 기대수명을 분석한다고 당신이 실제로 몇 살까지 살 것이라고 단언할 수는 없다. 하지만 주변 사람들의 삶과 죽음을 고려할 때 당신이 몇 살까지 살수 있을 것이라고 합리적으로 '기대'할 수는 있다. 이런 분석은 그에 못지않게 중요한 사실, 즉 공동체의 전반적인 건강 상태를 측정하는 가능성을 보여줬다. 그리하여 두 사회의 전반적인 건강 기록을 비교하거나, 시간의 흐름에 따라 한 사회의 건강 상태가 어떻게 변했는지 추적하는 게 처음으로 가능해졌다.

　존 그란트의 도표들도 지나치게 비관적이었다. 1970년대 동안, 앤서니 리글리(Anthony Wrigley)라는 인구통계 역사학자는 영국의 행정 교구 기록을 16세기 중반까지 거슬러 올라가 방대한 자료로 만들었다. 리글리와 그의 동료들은 그 자료를 바탕으로, 르네상스 시대가 끝난 때부터 산업혁명 중반까지 영국인의 기대수명을 계산했다. 리글리의 분석에 따르면, 17세기 동안 런던의 출생 시 기대수명은 35세 미만이었다.[12] (1665~1666년에 페스트가 창궐했을 때처럼, 페스트가 발병한 동안에는 그란트의 도표가 보여주듯이 기대수명이 일시적으로 17세까지 급격히 떨어졌을 것이다.) 한편 수렵 채집민의 수명에 대한 낸시 하월의 분석은 후속 연구들에 의해 뒷받침됐다. 다수의 학자들이 농경 이전의 거주지에서 발굴된 인간 화석을 분석하는 동시에 15세 이전에 사망한 인간의 두개골에서 젖니와 영구치의 존재를 통해 연령을 추정하고, 뼈가 퇴화한 정도 등을 분석해 공동체에서 연장자들이 사망한 때의 연령을 추정해봤다. 하월처럼 현존하는 수렵 채집 부족을 조사하는 연구와, 인간 화석을 법의학적 관점에서 연구하는 고고학을 근거로 추정하면, 수렵과 채집 생활을 했던 우리 조상의 일반적인 기대수명은 30~35세 사이였을 것이고, 유아 사망률은 30퍼센트를 넘었을 것이다.

그란트와 하위헌스 형제는 당시에 전혀 의식하지 못했겠지만, 평균 기대수명에 대한 그들의 추정에서 계몽시대의 끝자락에 있던 유럽 문화의 속살만이 아니라, 1만 년 동안 지속된 인류 문명의 속살까지 여지없이 드러났다. 달리 말하면, 낸시 하월 같은 연구자들이 20세기 후반기에 수렵 채집 사회의 기대수명을 계산하기 시작한 덕분에 그때까지 거의 파악되지 않던 부분이 여실히 드러났다. 존 그란트가 태어난 문명이 이뤄낸 것들을 구석기시대의 우리 조상들이 봤다면, 그들은 넋을 잃고 혼란에 빠졌을 것이다. 인구 40만이 넘는 도시들, 인쇄기를 통한 정보와 소식의 공유, 사망률의 계산, 문자와 숫자를 복합적으로 사용하는 금융 거래, 궁전과 다리와 성당을 짓는 건축 공학 등 문명이 이뤄낸 모든 업적은 농업혁명 이후의 인간이 빚어낸 눈부신 성과다. 그러나 이런 뚜렷한 차이에도 불구하고, '나는 몇 살까지 살 수 있을까?'라는 존재론적인 질문에 대한 답은 그란트 시대의 런던으로 순간 이동한 수렵 채집민도 무척 잘 알았을 것이다. 평균적인 수명은 30대 초반이었지만, 유의미한 비율의 인구가 그 이상을 살았다(그란트 자신도 53세까지 살았다). 또한 수렵 채집 사회만이 아니라 17세기의 런던에서도 인구의 3분의 1가량이 성인이 되기 전에 사망했다.

토머스 홉스가 "불결하고, 잔인하며, 짧다"라며 자연 상태를 경멸적으로 말한 때는 그란트가 사망표를 만지작대기 시작한 때로부터 수년 전에 불과했다. 그러나 그란트가 인구통계학과 통계학에서 앞당긴 혁명은 궁극적으로 1960년대 말에 !쿵족과 함께 수년을 지내도록 낸시 하월을 이끌었고, 홉스가 언급한 세 수식어 중 적어도 하나는 잘못됐음을 명확히 밝혀냈다. 농업혁명 이전의 인류가 불결하고 잔인했을지 몰라도, 그들의 수명은 홉스 시대의 기준에 비하면 결코 짧은 게 아니었다.

이렇게 호모사피엔스의 건강 문제를 긴 시간으로 넓혀보자, 정신이 번쩍 들게 하는 결과가 나왔다. 인류가 거둔 많은 성취에도 불구하고, 기대수명은 35년을 넘지 못하는 상태가 오랫동안 지속됐다. 우리가 그야말로 낮고 긴 천장 아래에서 오랫동안 벗어나지 못했다는 뜻이었다. 인간은 1만 년이라는 시간을 보내는 사이에 농경과 화약을 발명하고, 복식부기, 회화에서의 원근법 등을 생각해 냈다. 이런 집단 지성의 눈부신 발전에도 불구하고 우리는 정말 필요한 영역에서는 눈에 띄는 발전을 이루지 못했다. 수많은 성취를 이뤄냈지만 죽음을 물리치는 데는 바늘 하나도 움직이지 못했다.

▲ ▲ ▲

그란트가 소책자를 발표한 이후로 한 세기 동안, 유럽인들의 건강 문제는 수천 년 동안 고착된 양상을 되풀이하며 35세라는 중간값을 오르락내리락했다. 수확량이 예외적으로 많으면 올랐고, 천연두가 발병하거나 겨울이 유난히 혹독하면 밀려 내려갔다. 범세계적으로 보면 노예무역이 확대되고, 유럽의 질병들이 아메리카 대륙에 전해지며 파국적 영향을 미친 까닭에 기대수명이 줄어든 게 거의 확실하다. 그러나 유럽만을 두고 보면 어떤 자료에서도 일정한 방향의 추세는 눈에 띄지 않고, 구석기시대 이후로 굳어진 기대수명의 천장 주변에서 임의적인 등락이 있을 뿐이었다.

이런 천장이 언제라도 무너질 수 있다는 최초의 낌새는 18세기 중반 영국에서 나타났다. 구체적으로 말하면, 계몽시대와 산업화라는 쌍둥이 엔진이 가동된 직후였다. 처음에는 변화를 감지하기 힘들었다. 당시 관찰자들은 그런 변화를 거의 인식하지 못했고, 직접 경험한 사람들조차 지각하지 못했을 정도였다. 심지어 그 변화가 문서로 기록된 것도 1960년대 이후로, 인구통계 역사학자 홀링스워스(T. H. Hollingsworth)가 문장원(紋章院, College of Arms) 및 버크출판사(Burke's)와 디브렛출판사(Debrett's)에서 꾸준히 발간하던 귀족의 출생과 사망에 대한 기록을 분석하기 시작한 때였다. 이 기록들은 영국 인구와 관련해 무척 흥미로운 자료이지만 영국의 귀족 계급이라는 극히 일부의 삶을 추적한 것에 불과했기 때문에 전반적인 인구 동향을 파악하는 수단으로는 그란트의 도표들에 비할 바가 못 됐다. 홀링스워스는 모든 공작, 후작, 백작, 자작, 남작 및 그들의 자녀들에 대한 자료를 1500년대 말부터 1930년대까지 빠짐없이 찾아내 조사했다. 그 모든 자료를 분석해 기대수명 그래프로 요약하자, 놀라운 양상이 나타났다.[13] 두 세기 동안의 정체 후, 1750년경 영국 귀족의 평균 기대수명이 매년 꾸준히 증가하기 시작했으며, 귀족 계급과 나머지 국민 사이에 상당한 격차가 벌어졌다. 1770년대 즈음 영국 귀족들은 평균적으로 40대 중반까지 생존했다. 또 19세기에 들어섰을 때는 50세라는 문턱을 넘어섰고, 빅토리아시대(1837~1901) 중반에는 출생 시 기대수명이 60세에 근접했다.

세계 인구가 수억에 도달하면서 영국 귀족 집단은 그 비율이 점점 줄어들었다. 그러나 그들이 경험한 인구통계학적 변화는 미래

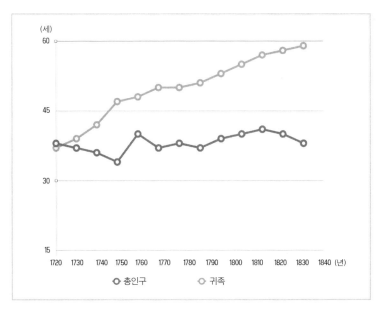

(세)

영국의 출생 시 기대수명, 1720~1840년

의 예고편과 다를 바가 없었다. 현재 우리가 아는 한, 그들의 변화가 양적으로 유의미한 집단에서 역사적으로 기대수명이 꾸준히 지속적으로 증가하기 시작한 최초의 사례였다. 1만 년 동안 끝없이 반복되던 등락이 마침내 새로운 양상을 띠며, 비스듬히 직선으로 상향하기 시작했다.[14]

영국 귀족 계급에서 기대수명의 도약은 다른 이유에서도 주목됐다. 이후로 세계의 많은 지역에서 피할 수 없는 현실이 됐던 양상, 즉 건강 상태에서 여러 사회 간의 눈에 띄는 격차, 동일한 사회에서도 사회경제적으로 다른 집단 간의 격차를 보여주는 첫 사례가 됐기 때문이다. 존 그란트의 시대에는 우리가 남작이든 남성복 전문가든 수렵 채집민이든, 그 차이는 중요하지 않았다. 출생 시 기대수명이 똑같이 30대 중반이었기 때문이다. 물론 당신이 운 좋게 대도시에서 귀족 가문의 자녀로 태어났다면 미술과 안락한 집, 풍요로운 식사 등 문명의 혜택을 마음껏 누릴 수 있었겠지만, 자신과 가족의 생명을 지키는 기본적 과제에서는 물질적 풍요가 별다른 이점이 되지 않았다. (이상하게 들리겠지만, 물질적 풍요가 실제로는 약간 불리하게 작용할 수 있었다. 이 모순에 대해서는 뒤에서 자세히 살펴보기로 하자.) 건강 결과는 개인마다 크게 달랐다. 많은 사람이 생후 8일 안에 사망했지만, 80세까지 생존하는 사람도 적지 않았다. 그러나 간혹 격차(gradient)라고 일컬어지던 이런 수명의 불평등이 사회적으로 대규모 집단들 사이에는 나타나지 않았다. 그런데 18세기 후반기에 들면서 이런 현상이 변하기 시작했다. 부의 불평등에 따라 건강의 불평등이 뒤따르기 시작했고, 이런 현상은 영국 귀족 계급에서 처음으로 눈에 띄게 나타났다. 요컨대 그들의 출생 시 기대수명은 한 세기 만에 30년가량 상승한 반면, 노동자계급은 그란트가 1662년에 발표한 도표의 상황을 벗어나지 못했다.

19세기 하반기에는 두 상반된 양상이 영국 섬을 넘어 세계 전역으로 확산됐다. 유럽과 북아메리카에서 귀족뿐만이 아니라 보통 사람의 기대수명도 비스듬히 상향하는 직선을 그리기 시작했다. 20세기에 들어서는 10년이 지나지 않아, 영국과 미국 모두에서 전체적인 기대수명이 50세를 넘어섰다. 선진 산업국가에서는 수백만 시민이 건강에 있어 진정으로 새로운 국면에 들어서며, 인간종의 수명에서 호모사피엔스를 제약하던 천장을 마침내 깨뜨렸다. 그러나 역사학자로 노벨 경제학상을 수상한 앵거스 디턴(Angus Deaton)이 말하는 '위대한 탈출(great escape)'과 동시에, 선진 산업국가들과 나머지 국가들 사이의 비극적인 격차가 벌어지기 시작했다. 개발도상국들은 서구 제국주의에 착취당하고 유럽의 질병들에 황폐해졌지만, 유럽과 북아메리카에서는 형태를 갖춰가던 공중보건 기관들로부터 아무런 도움을 받지 못한 까닭에 산업국가들처럼 기대수명이 상향되는 혜택을 누리기는커녕 오히려 많은 경우에 뒷걸음쳤다. 예컨대 아프리카와 인도와 남아메리카의 일부 지역에서 기대수명이 30세 이하로 떨어졌다. 디턴이 말했듯이 "20세기 중반에 태어난 인도인들이 어린 시절에 겪은 영양 결핍은 역사적으로 신석기혁명과 그 이전에 존재한 수렵 채집 시대에 대규모 집단이 겪은 결핍만큼이나 심각했다."[15] 따라서 어디에서 태어나고, 어떤 사회경제 계급으로 태어나느냐는 그야말로 삶을 좌우하는 복권과 같았다. 위험한 어린 시절을 무사히 넘기느냐, 손주를 볼 만큼 오래 사느냐가 그런 요인들에 의해 결정됐다. 20세기 초, 건강으로 이어지는 부인할 수 없는 진보는 부유한 지역에서 이뤄졌다. 그러나 그런 진보가 꾸준히 지속됐을까? 그런 진보의 열매를 세계의 다른 지역도 공유했을까?

이런 의문에 답하려면, 우상향하는 위대한 탈출을 처음에 촉발한 것이 무엇인지에 대한 어느 정도의 이해가 있어야 한다. 왜 서구인이 더 오래 살았을까? 왜 서구에서는 어린아이들이 더이상 재앙적인 비율로 죽지 않게 됐을까? 이런 질문에는 역사적이면서도 실질적인 의미가 있었다. 유럽과 미국에서 기대수명을 향상시킨 것이 무엇인지 우리가 알아낼 수 있었다면, 그것을 세계 전역으로 널리 퍼뜨릴 수 있었을 것이다. 하지만 기대수명의 지속적인 성장에 대한 궁극적인 설명은 일반적인 생각만큼 쉽지 않았다. 사회 전반에서 건강 상태가 개선된다면 의사와 병원 및 의학 등 그 시대의 의료 수준 덕분이라고 생각하는 게 당연한 듯했다. 이런 추정은 따로 증명할 필요가 없는 자명한 것으로 여겨지지만, 실제로는 그렇지 않다는 사실이 밝혀졌다. 위대한 탈출이 시작된 시기에 의학이 해낸 역할을 군이 말하자면, 생명을 늘리기는커녕 단축시킨 것이었다.

▲ ▲ ▲

1788년 여름이 끝나갈 무렵, 영국 왕 조지 3세(George Ⅲ)와 수행원들은 첼트넘에서 '온천'를 즐기며 두 달을 보낸 뒤에 런던 외곽, 큐에 있는 왕실 소유의 저택으로 돌아왔다. 조지 3세가 즉위하고, 거의 30년 만에 처음으로 즐긴 진정한 휴가였다. 조지 3세가 무려 여덥 시간 동안 지속되는 고통스런 경련에 시달리자, 건강을 되찾기 위한 이상적인 요법으로 온천욕을 제안받았던 것이다. 온천 마을 첼트넘의 목가적인 분위기가 왕의 건강에 긍정적인 영향을 미치는 듯했지만, 런던에 귀환한 직후부터 왕은 훨씬 고통스런 경련에 시달리기 시작했다. 왕의 주치의 조지 베이커(George Baker, 1722~1809) 경은 일기에 "왕이 침대에 앉아, 허리를 구부린 채 격심한 복통을 하소연했고, 등과 옆구리도 쿡쿡 쑤신다며 숨쉬는 것마저 어려워했다"라고 썼다.[16] 베이커는 당시 흔히 사용되던 두 완하제(緩下劑), 피마자유와 센나잎을 왕에게 처방했고, 투여량이 지나치게 많을까 하는 걱정에 아편제를 사용해 그 영향을 중화해보려 했다. 베이커의 처방은 아무런 효과가 없었다. 따라서 며칠 후에 윈저 성으로 돌아가려던 계획이 연기됐고, 왕의 공식적인 일정들도 취소됐다.

1788년 10월, 조지 3세가 연이어 일으킨 경련은 역사상 가장 유명한 질병 중 하나, 특히 신체적 증상보다 심리적 증상으로 더 유명한 질병의 첫 사례로 밝혀졌다. 현대의 뛰어난 법의학적 분석 덕분에 '미친 왕' 조지 3세의 이야기는 위대한 탈출이 시작될 당시의 의학이 얼마나 무력했는지를 명확히 보여주는 좋은 예가 됐다. 수개월에 걸쳐 조지 3세는 일반적인 정신 착란 상태에 빠져들었다. 입에 거품을 물고 급작스레 격분하며 분노를 터뜨렸으며, 논리적이지도 않고 일관성도 없는 말을 끝없이 내뱉었다. 이런 증상은 헌정의 위기를 불러일으켰고, 훗날에는 〈조지 왕의 광기(The Madness of King George)》라는 영화로도 제작됐다. 흥미롭게도, 주치의 베이커에게 처방 약에 대한 불만을 터뜨린 게 조지 3세가 보인 정신장애의 첫 징후였다. 베이커는 왕의 그런 태도에 받은 충격을 일기장에 자세히 기록해뒀다. "왕의 눈빛과 말투, 모든 몸짓과 행동거지는 극단적인 분노에 휩싸인 사람의 모습과 다를 바가 없었다. 약하나가 지나치게 강했고, 다른 하나는 아무런 효과도 없이 왕을 괴롭혔던 게 분명하다. 센나의 수입은 금지돼야 마땅하다. 또 향후에 센나는 왕실의 누구에게도 처방돼서는 안된다는 명령을 왕이 내려야 할 것 같다." 조지 3세의 횡설수설은 거의 세 시간 동안 계속됐다. 왕의 광기가 마침내 진정되자, 베이커는 당시 수상이던 윌리엄 피트(William Pitt, 1759~1806)에게 편지를 써서, 왕이 "섬망에 가까운 정신적 혼란 상태"에 있다고 보고했다.[17]

의학사학자들은 오래전부터 조지 3세의 질병을 두고 논쟁을 벌여왔다. 1960년대 말 이후로, 조지 3세는 복통부터 불안증과 환각까지 유발할 수 있는 '혼합 포르피린증(variegate porphyria)'이라는 유전 질환을 앓았을 것이라는 데 전반적인 합의가 이뤄졌다. (실제로 이 유전 질환은 유럽 왕실에 흔하다고 알려져 있으며, 가까운 친척과 결혼해서는 안 된다는 경종으로도 여겨진다.) 그러나 조지 3세가 1788년 겨울에 보인 특이한 행동은 양극성 장애 또는 조울증의 증세였다고 주장하는 학자들도 있었다. 그러나 최근의 법의학적 연구에 따르면, 조지 3세가 베이커의 처방에 쏟아낸 분노는 나름대로 타당성을 갖는다.

2000년대 초, 케임브리지의 내분비과 전문의 티머시 콕스(Timothy Cox)가 주도한 연구팀은 거의 한 세기 동안 웰컴트러스트(Wellcome Trust)의 사료 보관소에 간직돼 있던 조지 3세의 머리카락 타래를 분석했다. 콕스 연구팀은 예전에는 머리카락 표본에서 DNA를 추출해 PPOX로 알려진 유전자의 존재를 검증할 수 없다는 걸 알고 있었다(포르피린증의 원인은 PPOX 유전자의 기능 부전이다). 그래서 연구팀은 중금속이 조지 왕의 질병을 악화시켰을 수 있다는 가정하에 왕의 머리카락에 중금속의 흔적이 발견되는지를 분석해봤다. 그 결과는 충격적이었다. 머리카락에서 확인된 비소 수치가 비소 중독을 판단하는 기준치보다 17배나 높았다. 문제의 시기에 왕을 진료한 의사들의 공식 보고서를 분석한 콕스 연구팀은 왕이 복용한 주된 약물이 당시 구토제로 널리 사용되던 타르타르산 구토제라는 걸 알아냈다. 그 구토제에는 2~5퍼센트의 비소가 함유돼 있었다. 의사들의 보고서에 기록된 복용량이 정확하다면, 조지 왕이 섬망증과 복통 때문에 받은 '치료'가 만성적인 비소 중독을 초래한 듯하다.[18]

조지 3세의 가족력과 포르피린증이라는 유전 질환을 고려하면, 그가 재위하는 동안 정신 건강 문제에 시달렸다는 게 놀랍지 않다. 오히려 그가 그 혹독한 치료를 받고도 살아남았다는 게 더욱더 놀랍다.

▲ ▲ ▲

1960년대 초, 인구통계 역사학자 홀링스워스는 영국 귀족 계급의 기대수명을 분석한 결과를 발표하며, 미숙한 상태에 있는 기대수명의 위대한 탈출 가능성을 처음으로 어렴풋이 보여줬다. 유아기를 무사히 넘긴 공작과 남작이 예외 없이 60대 넘어까지 생존하는 모습은 두 세기 후에 세계 전역에 나타날 건강 상황의 전조였기 때문이다. 그러나 홀링스워스의 연구에는 흥미로운 주석 하나가 덧붙어 있었다. 이번에는 앞선 두 세기의 기대수명까지 포함된 도표, 즉 최초의 위대한 탈출이 도식화된 원래의 표를 분석해보자.[19]

귀족 계급이 다른 계급보다 장수하기 시작하기 전에는 오히려 귀족의 평균 기대수명이 평민보다 약간 낮았다. 그 격차가 1700년대 말에 급격히 확대되며 몇 년만에 두 집단의 기대수명을 크게 갈라놓은 격차만큼 확연하지는 않았지만, 일관성을 띠는 데다 통계적으로도 유의미한 차이였다. 불가사의한 결과였다. 오히려 물질적 풍요와 사회적 지위 및 교육의 이점이 기대수명에서 '순불리(net disadvantage)'로 이어졌다는 뜻이었다. 요컨대 무엇인가가 영국에서 평민보다 귀족을 더 많이 죽이고 있었다. 대체 그것이 무엇이었을까?

이런 이상한 격차에 대한 가장 그럴듯한 설명은 '영국 귀족이 다른 계급보다 의료 행위를 더 쉽게 접할 수 있었기 때문'이라는 반

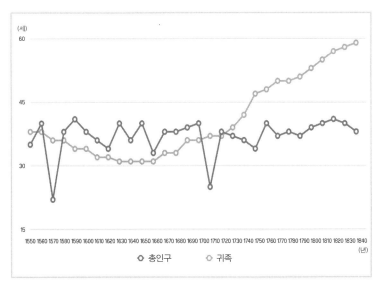

영국의 출생 시 기대수명, 1500~1840년

(反)직관적인 설명이다. 귀족들은 원하면 언제라도 내과 의사와 외과 의사 및 약제사의 도움을 받을 수 있었다. 하지만 의료 수준이 끔찍할 정도여서, 의료인의 간섭이 유익하기는커녕 해로웠다. 가령 당신이 귀족이어도, 불운하게도 독감에 걸리거나 포르피린증을 유발하는 유전 질환을 지닌 가문에서 태어났을 경우에 의사를 괜스레 찾아가 비소를 처방받고 거머리에게 피를 빨리는 엉터리 치료법에 의존하느니 차라리 의사들을 멀리하며 몸의 면역 체계가 당신을 치유하도록 내버려두는 편이 더 나았다.

이런 엉터리 치료법들은 영국 귀족에 국한된 것이 아니었다. 윌리엄 로즌(William Rosen)이 항생제의 역사를 다룬 책에서 소개한,

조지 3세의 숙적 조지 워싱턴(George Washington, 1732~1799)의 마지막 순간을 보자. 실질적으로 고문 설명서와 구분되지 않을 정도다.

> 동이 트자, 워싱턴의 재산 관리자 조지 롤린스(George Rawlins)는…… 워싱턴의 팔에서 정맥을 열고, 약 12온스의 피를 뽑아냈다. 그 뒤로 열 시간 사이에 두 명의 의사, 제임스 크레이크(James Craik, 1727~1814)와 엘리샤 딕(Elisha Dick, 1762~1825)이 워싱턴에게서 네 번에 걸쳐 100온스의 피를 더 뽑았다. 의사들이 환자를 치료하겠다고, 그가 지닌 총혈액량의 60퍼센트가량을 뽑아내기만 한 것은 아니었다. 미국 초대 대통령의 목에는 밑빠진벌레의 분비물로 만든 자극제를 밀랍과 소고기 지방에 섞어 반죽한 연고가 잔뜩 발라져 있었다. 그 연고 때문에 물집이 생겼는데, 물집이 터지면 진물이 빠지면서 질병의 원인이 되는 독성도 빠져나갈 것이라고 믿었다. 또 워싱턴은 당밀과 식초와 버터를 혼합한 약으로 입안을 수시로 헹구었고, 시시때때로 관장을 받았으며, 두 다리와 발은 밀기울로 만든 습포제로 꽁꽁 싸여 있었다. 의사들은 안전한 쪽을 택하겠다는 명목으로, 워싱턴에게 약간의 감홍(염화수은)을 완하제로 먹였다. 당연한 말이겠지만, 이런 치료법 중 어떤 것도 효과가 없었다.[20]

오늘날 학자들은 이 기간을 '영웅적 의술(heroic medicine)'의 시대라 칭한다. 그야말로 백해무익한 대담한 처치와 원대한 계획으로 가득한 시대였다. 예컨대 병상에 누운 워싱턴에게 처방된 연고와 습포제 정도의 처치는 그저 어리석은 짓에 불과했지만, 다수는 의료 과실에 따른 소송으로 직결될 만한 치료법이었다. 환자의 피를 뽑는 사혈(瀉血)은 환자의 죽음을 재촉할 뿐이었을 것이다. 수은과 비소는 우리를 죽일 수도 있고, 임상적으로 정신 이상이라고 인정하는 지경까지 몰아갈 수도 있다. 뒤에서 다시 보겠지만, 영웅적 의술의 시대는 일반적인 예상보다 훨씬 오랫동안 지속됐다. 존스홉킨스종합병원의 설립자인 윌리엄 오슬러(William Osler, 1849~1919)는 제1차세계대전이 시작됐을 즈음에도 전장에서 독감 및 여러 질병에 걸린 군인들에게 일차적으로 사용할 만한 처치법으로 사혈법을 권장하며 이렇게 말했다. "튼튼하고 건강한 사람이 고열에 크게 시달리면 초창기에 피를 뽑는 것도 좋은 처치법이라 생각한다."[21]

▲ ▲ ▲

산업시대에 의학과 기대수명의 관련성에 의문을 처음 제기한 학자는 영국계 캐나다인 의사 토머스 매큐언(Thomas McKeown, 1912~1988)이었다. 1930년대 말, 전쟁이 유럽 전역에서 발발했을 때 매큐언은 로즈 장학금으로 옥스퍼드에서 공부한 후에 런던으로 넘어가 의과 대학원에 다녔다. 수년 뒤, 그는 개인적인 지적 성장에서 전환점을 맞았다. 의사들이 병원에서 회진하는 걸 지켜보며, 매큐언은 의사와 환자들의 관계에서, 또 의사들의 대화에서 무엇인가가 빠진 듯한 기분을 떨치지 못했다. 의사들은 환자들의 활력 징후를 점검했고, 증상에 대한 하소연을 유심히 들었으며, 치료법에 대한 조언도 아끼지 않았다. 그러나 매큐언의 관찰에 따르면, '처방된 치료법이 해당 환자에게 정말 효과가 있는가?'라는 의문을 품는 의사는 거의 없었다. 병원에서 행해지는 진료 행위에 대한 개인적인 회의가 의과 대학원 시절 동안 더욱 깊어진 채, 1942년 매큐언은 외과 전문의로 학위를 받고 마침내 졸업했다. 훗날 그는 이 시기에 대해 이렇게 썼다. "나는 잠을 자려고 침대에 누울 때마다 습관적으로 '우리가 누군가를 더 현명하고 더 나은 방향으로 끌어가고 있는가'라고 자문해봤고, 대부분의 경우에 오래지 않아 우리가 그렇지 못하다는 결론에 도달했다."[22]

제2차세계대전이 끝났을 때, 매큐언은 버밍엄대학교로부터 '사회의학(social medicine)' 분야의 석좌교수직을 제안받았다. 매큐언은 버밍엄대학교에서 교수로 재직하는 동안 내내 그 직책을 유지했다. 1950년대 초, 그는 의과대학생이었을 때 의사들을 따라 회진하면서 얻은 직관적 통찰을 근거로 야심찬 연구 프로젝트를 시작했다. 이 프로젝트는 20년이라는 오랜 시간이 지난 뒤에야 《근대의 인구 증가(The Modern Rise of Population)》라는 책의 형태로 결실을 맺는다. 이 책은 지금까지 인구통계의 변화에 대해 가장 논쟁적이면서도 영향을 크게 미친 연구서 중 하나로 평가된다. 처음 출간되고 40년 이상이 지난 지금까지도, 이제 '매큐언 명제(McKeown Thesis)'라고 불리는 이 책의 주장에 대해서는 논란이 분분하다.

《근대의 인구 증가》는 지난 두 세기에 관한 두 가지 중대한 의문에 대한 답을 제시해줬다. 먼저, '지난 두 세기 동안 인구의 전반적인 증가는 출생률이 증가하고 사망률이 하락한 결과인가?'라는 의문에, 매큐언은 사람들이 더 많은 아기를 낳은 게 인구 증가의 주된 원인이 아니라고 주장하며, 기왕에 태어난 아기들이 과거보다 훨씬 더 오래 살았기 때문이라는 결정적인 증거를 내놓았다. 영국에서는 19세기 후반기 동안, 출생률이 오히려 30퍼센트가량 떨어졌지만, 총인구는 두 배로 증가했다. 그러나 이런 사실은 더 까다로운 의문을 제기했다. 그 아기들이 오랫동안 생존할 수 있었던 정확한 이유가 무엇인가? 무엇을 이유로, 19세기 후반에 기대수명의 위대한 탈출이 시작됐는가?

매큐언이 자신의 연구 결과를 발표할 때까지, 위의 질문에 대한 의례적인 답은 의학의 발전이 주된 역할을 했다는 추정이었다. 보통 사람들이 예전보다 더 오래 살고 과거와 같은 비율로 질병에 걸려 죽지 않는다면, 의료인의 능력이 향상된 증거라고 생각할 수밖에 없으므로 이런 추정은 당연했다. 매큐언은 의과 대학원에 재학하는 동안 이런 일반적인 통념에 자연스레 의문을 품게 됐다. 그런데 역사적인 자료를 분석하는 과정에서 한 가지 사실이 그의 관심을 사로잡았다. 사람들이 어떤 질병으로 더이상 사망하지 않게 된 뒤에야 의사들이 그 질병에 대한 치료법을 제시한다는 것이었다. 따라서 매큐언은 《근대의 인구 증가》의 도입부에서 그런 양상을 언급하며, 그의 논증의 중심에 뒀다.

죽음의 원인이 처음으로 기록되기 시작한 이후로, 감염성 질환에 의한 사망 원인은 주로 결핵과 성홍열, 홍역과 디프테리아 및 장 감염증이었다. 그런데 이 질환들은 사망률의 하락과도 밀접한 관계가 있었다. 이 모든 질환에 대한 효과적인 예방 조치나 치료는 20세기에 들어서야 가능해졌다고 말할 수 있다.[23]

결핵 같은 질병에 의한 사망자 수가 19세기의 후반기부터 20세기에 들어선 시기 동안 눈에 띄게 하락했고, 이와 관련된 역사적 자료에는 이론의 여지가 없었다. 하지만 이 시기에 첨단 의학이 결핵과 싸우기 위해 사용한 무기들은 환자에게 피해를 주지는 않았지만, 영웅적 의술의 시대에 미친 조지 왕에게 처방한 무기보다 크게 효과적이지는 않았다. 그런데 영국에서 결핵에 의한 사망률을 낮추는 데 일조한 어떤 일이 벌어졌다. 물론 의사가 한 일은 아니었다. 그럼, 과연 어떤 일이었을까?

매큐언은 대안적 설명을 내놓았다. 사람들이 과거보다 더 오래 사는 이유는 개선된 의학적 치료 때문이 아니라, 농업혁명으로 말미암아 더 많은 식량을 생산함으로써 생활수준이 향상된 때문이라는 것이었다. 뒤에서 다시 보듯이, 매큐언의 이론에서 이 부분에 대한 반론은 그 이후로 끊임없이 연구를 통해 제기됐지만, 의학의 안쓰러운 상태에 대한 그의 진단은 시간의 시련을 견뎌냈다. 따라서 이제는 대부분의 역사학자가 제2차세계대전이 끝날 때까지 의학의 개입은 전반적인 기대수명에 제한적인 영향을 줬을 뿐이라고 믿는다. 물론 진정으로 유익한 의학적 지식은 긍정적인 효과를 줬겠지만, 그 효과는 거머리와 비소 등 영웅적 의술 시대의 터무니없는 치료법으로 인해 무효화되고 말았다. 또 19세기 말까지는 진정한 의학의 긍정적인 효과가 대부분의 병원과 그 밖의 의료 시설의 지독히 비위생적인 환경에 의해서도 지워지고 말았다. 의심쩍은 치료법을 극복하는 데 그처럼 오랜 시간이 걸린 이유가 무엇일까? 무척 흥미진진한 의문이 아닐 수 없다. 이 의문은 뒤에서 적절한 때에 다시 살펴볼 것이다. 어쨌든 영웅적 의술이 그 불합리함에도 불구하고 놀라울 정도로 오랫동안 위세를 떨쳤다는 사실은, '서구' 의학이 요즘에는 놀라운 성과를 보여주고 있지만 과거의 전력은 민망할 지경이었다는 걸 다시 떠올려준다. 그렇다, 기대수명에 유의미한 '긍정적' 영향을 미친 의학적 개입은 서구에서 비롯된 것이 아니었다!

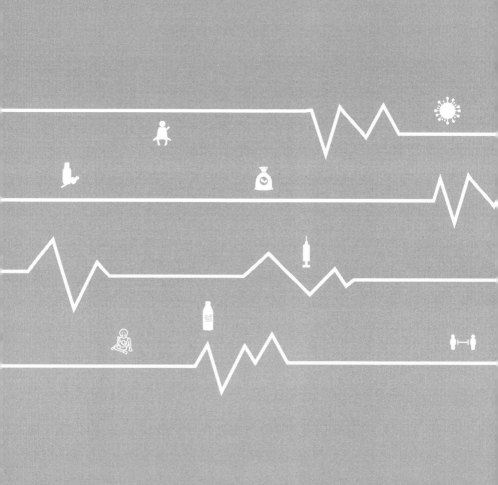

천연두
인두 접종과 백신

인두 접종(variolation)이 언제 어디에서 처음 시행됐는지는 누구도 정확히 모른다. 일부에서는 인두 접종이 인도 아대륙에서 수천 년 전에 시작됐을 가능성을 제시하지만, 역사학자 조지프 니덤(Joseph Needham, 1900~1995)은 11세기에 중국에서 한 대신의 아들이 천연두로 죽은 후에 쓰촨성(四川省) 출신의 도교 은둔자가 왕실에 인두 접종 기법을 전해줬다고 주장한다.[1] 16세기 중국 소아과 의사로 의료 관련 글을 남긴 만전(萬全, 1495~1585)은 건강한 아이들을 천연두와 유사하지만 덜 해로운 소두창(小痘瘡)에 일부러 노출시킨 사례를 언급했다. 인두 접종의 기원이 무엇이든 간에 역사적 기록에 따르면, 인두 접종이 1600년대쯤 중국과 인도 및 페르시아 전역에서 널리 사용된 것은 확실하다. 경전에 담긴 많은 위대한 사상이 그렇듯이, 인두 접종도 전혀 관계가 없는 다수의 지역에서 독자적으로 발견되고 사용된 흔적이 눈에 띈다.

인두 접종은 무척 다양한 형태로 시행됐다. 중국 의사들은 회복 과정에 있는 천연두 환자의 딱지를 떼어내 가루로 곱게 빻아 콧구멍으로 흡입하게 하게 했다. 그럼 그 가루가 점막을 통해 체내에 흡수되는 방식이었다. 터키에서는 바늘이나 끝이 뾰족한 칼로 팔을 살짝 절개한 뒤에, 소두창 고름집에서 추출한 소량의 고름을 주입하는 방법을 주로 사용했다. 인두 접종의 효과와 관련된 생물학적 메커니즘을 알고 있는 사람은 당시에 아무도 없었지만, '두창을 가볍게 앓은 사람은 대체로 향후에 두창에 대한 저항력을 갖는다'는 일반적인 원칙은 명백했다. 물론 이제 인두 접종의 마법은 면역학으로 쉽게 설명된다. 인두 접종은 소량의 항원, 즉 감염체를 주입함으로써 면역 체계의 항체가 한층 효과적으로 위협을 인식하고 싸워 물리치도록 훈련시키는 방법이었다. 인두 접종이라는 접근법은 영웅적 의술의 처치나, 치료사가 아득히 오래전부터 이것저것을 섞어 만들던 온갖 묘약들과는 확연히 다른 방법이었다. 인두 접종에서 치료사의 역할은 환자의 질병을 낫게 하는 마법 약물을 제공하는 게 아니라, 환자의 체내에 잠재된 힘을 일깨워주는 것일 뿐이었다.

시간을 훌쩍 넘어 21세기의 보건 의료라는 관점에서 인두 접종의 발견 과정을 돌이켜보면, 둘 사이에 흥미로운 대칭 관계가 확인된다. 의학에서 가장 획기적인 발견이라고 할 만한 면역요법, 즉 암이나 알츠하이머병 같은 만성적 질병에 대한 몸의 자연스런 저항력을 이용하는 면역 치료법의 기본적인 메커니즘은, 수명 연장의 역사에서도 처음으로 정체 상태를 벗어나게 해준 돌파구의 그것과 같았다.

그 첫 돌파구가 원래 천연두로부터 우리를 보호하기 위해 고안됐다고 해서 놀라울 것은 없다. 천연두는 적어도 대(大)피라미드 시대부터 천형(天刑)과도 같은 것이었다(람세스 5세[Ramses V]의 미라 얼굴에도 천연두 농포 자국이 뚜렷하다). 맨체스터와 더블린에서는 1650년부터 1750년까지 천연두로 인한 사망자가 총사망자의 15퍼센트를 넘었다. 어린아이들이 천연두에 특히 취약했다. 스웨덴에서는 18세기 동안 천연두 사망자의 90퍼센트가 10세 이하의 어린이였다.[2] 그렇게 천연두로 죽은 어린아이들은 그 시기의 기대수명에 큰 타격을 줬지만, 그로 인한 정서적 타격이 훨씬 더 컸을 것이다. 자녀의 급사, 즉 인간의 삶에서 무엇보다 충격적인 사건이 당시 사람들에게 일상사였다. 부모들은 자식이 언제라도 열병에 걸릴 수 있고, 곧이어 눈에 띄게 발진이 돋으면 며칠 뒤에 죽을 거라는 걸 알았다. 게다가 그 아이의 형제자매도 똑같은 과정을 밟을 수 있다는 것도 알았다. 따라서 요즘과 비교하면, 어린아이에 대한 생각이 완전히 달랐다. 오늘날 우리는 어린아이를 활력과 회복력의 상징으로 생각한다. '젊음의 왕성한 활기'라는 단어가 달리 나온 것이 아니다. 케임브리지의 통계학자 데이비드 스피겔할터(David Spiegelhalter)가 말했듯이 "인류의 역사에서 요즘처럼 초등학생이 안전한 때는 없었다." 그러나 천연두 시대에 어린 시절은 급작스레 닥치는 치명적인 질병에서 벗어날 수 없는 시기였다. 어린아이라는 것은 항상 죽음의 언저리에 있다는 뜻이었고, 부모가 된다는 것은 그런 위협의 급습을 끝없이 염려하며 살아야 한다는 뜻이었다.

천연두로 인한 사망자 수는 심각한 수준이었다. 대두창(大痘瘡)만큼 세계사에 극적인 영향을 미친 바이러스는 없었다. 천연두는 유럽 제국주의와 관련한 이야기에서 중대한 역할을 했다. 에르난 코르테스(Hernán Cortés, 1485~1547)와 그의 부하들이 천연두를 아스테카왕국에 퍼뜨려 결국에는 그 고대 왕국을 멸망시킨 것이 가장 유명한 사례. 이때 코르테스를 수행한 한 스페인 성직자는 그 참상의 규모를 이렇게 기록했다. "그들은 무더기로 죽었다. 빈대처럼…… 많은 곳에서 식구 모두가 죽었다. 그 많은 시신을 매장해주는 것도 불가능했다. 그 때문에 스페인 병사들은 집 자체를 허물어뜨렸고, 집이 그들의 무덤이 됐다."[3] 서구의 역사도 대두창 때문에 큰 변화를 겪었다. 1600년부터 1800년 사이에 천연두로 쓰러진 유럽 지도자들의 면면을 보면 그야말로 충격적이다. 1711년 한 해 동안에만 신성로마제국의 황제 요제프 1세(Joseph I), 훗날 신성로마제국의 황제가 된 프란츠 1세(Franz Ⅰ)의 세 형제자매, 프랑스 왕위의 계승자였던 루이(Louis) 황태자가 천연두로 목숨을 잃었다. 그 이후로도 70년 동안에 천연두는 스페인의 루이스 1세(Louis I), 러시아 황제 표트르 2세(Pyotr Ⅱ), 모나코공국의 여군주 루이즈 이폴리트(Louise Hippolyte), 프랑스의 루이 15세(Louis XV), 바이에른 선제후 막시밀리안 3세 요제프(Maximilian III Joseph) 등의 목숨을 앗아갔다. 지난 200년 동안 세계 전역에서 암살된 주요한 정치인을 모두 합해도, 그 치명적이던 시대에 천연두 바이러스에 죽은 정치인의 수에 비하면 지극히 작은 일부에 불과하다. 천연두가 유럽 귀족 계급에 그처럼 철저히 침투하지 않았다면 결코 일어나지 않았을 정치적 개편과 반란 및 승계의 위기에 대해서도 생각해보라.

적절한 표현인지 모르겠지만, 천연두의 창궐로 이득을 얻은 한 사람이 있다면 조지 3세였다. 스튜어트 왕가 출신의 메리 2세(Mary Ⅱ)가 자식을 두지 못한 채 1694년 천연두로 세상을 떠나자, 왕위는 예정대로 누이동생 앤(Anne)에게 양위됐다. 앤은 왕위 계승자를 임신하려 무진 애썼다. 그래서 1684년부터 1700년까지 이럭저럭 열여덟 번이나 임신했지만 대부분의 임신이 유산과 사산으로 끝나고 말았다. 그때 낳은 두 딸은 유아기를 겨우 넘겼지만 두 살이 되기 전에 죽었고, 사인은 천연두였던 것으로 여겨진다. 오직 한 아이, 글로스터 공작 윌리엄(William) 왕자만이 어린 시절을 겨우 넘겼지만 11세에 천연두로 목숨을 잃었다. 따라서 스튜어트 왕조는 실질적으로 후계가 끊어진 셈이었다. 그 결과로 왕위 계승자를 찾을 수 없는 위기를 맞이한 영국 의회는 영국해협 너머에서, 즉 하노버 왕가에서 계승자를 찾기로 결정하고, 결국 조지 1세(George Ⅰ)를 앤 여왕의 왕위 계승자로 삼았다. 그 조지 1세가 바로 미친 조지 왕, 즉 조지 3세의 할아버지다. 하노버 왕가는 신교도였고, 무엇보다 제임스 1세(James Ⅰ)의 후손이라는 이점이 있었다. 그러나 그 가문이 지닌 추가적인 이점은 조지가 어렸을 때 천연두에 걸렸다가 나은 적이 있다는 것이었다. 천연두가 당시 정치적 계산에서 빼놓을 수 없을 정도로 중요한 변수였다는 뜻이다. 따라서 천연두가 고려되지 않았다면, 조지 1세는 결코 영국해협을 건너지 않았을 것이고, 하물며 윈저 성의 주인이 될 가능성은 더욱 없었을 것이다.

천연두와 귀족의 만남에서 가장 중대한 사건은, 본데가 있고 박식한 메리 워틀리 몬터규(Mary Wortley Montagu, 1689~1762)가 1715년 12월 천연두에 걸린 사건이었다. 메리는 킹스턴어폰헐(Kingston-upon-Hull) 공작의 딸이자, 샌드위치(Earl of Sandwich) 백작의 손자 에드워드 워틀리 몬터규(Edward Wortley Montagu)의 부인이었다. 메리는 똑똑한 데다 재치가 넘쳤고, 예쁘기도 했다. 10대에 중

편소설을 썼고, 20대 초에는 시인 알렉산더 포프(Alexander Pope, 1688~1744)와 편지를 주고받기 시작했다. 25세에 천연두에 걸렸을 때는 두 명의 왕실 의사, 미드 박사(Dr. Mead)와 가스 박사(Dr. Garth)에게 치료를 받았다. 두 의사는 당시의 첨단 요법을 동원해 메리를 치료했다. 예컨대 이틀마다 메리의 혈관에서 피를 뽑았고, 설사를 유도하는 완하제를 처방했다. 게다가 메리는 화약의 주성분인 초석 혼합물과, 동물의 창자에서 추출한 칼슘염을 곱게 빻은 가루를 규칙적으로 복용해야 했다. 또 의사들은 맥주와 포도주를 자주 마시라는 처방을 내렸다.[4]

기적적으로 몬터규 부인은 천연두를 이겨냈다. 물론 그녀에게 시도된 기상천외한 치료법들도 견뎌냈다. 하지만 그녀의 전설적인 미모에는 천연두 생존자들이 감추려고 해도 감출 수 없는 흔적, 마맛자국이 남겨졌다. 그때 몬터규 부인이 대두창을 이겨냈다는 소식은 그녀의 가까운 친척과, 함께 교류하던 귀족 계급에게만 의미가 있는 듯했다. 전체적으로 보면, 그녀의 생존은 사망률 보고서에서 사망자 한 명이 줄어든 것에 불과했다. 그러나 몬터규 부인의 생존은 천연두와의 전쟁에서 중대한 전환점이 됐다. 또한 그녀는 천연두 자체가 아니라, 그 전염병을 효과적으로 예방하는 의학적 방법을 세상에 알리는 중대한 전달자 역할을 해냈다.

메리 몬터규 부인은 인두 접종 역사에서 이중의 역할을 해냈다. 구체적으로 말하면, 인두법의 연결자인 동시에 전도자였다. 천연두는 그녀의 얼굴에만 흉터를 남긴 게 아니라 정서에도 상처를 남겼다. 아직 어린 자식을 둔 어머니였던 까닭에, 그녀는 어떻게든 '곰보 괴물'(speckled monster, 대두창에 붙여진 별명)을 피할 수 있는 방법을 간절히 바랐을 것이다. 천연두에 대한 공포가 최고조에 이르렀던 1700년대 초, 유럽에 살았던 모든 부모가 똑같은 심정이었을 것이다. 그러나 메리 몬터규에게는 다른 부모와 다른 면이 있었다. 뛰어난 관찰력과 런던 상류 계급에 대한 영향력이었다. 때마침 역사적으로 중대한 사건도 더해졌다. 그녀가 천연두에서 회복한 직후, 남편 에드워드 몬터규가 오스만제국의 대사로 임명됐다. 태어나서 런던과 잉글랜드의 시골에서만 살았던 메리 몬터규는 1716년 가족과 함께 콘스탄티노플로 이주해 2년간 살았다.

메리 몬터규는 콘스탄티노플의 문화에 흠뻑 빠져 전설적인 대중목욕탕을 자주 방문했고, 그곳 시인들의 작품을 원어로 읽고 싶은 욕심에 터키어도 배웠다. 터키 요리법을 공부하고, 콘스탄티노플의 부유한 여인들처럼 호화로운 카프탄을 입기 시작했으며, 베일로 마맛자국을 감췄다. 그녀는 그곳에서의 경험을 일련의 편지에 정확히 담아뒀고, 그 편지들이 그녀의 사후에 출간됐다. 그 편지들

아들 조너선 리처드슨(Jonathan Richardson)이 그린 메리 몬터규의 초상, 1725년

은 그녀가 오스만제국의 수도에서 직접 관찰한 '오리엔탈' 풍습에 대한 남다른 안목만이 아니라, 여행작가로서의 문학적 재능 때문에도 주목할 만하다(그 편지들은 오스만제국의 노예제도를 옹호하며, 많은 면에서 터키의 노예가 영국의 하인보다 더 나은 대우를 받는다고 주장한 섬뜩한 구절들 때문에도 주목할 만한 가치가 있었다). 그러나 그 편지들의 진정한 역사적 의미는 그녀가 직접 관찰한 터키의 무척 특이한 관습에 대한 묘사에 있었다.

두창에 관해서는 당신이 여기에 있으면 좋겠다는 말밖에 할 게 없네요. 우리나라에 만연하고 너무도 치명적인 두창이 이곳에서는 전혀 별다른 피해가 없어요. 이곳 사람들의 표현을 빌리면, '접종법(engrafting)'을 발명한 덕분이라고 하더군요. 그 접종법을 책임지고 시행하는 나이가 많은 여인네들이 있어요. 매년 가을, 뜨거운 열기가 가라앉는 9월이 되면, 마을 사람들이 가족 중에 두창에 걸리고 싶은 사람이 있는지 알아보며 의견을 주고받아요.

그렇게 두창에 걸리려는 사람이 모아지고, 그들이 한곳에 모이면 (대체로 15~16명쯤 되더라고요), 노파가 그들을 찾아와요. 양질의 두창 독액(毒液)이 가득 담긴 작은 그릇을 들고서 말예요. 그러고는 어떤 혈관에 독액을 맞겠느냐고 물어요. 그럼 노파는 그들이 내민 팔의 혈관에 커다란 바늘로 지체 없이 구멍을 내면서 바늘귀에 묻힌 독액을 구멍에 주입한 후에 그 작은 상처를 오목한 조개껍질 같은 것으로 막아요. 이런 식으로 네다섯 곳에 구멍을 내고 독액을 주입해요. 그런데 노파가 바늘로 혈관에 구멍을 낼 때 그냥 긁히는 정도의 통증밖에 없다고 하더라고요.[5]

메리 몬터규는 런던의 가족과 친구들에게 보내는 편지에서 인두 접종 현장을 시시때때로 언급했다. 한 편지에서는 아들을 접종시키던 때를 감동적으로 묘사했다. 터키의 인두 접종에 대해 과학적 보고서가 적잖게 왕립학회(Royal Society)에 제출됐지만, 메리 몬터규의 편지만큼 설득력을 발휘하지는 못했다. 그녀가 접종 방법을 자세히 묘사하기도 했지만 직계가족에게 '독액'을 실제로 주입한 때문이었다. 1718년 3월 23일, 그녀는 남편에게 짤막한 쪽지를 보내 이렇게 알렸다. "우리 아들이 지난 화요일에 접종을 했습니다. 지금은 노래까지 흥얼거리며 잘 놀고 있어요. 저녁 식사를 빨리 달라고 재촉할 정도예요. 다음에도 아들에 대한 좋은 소식을 당신에게 전해줄 수 있기를 주님께 기도합니다." 그녀는 이 쪽지에서 갓 난 딸에 대해서도 짤막하게 덧붙였다. "딸에게는 접종할 수 없습니다. 유모가 아직 두창에 걸린 적이 없다니까요."[6]

메리 몬터규 부인은 "이런 방식의 접종을 오랫동안 시술한 경험이 있는 그리스 노파"에게 아들의 접종을 부탁했다. 그러나 대사관 의사 찰스 메이틀랜드(Charles Maitland, 1668~1748)에 따르면, "그 노파의 뭉툭하고 녹슨 바늘에…… 소년은 무척 괴로워했다." 그래서 메이틀랜드가 끼어들어 추가로 접종을 실시했다. 요컨대 뾰족한 의료용 칼로 절개한 상처를 통해 소년의 다른 팔에 두창 '독액'을 주입했다. 소년은 며칠 동안 고열에 시달리고 고름집이 생겼지만, 그 시기가 지나자 완전히 회복했다. 메리 몬터규의 그 아들은 천연두에 대한 면역력이 평생동안 지속됐는지 60대까지 무사히 살았다. 그는 예방주사를 접종한 최초의 영국인으로 여겨진다. 한편 그의 누이동생은 가족과 함께 영국에 돌아간 이후, 즉 1721년에 성공적으로 접종을 받아, 영국 땅에서 인두 접종을 받은 최초의 시민이 됐다.

메리 몬터규는 자녀들을 접종시키려면 치명적인 위험을 감수해야 한다는 걸 알았지만, 그 위험의 크기를 정확히 알지는 못했다. 지금의 추정에 따르면, 세계 전역에서 시행된 인두 접종에 따른 사망률은 대략 2퍼센트였다. 또 접종을 받아도 상당수가 천연두를 심하게 앓아, 평생 지워지지 않는 흉이 얼굴에 남았다. 가령 당신의 자녀가 극심한 천연두에 걸려 며칠을 고열과 고름집에 시달리는 모습을 지켜봐야 하고, 당신이 부모로서 내린 선택 때문에 아이가 곧 죽을지도 모른다고 생각해보라. 그러나 메리 몬터규는 대두창의 사례를 질리도록 목격한 까닭에, 그런 암울한 가능성을 감수하는 게 자녀를 천연두의 위협에 무작정 내버려두는 것보다 더 낫다는 걸 알고 있었다. 네 아이 중 한 명 이상이 10세 이전에 사망하던 세계에서, 그중 다수가 천연두로 목숨을 잃던 세계에서, 2퍼센트의 접종 사망률은 감수할 만한 위험이었다.

런던으로 복귀한 찰스 메이틀랜드는 메리 몬터규의 요청으로 그녀의 딸에게 접종을 실시해 성공을 거뒀다. 이렇게 두 자녀의 성공적인 접종에 고무됐던지, 메이틀랜드는 뉴게이트 감옥(Newgate Prison)에 수감 중이던 여섯 명의 죄수에게도 시험적으로 접종을 실시했고, 역시 긍정적인 결과를 얻었다(죄수들에게는 실험에 참여하면 일반 사면이 내려질 것이라고 약속했다). 그 소문은 영국 귀족의 거실과 저택으로 신속히 퍼져나갔다. 메리 몬터규가 오리엔트에서 기적의 치유법, 즉 그 시대의 가장 무서운 위협으로부터 마침내 인간을 안전하게 지켜줄 수 있는 효과적인 보호막을 가져온 셈이었다. 1722년 말, 왕세자비가 메이틀랜드에게 세 자녀의 접종을 부탁했다. 그중에는 영국 왕위 계승자인 프레더릭도 있었다. 덕분에 프레더릭은 천연두에 걸리지 않고 어린 시절을 무사히 넘겼다. 결국 왕위에 오르기 전에 세상을 떠났지만, 그래도 계승자를 남겨놓을 정도까지 넉넉히 살았다. 그 계승자가 훗날 조지 3세가 된 조지 윌리엄 프레더릭(George William Frederick)이었다.

왕실의 인두 접종이 결국에는 티핑포인트(큰 변화를 일으키는 작은 계기 – 옮긴이)가 됐다. 메리 몬터규의 대담한 솔선수범에 힘입어, 인두 접종은 그 후로 수십 년 동안 영국의 상류사회에 서서히 확산됐다. 인두 접종이 비극으로 끝나는 경우도 많았다. 명문가에서 태어난 아기가 부모의 일방적인 선택에 의해 사망한 셈이다. 이 때문에 인두 접종은 18세기 내내 뜨거운 감자, 즉 논란이 많은 시술이라는 평가를 벗어나지 못했다. 따라서 대다수의 접종 시술자는 공식적인 의학 기관 밖에서 맴돌았다. 그러나 영국 상류계급이 인두 접종를 채택한 결과는 기대수명의 역사에 뚜렷한 흔적을 남겼다. 기대수명의 급격한 증가가 1700년대 중반에 처음으로 나타나기 시작한 것이다. 그때가 영국 귀족 안에서 한 세대 전체가 대두창에 대한 면역력을 높임으로써 어린 시절을 무사히 넘긴 시기였다.

▲ ▲ ▲

사회의 진보가 아동 사망률의 감소—결국 자녀의 상실로 고통 받지 않는 부모의 수—와 기대수명의 전반적인 증가로 측정될 수 있다면, 메리 몬터규가 의학 역사에서 뜻하지 않게 해낸 역할에 대한 이야기는 '무엇이 사회의 진정한 진보를 이끄는가'라는 중요한 문제를 생각하는 방향을 결정하는 데 도움이 된다. 인두 접종을 '발견'한 몬터규 부인의 이야기는 영웅적인 과학자, 그것도 주로 유럽 남성이 계몽시대에 발달한 경험적 방법론의 도움을 받아 순전히 개인적인 지적 능력으로 경천동지할 아이디어를 떠올리고 현실화시킴으로써 우리 삶이 향상됐다는 진보에 대한 관례적인 이야기에서 크게 벗어났다는 점에서도 색다르다. 위험한 바이러스들과 싸운 기나긴 전쟁의 역사에서, 그 역할을 해낸 주된 인물은 영국인 의사이자 과학자 에드워드 제너(Edward Jenner, 1749~1823)였다. 제너는 특히 천연두 백신을 개발한 덕분에 오늘날 '면역학의 아버지'로 여겨진다.

제너의 '깨달음의 순간'은 아이작 뉴턴의 사과, 벤저민 프랭클린의 연 날리기 실험과 더불어 과학사 연감에서 무척 유명한 이야기에 속한다. 시골 의사로 일할 때 제너는 그 지역의 천연두 분포에서 이상한 현상이 반복된다는 걸 알게 됐다. 우유를 짜는 여인들이 일반적인 주민들보다 천연두에 덜 걸리는 듯했다. 그래서 제너는 우유를 짜는 여인들이 우두(牛痘, cowpox, 천연두의 사촌이지만 덜 치명적인 질병)로 알려진 질병에 과거에 걸린 적이 있을 것이라는 가정을 세웠다. 일상 속에서 우두에 걸렸고, 그 덕분에 훨씬 더 치명적인 질병에 대한 면역력을 갖게 됐을 것이라는 게 제너의 생각이었다. 1796년 5월 14일, 제너는 지금까지 전설처럼 전해지는 실험을 실시했다. 우두에 걸린 우유 짜는 여인의 물집에서 긁어낸 고름을 8세 소년의 팔에 주입하는 실험이었다. 그 소년은 미열이 있었지만 곧 회복했고, 천연두에 면역력이 생겼다는 게 입증됐다. 통설에 따르면, 제너의 실험은 최초의 진정한 백신 접종으로, 그 이후로 수세기 동안 수십 억의 인명을 구한 의학적 혁명의 첫걸음이었다.

어떤 면에서 백신 이야기가 전통적으로 제너와 우유 짜는 여인에 초점을 맞춘 이유는 자명하다. 1796년 5월 14일은 의학 역사의 분수령이었기 때문이다. 구체적으로 말하면, 그날은 인간과 미생물 사이의 상호작용이 완전히 달라진 날이었다. 그러나 제너에게 쏟아진 찬사는 당시 상황을 어둠으로 뒤덮는 데 상당한 역할을 하며, 공중보건을 혁명적으로 바꿔놓은 돌파구들이 실제로는 어떻게 생겨나는가에 대한 우리 인식을 왜곡하고 있다. 제너 자신도 1757년 어린 시절에 인두 접종을 받았고, 지역 의사로 일할 때는 능력의 범위 안에서 환자들에게 꾸준히 인두 접종을 실시했다. 과학자나 의사로서, 제너는 천연두에 감염된 물질을 피하에 주입하면 면역력을 생기게 할 수 있다는 원리를 옛 선배들로부터 물려받아 알고 있었다. 제너가 인두 접종을 충분히 알지 못했다면, 덜 치명적이지만 관련된 질병으로부터 얻은 고름을 주입하는 묘안을 떠올리지 못했을 가능성이 크다. 물론, 나중에 제너가 입증했듯이 백신 접종은 인두 접종에 의한 사망률을 크게 낮췄다. 인두 접종으로 사망하는 사람 수가 백신 접종으로 사망하는 사람 수의 열 배를 넘었다. 또한 접종이라는 의학적 개입의 본질적 의미를 규정하는 요소는 환자를 소량의 감염 물질에 노출함으로써 면역 반응을 유발한다는 생각에 있다. 이런 생각은 다른 지역에도 일찍부터 있었다. 요컨대 제너가 가장 먼저 그렇게 생각하며, 우유 짜는 여인들의 남다른 면역력을 깊이 분석했던 게 아니다. 오히려 중국과 인도의 치료사들은 계몽시대 이전에, 즉 수백 년 전부터 그런 가능성을 마음속에 품고 있었다. 제너가 천연두가 아니라 우두를 이용하는 방식으로 접종 방법을 바꿀 수 있었던 것도, 따지고 보면 영국 의료 시설을 통해 인두 접종이 널리 보급된 덕분이었다. 역사의 테이프를 뒤로 돌려, 하나의 변수를 바꿔보자. 예컨대 메리 몬터규가 콘스탄티노플로 이주하지 않고 런던에 계속 머물렀다면 어땠을까? 그럼 인두 접종이 영국에서 천연두를 물리치는 의학적 행위로 훨씬 오랫동안 유지됐을 가능성이 크다.

물론 대체 역사(alternate history)는 순전히 추론에 불과하다. 그러나 대체 역사에 몰두함으로써 사회 변화를 촉발하는 원동력만이 아니라 그 힘을 외부와 후세에 전달하며 세상에서 유의미한 변화를 만들어가는 매개체의 중요성에 대해 생각해볼 수 있다. 어떤 아이디어가 사회를 변화시키려면, 그 아이디어를 처음 생각해낸 사람만큼이나 그 아이디어를 후세에 전달하는 기관과 개체도 중요한 역할을 해야 한다. 메리 몬터규 부인이 런던에 머물렀다면, '인두 접종은 다른 과정을 밟아 영국 의학의 주류가 됐을 것'이 분명하다. 여하튼 인두 접종은 필연적으로 동양에서 서양으로 전해졌을 것이고, 메리 몬터규 부인이 이스탄불, 즉 콘스탄티노플로 이주하지 않았더라도, 거의 같은 시기에 인두 접종이 영국 의사들의 마음을 '감염'시켰을 것이다. 인두 접종은 영국해협을 건너 영국에 전해지기 훨씬 전부터 세계 전역에서 널리 사용되고 있었다. 물론 메리 몬터규가 없었다면, 인두 접종이 그 후로도 50년가량 영국에서 시행됐을 가능성이 크다. 그 시간이면 영국 의학사를 근본적으로 바꿔놓기에 충분한 시간이어서, 1700년대 후반에 처음으로 나타난 기대수명의 급격한 증가는 뒤로 미뤄졌을 것이다.

에드워드 제너가 기발한 발상으로 1796년 어느 날 백신 접종을 뚝딱 발명했다는 단순한 이야기도 있지만, 그보다 훨씬 더 복잡한 이야기도 있다. 세계 곳곳에서 생겨난 단편적인 아이디어들이 구전으로 여러 문화권을 떠돌아다닌 끝에 하나의 시술법으로 굳혀졌고, 마침내 그 시술법이 뛰어난 지력과 영향력을 지닌 젊은 여인의 눈에 띄어 그녀의 고향까지 전해진 뒤에 그곳에서 서서히 뿌리를 내리기 시작했으며, 결국에는 한 시골 의사가 자신의 환자들에게 수십 년 동안 그 기법을 적용하는 과정에서 근본적인 개선을 할 수 있었다는 이야기다.

이런 두 종류의 이야기는 '천재' 이야기와 '네트워크'를 중심에 둔 이야기의 차이로 여겨질 수 있다. 천재 이야기에서 인과 고리는 외골수로 매진한 끝에 획기적인 해법을 찾아낸 한두 명의 핵심적 선구자를 중심으로 돌아간다. 천재 이야기는 역사를 요약한 교과서에 흔하디 흔하다. 역사 교과서는 '토머스 에디슨(Thomas Edison)이 백열전구를 발명했고, 알렉산더 플레밍(Alexander Fleming)이 페니실린을 발견했다'면서, 원래는 네트워크 이야기였던 것을 천재 이야기로 둔갑시키기 일쑤이기 때문이다. 네트워크 이야기가 더 복잡하는 데는 이유가 있다. 문제의 아이디어나 과학기술이 동시에 여러 곳에서 발견되는 경우가 많다는 것도 그중 하나다. 예컨대 백열등은 1870년대에 다양한 형태로 열두 번 이상 발명됐다. 우두에 근거한 유사한 접종도 제너의 백신에 앞서 또 다른 영국인 시골 의사 벤저민 제스티(Benjamin Jesty, 1736~1816)에 의해 1774년에 이미 시행된 듯하다. 그러나 네트워크 이야기도 새로운 아이디어의 가치를 일반 대중에게 알리는 과정에서 첫 발견자의 역할을 지나치게 강조하기 때문에 더욱 복잡해진다. 어떤 아이디어도 독자적으로 사회를 변화시킬 만큼 강력하지는 않다. 뛰어난 아이디어도 별다른 영향을 미치지 못한 채 사그라지는 경우가 비일비재하다. 그 아이디어를 뒷받침하며 널리 알리거나, 금전적으로 지원할 만한 핵심적인 인물이 네트워크에 없기 때문이다. 그레고어 멘델 (Gregor Mendel, 1822~1884)의 경우가 유명하다. 멘델은 체코의 모라바 수도원에서 완두콩을 교배하며 19세기의 위대한 이론 중 하나를 완성했다. 그러나 멘델에게는 폭넓은 네트워크가 없었기 때문에 유전 이론은 이후 40년 동안 세상에 어떤 유의미한 영향도 미치지 못했다.

케리 그로스(Cary Gross)와 켄트 셉코비츠(Kent Sepkowitz)는 천연두 백신과 관련된 혁신 네트워크를 분석한 논문에서 이렇게 말했다. "외로운 천재가 외골수로 중대한 문제를 해결한 실제 사례는 무척 드물다. 수백 년까지는 아니어도 수십 년 동안, 수많은 연구자가 실패와 거친 주장을 거듭하고 치열하게 경쟁한 끝에 이뤄낸 성과들이 축적되며 발전이 이뤄지는 경우가 훨씬 더 많다. 획기적인 돌파구는 일련의 작은 발전들에서 가장 최근의 것인 경우가 많다. 완곡하게 말하면 마침내 임상적인 적절성에 도달한 발전일 수 있다. 하지만 어떤 획기적인 해결책이 선언되고 그 주인공이 확인되면, 많은 다른 학자들의 업적은 아득한 어둠에 떨어지고 대중의 찬사로부터 멀어진다."[7] 갑자기 등장한 돌파구를 지나치게 강조하면, 역사적으로 잘못된 오류를 범하는 데 그치지 않고, 다음 세대의 혁신을 독려할 때 고려해야 할 우선순위와 지원 전략까지 왜곡하게 된다. 그로스와 셉코비츠의 주장에 따르면, "대중은 '획기적 돌파구'라는 개념 자체에 매료된다. 넥서스데이터베이스(NexusDB)에서도 확인되듯이, 지난 2년 동안 언론은 이 단어를 1,096회 인용했다. 그 때문에 환자와 일반 대중이 똑같이 현실과 동떨어진 기대를 갖게 되고, 그 결과로 공공연히 '홈런'이 되지 않은 연구는 쓰레기통에 던져지고, 완전히 잊혀질 수 있다."[8]

네트워트를 강조하는 접근법은 무대에 더 많은 등장인물을 올리는 데에 그치지 않는다. 천재의 기발한 발상을 강조하는 접근법과 질적인 차이도 있다. 따라서 우리의 이중적인 기대수명 역사를 추적해보면, 네트워크에서 어떤 '역할'이 반복해 나타나는 걸 확인할 수 있다. 예컨대 메리 몬터규는 궁극적으로 백신 접종으로 종결된 공동의 네트워크에서 두 가지 역할, 즉 새로운 아이디어가 사회에 뿌리를 내릴 때 거의 언제나 어떤 식으로든 행해지는 역할들을 해냈다. 첫째로 그녀는 다른 지역의 아이디어를 들여와, 그 아이디어가 지적이고 지리적인 경계를 넘게 해주는 '연결자(connector)' 역할을 해냈다. 둘째로는 편지와 개인적인 영향력을 통해 그 아이디어가 영국 귀족 계급과 왕실에 알려지게 하는 '증폭자(amplifier)' 역할을 해냈다.

지리적 위치만이 달랐을 뿐, 흥미롭게도 거의 같은 시기에 북아메리카 식민지에서도 유사한 연결 과정을 거쳐 인두 접종이 실시됐다. 뉴잉글랜드에서는, 아프리카 고향 땅에서 오래전부터 인두 접종을 한 흑인 노예들을 통해 처음으로 천연두를 예방하기 위한 접종이 시도됐다. 메리 몬터규가 운명적으로 터키로 이주하고 몇

넌이 지나지 않았을 때, 수단계로 여겨지는 오네시무스(Onesimus)라는 흑인 노예가 자신은 천연두에 취약하지 않다며, 자신의 주인에게 "두창에서 고름을 빼내, 살갗을 찢어 한 방울을 떨어뜨리면 됩니다"라고 말했다.[9] 공교롭게도 그 주인이 당시 상당한 영향력을 지닌 청교도 설교자 코튼 매더(Cotton Mather, 1663~1728)였다. 매더는 세일럼 마녀재판을 주도했듯이 마녀와 악마의 존재를 믿었지만, 과학적 탐구에도 관심이 많았다. 수단에서 두창 접종을 받았다는 오네시무스의 설명을 귀담아들은 매더는 인두 접종의 효과를 굳게 믿기에 이르렀다. 따라서 종교계의 동료들은 2퍼센트의 접종 사망률이 여섯 번째 계명('살인하지 말라')을 어기는 것이라고 생각하며 인두 접종의 실시를 반대했지만, 매더는 그렇지 않았다. 오히려 매더는 인구가 점점 늘어나는 뉴잉글랜드에서 인두 접종의 필요성을 역설하는 설교와 글을 계속 발표하며, 보스턴 의료계가 인두 접종을 실시하도록 설득하는 데 앞장섰다. 미국판 네트워크 이야기에서는 오네시무스가 연결자 역할을 했다. 노예무역이라는 야만적인 이동을 덕분에, 새로운 아이디어가 아프리카 문화에서 북아메리카로 전달된 셈이었다. 코튼 매더는 그 아이디어를 받아들여, 설교단과 인쇄기의 힘을 이용해 증폭시킨 주역이었다.

메리 몬터규, 오네시무스, 코튼 매더는 무척 다른 사람들이지만 하나의 중요한 공통점이 있었다. 누구도 의료인이 아니었다는 점이다. 그럼에도 그들은 연결자와 증폭자로 역할함으로써 인두 접종의 채택에 중대한 영향을 미쳤다. 유의미한 변화를 끌어내는 네트워크에서 과학자와 의사가 부분만을 차지하는 이런 현상은 수명 연장의 역사에서도 그대로 확인된다. 행동가와 개혁가와 전도자가 없었다면, 많은 생명을 구할 수 있는 아이디어가 연구실에 머물거나, 일반 대중의 저항을 이겨내지 못했을 것이다. 우리는 위대한 탈출이 계몽주의 과학의 승리라고 생각하는 경향이 있다. 충분히 이해되는 생각이다. 서구 문화를 끌어간 위대한 인물들이 질병과 죽음의 문제에 과학적 방법론을 적용하기 시작한 순간, 수명 연장은 필연적인 결과였다는 게 일반적인 추정이니까. 그러나 백신 접종의 역사를 보면 그런 추정은 불완전한 추정에 불과하다. 인두 접종 자체가 서구 세계 밖에서 들여온 것이기 때문이기도 하지만, 백신 접종의 승리는 경험을 통한 실증의 문제였던 것만큼이나 설득의 문제였기 때문이다. 공중보건에서 중요한 돌파구는 발견되는 것만으로는 충분하지 않다. 주장되고 옹호되고 변론돼야한다.

▲ ▲ ▲

인두 접종과 백신 접종은 건강한 사람을 위험한 바이러스에 노출시키는 의학적 처치였기 때문에 초기에는 메리 몬터규 같은 영향력 있는 사람의 채택과 응원이 절실히 필요했다. 그러나 천연두 백신을 가장 적극적으로 지지한 사람도 의학적 배경이 없는 미국인이었다. 제너가 우유 짜는 여인을 대상으로 실험을 하고 4년이 지난 1800년 초, 하버드 의과대학 교수 벤저민 워터하우스(Benjamin Waterhouse, 1754~1846)는 대서양 건너편, 영국의 바스라는 도시에서 일하는 한 의사가 보낸 천연두 백신 샘플을 받았다. 워터하우스는 백신 접종이라는 새로운 기법에 대해 논문을 쓴 적이 있는 의료인이었다. 그는 백신의 효험을 확신했기에 가족들에게 천연두 백신을 접종했고, 그 실험의 성공을 입증하려고 몇몇 식구를 천연두 환자와 접촉시키기도 했다. 워터하우스는 백신이라는 의학적 돌파구를 확대 적용할 방법을 찾고 있었다. 그래서 그는 버지니아에서 활동하는 인맥이 탄탄한 아마추어 과학자에게 편지를 보낼 때 자신의 논문 〈천연두를 근절하기 위하여(Prospect Of Exterminating The Small Pox)〉를 동봉했다.

그 버지니아 사람은 뜨거운 관심을 보이는 답장을 보냈다. 그 둘은 먼 길을 사이에 두고 곧바로 공동 작업을 시작했다. 그들의 협력은 미국 주류 의학이 백신 접종을 받아들이도록 유도하는 데 결정적인 역할을 했다. 워터하우스는 우편을 통해 '백신 물질'을 세 번 보냈다. 그때마다 버지니아인은 백신이 운송 과정에서 변질됐다는 시험 결과를 알리며, 뜨거운 열기에 바이러스가 사멸한 듯하다는 답장을 보냈다. 그러고는 워터하우스에게 백신을 안전하게 보존하는 기발한 포장 방법을 제안했다. "그 물질을 아주 작은 유리병에 넣고, 그 병을 코르크 마개로 막은 뒤에 물로 채운 더 큰 유리병에 넣고 역시 코르크 마개로 막으십시오. 그럼 그 물질이 공기와 효과적으로 차단되지 않을까 싶습니다. 유리병이 공기에 노출되더라도 상당한 정도의 열이 안쪽의 유리병까지 파고드는 걸 물이 막아줄 테니까요. 밤에는 시원한 곳에 두고, 낮에는 역마차 덮개 아래에 두도록 하십시오. 이렇게 하면 성공하지 않을까 싶습니다."[10]
이런 포장 방법은 효과가 있었다. 1801년 11월에 보낸 한 편지에서 그 버지니아인은 "내 직계가족 중 70명~80명, 거의 같은 수의 사위들과 양자들, 이번 접종 기회를 이용하고 싶어 한 이웃들까지 약 200명이 우리 실험에 참가했습니다"라고 말했다.[11] 그는 인체가 백신에 보인 반응을 자세히 기록해 워터하우스에게 보냈다.

> 내가 관찰한 바에 따르면, 빠른 경우에는 여섯 번째 날이 되자 맑고 투명한 진물이 나타났고, 그 상태가 여섯 번째, 일곱 번째, 여덟 번째 날까지 계속됐습니다. 여덟 번째 날이 되자, 그 맑고 투명하던 진물이 걸쭉하고 노란색을 띠었고, 주변으로 염증이 나타나기 시작했습니다. 더딘 경우에는 여덟 번째 날에 묽고 맑은 물질이 나타났고, 그 상태가 여덟 번째, 아홉 번째, 열 번째 날까지 계속됐습니다.[12]

그 이후로 수개월 동안 그는 백신을 접종한 집단에게 천연두 바이러스를 주입하며, 그들 모두에게 천연두에 대한 면역력이 생긴 것을 확인했다. 요즘의 약물 시험처럼 정교한 통계적 계산이 뒤따르지는 않았지만, 그 실험은 백신 채택을 앞당기는 중대한 계기가 됐다. 제너가 획기적인 돌파구를 제시한 지 5년 만에 대서양 건너편에서 수백 명이 성공적으로 백신 접종을 끝내며, 백신 시험의 성공을 뒷받침하는 실증적 증거를 자료로 남겼다. 당시 대부분의 의학적 처치가 엉터리였다는 점을 고려하면, 이런 백신 시험은 정식 의사에게도 놀라운 성과였을 것이다. 그러나 그 버지니아 사람은 부업으로 의료인 노릇을 했을 뿐이었다. 그의 당시 직업은 공교롭게도 미국 대통령이었다. 이쯤에서 모두가 짐작하겠지만, 그 버지니아인은 바로 토머스 제퍼슨이다.

현직 대통령이 여가 시간에 실험적인 약물 시험을 실행한다는 게 지금은 상상조차 안 되지만, 미국에서 변호사 교육을 받은 정치인이 백신 채택에 결정적인 역할을 했다는 사실은 그다지 놀랍지 않다. 많은 점에서, 백신 채택이 제퍼슨 같은 소수의 선구자들로부터 시작해 다수로 확산됐다는 이야기는 법의 승리지, 의학의 승리가 아니다. 초창기에 국가가 국민 개인의 건강 결정에 권력을 행사할 때 흔히 그랬듯이, 백신 접종을 규정한 법들도 통치의 역사에서 중요한 이정표였다. 1813년, 즉 제퍼슨의 선구적인 실험이 있고 10년쯤 지났을 때 미국 의회는 백신법을 통과시키며, 그 목적이 "미국 시민 모두에게 진정한 백신 물질을 제공하는 것"이라고 천명했다.[13] 잉글랜드에서는 1853년 백신법을 제정하며, 3세 이하의 모든 아이에게 천연두 백신을 접종하는 걸 의무로 규정했다. 그 이후로도 수십 년 동안 후속 법이 연이어 제정되며 백신법은 더욱더 엄격해졌다. 독일에서 백신 접종이 의무화된 때는 1874년이다.

백신법은 선출직 공무원, 즉 국회의원들이 제정했지만, 백신에 대한 국민적 지지는 정치인도 아니고 공중위생 관리자도 아닌 사람들의 적극적인 옹호로부터 시작된 경우가 많았다. 백신 접종에서 19세기의 메리 몬터규와 코튼 매더는 누가 뭐라해도 찰스 디킨스(Charles Dickens, 1812~1870)였다. 디킨스의 고전적 소설《황폐한 집(Bleak House)》에서, 분명히 천연두이지만 이름이 언급되지 않는 질병에 대한 극적인 반전이 그려지기 때문이다. 또 디킨스는 자신이 직접 발간해 많은 인기를 얻은 주간지 〈하우스홀드워즈(Household Words)〉에 백신 접종을 옹호하는 기사를 자주 실었고, 그중 다수를 직접 썼다. 디킨스는 의무적인 백신 접종을 열정적으로 지지했고, 기회가 있을 때마다 에드워드 제너를 현대의 위대한 영웅 중 한 명으로 추켜세웠다. 예컨대 1857년 위의 잡지에 게재한 글에서는 "우연이 아니라 의도적으로 천연두 바이러스를 주입함으로써 천연두로부터 해방되는 혜택을 확대할 수 있을 것이라는 가능성이 문득 떠올랐을 때 제너 박사의 마음에서 일어났던 생각보다 인류에게 더 큰 혜택을 준 생각은 손가락으로 꼽을 정도다"라고도 말했다.[14]

디킨스는 빅토리아시대의 반(反)백신 운동을 염려하며, 의무적인 백신 접종을 더 적극적으로 옹호하고 나섰다. 당시의 반백신 운동과 요즘의 백신 반대자들이 주장하는 내용은 많은 점에서 똑같다. 1800년대 중반부터, 의무적인 백신 접종에 대한 반발로 소책자와 서적, 풍자 만화가 봇물처럼 쏟아졌고, 법정 분쟁과 느슨한 연대및 공식적인 조직 결성도 잇달았다. 예컨대 전미접종반대협회, 뉴잉글랜드백신강제접종반대연맹, 뉴욕시백신접종반대연맹이 있었다. 잉글랜드에서는 백신강제접종반대연맹이 1867년 결성됐으며, "의회는 국민의 자유를 지켜주기는커녕 올바른 건강 관리에 대해, 그것을 착실히 행한 부모에게 벌금을 부과하거나 그런 부모를 구금으로처벌할 수 있는 범죄로 전락시키며 그 자유를 침해했다"라고 주장했다.[15] 백신 반대 운동을 주도한 지도자들 중에는 뛰어난 지식인도 적지 않았다. 사회학자이자 생물학자 허버트 스펜서(Herbert Spencer, 1820~1903), 1850년대에 독자적으로 자연선택 이론을 전개한 앨프리드 러셀 월리스(Alfred Russel Wallace, 1823~1913)가 대표적이다. 특히월리스는 생의 후반기에《무익하고 위험한 것으로 입증된 백신 접종(Vaccination Proved Useless and Dangerous)》,《백신 접종은 망상: 강제처벌은 범죄(Vaccination a Delusion: Its Penal Enforcement A Crime)》등과같은 책을 쓰며 백신의 과학을 공격했다. 진화론을 공동으로 발견한학자가 그 시대의 제니 매카시(Jenny McCarthy, 백신 반대 및 대체 의학을 홍보하는 미국 배우―옮긴이)였다는 게 이상하게 생각된다. 하지만 그의 논문들은 공중위생과 관련된 자료를 근거로 백신 접종을 반대할 만한 경험적 사례를 제시하려고 하지는 않았다. 결국 그의 비판은 20세기 초에 더 나은 자료를 수집할 필요성을 일깨워줬고, 그렇게 수집된 자료들은 궁극적으로 백신 접종의 유효성을 입증하는 데 큰 역할을 해냈다.

백신 접종 반대 운동은 세 가지 다른 흐름의 교차점에 있었다. 첫째로는 빅토리아시대 말의 사회에 크게 부각되며 다양한 형태로 존재하던 심령주의와 동종 요법 및 '자연 치유(natural healing)'에 심취한 사람들이 있었다. (실제로 월리스는 1860년대 말에 심령주의로 개종하기도 했다.) 둘째로는 보건 당국이 질병 확산의 주범으로 여겨야 마땅한 것, 즉 비위생적인 생활환경의 개선을 등한시할 수 있다는 이유로 백신 접종에 반대하는 무리가 있었다. 1850년대에도 많은 경우에 독기설을 주장하며, 천연두가 수인성 전염병이라는 걸 부인하는 사람들이 있었다. 마지막으로는 정치적인 이유로 백신 접종을 반대하는 사람들이다. 대표적인 예가 허버트 스펜서다. 스펜서는 의무적인 백신 접종이 국가에 의한 개인의 자유 침해 행위라고 봤다. 런던에 있는 유니버시티칼리지(University College)의 라틴어 교수 프랜시스 윌리엄 뉴먼(Francis William Newman, 1805~1897)의 주장도 비슷한 이유에서 자주 인용된다. "공중위생을 구실로 내세우더라도 의회가 건강한 사람의 몸을 공격할 권리는 없다. 건강한 유아의 몸을 공격할 권리는 더더욱 없다. 완전한 건강을 방해하는 입법은 포학한 악행이며, 순결과 맑은 정신을 방해하는 짓과 다를 바가 없다. 어떤 입법가에게도 그럴 권리는 없다. 그런 법은 용납할 수 없는 권리 침해이므로, 그런 법에는 저항권을 행사해야 마땅하다."[16]

백신 접종에 대한 이런 이념적 저항은, 백신이 지닌 독특한 특징에서 비롯된 것이다. 백신은 아직 병에 걸리지 않은 사람을 위한 약물로 선전됐다. 따라서 백신 접종은 순전히 예방적 행위, 즉 과학을 맹신하는 행위였다. 직관적으로 생각하면, 완전히 건강한 어린아이에게 백신을 접종하는 행위는 터무니없이 과장된 행위, 즉 '포학한 악행'으로 여겨졌다. 그러나 통계자료는 백신 접종이라는 의학적 처치의 편이었다. 어렸을 때 백신을 맞은 사람은 자녀를 두기에 충분한 연령까지 생존할 가능성이 훨씬 더 높았다. 따라서 결국에는 이런 가능성이 백신 접종 거부자들의 저항을 이겨냈다.

영국의 저항자들은 1898년, 백신 접종이 신앙적 믿음에 어긋난다고 확신하는 부모에게 '면제 증명서(certificate of exemption)'를 발급해줘야 한다는 조항을 입법하는 데 성공했다. 그 법이 '양심적 거부(conscientious objection)'라는 개념이 영국법에 들어간 최초 사례다(양심적 거부는 20세기에 들어 병역 의무와 관련된 갈등에서 중요한 역할을 하게 된 개념이자 용어다). 유사한 면제 조항들은 백신 접종 반대 운동에 대한 최근의 논란에서도 뜨거운 감자로 부각됐다. 오래전에 근절됐다고 여겨졌던 홍역이 최근에 미국 여러 지역에서 다시 유행하며 백신을 거부한 가정에서 유난히 발병률이 높게 나타나자, 상당수의 지방 정부가 이 면제 조항을 폐지한 때문이었다. 물론 19세기의 백신 반대자들과 21세기의 백신 반대자들은 많은 점에서 다르다. 첫째로 두 시기 사이에 백신 접종이 세계 전역에서 눈부신 성공을 거뒀다. 또 빅토리아시대의 반대자들은 고려해야 할 백신이 천연두 백신밖에 없었고, 그 백신의 효험을 측정하는 데 이용할 수 있는 통계적 도구도 제한적이었다. 그러나 오늘날에는 백신으로 예방되는 질병들—디프테리아, 장티푸스, 소아마비 등—이 다양하고, 백신이 생명을 구한다는 실증적 증거가 많은데도 요즘의 백신 접종 반대자들은 의도적으로 그런 인상적인 실적을 무시한다. 최적의 추정에 따르면, 제너가 처음 실험한 이후로 두 세기 동안 백신의 발명과 대량 채택 덕분에 약 10억 명이 목숨을 구했다. 물론 이런 눈부신 성공은 의학의 산물이지만, 사회운동가와 사회 참여 지식인 및 입법 개혁가의 공로이기도 했다. 사회운동과 설득 행위 및 새로운 종류의 공공기관이 뿌리를 내리는 데는 어떤 혁신적인 아이디어가 필요했다. 많은 점에서, 집단 백신 접종은 노동조합과 보통선거 같은 현대의 획기적인 발명품에 더 가까웠다.

▲ ▲ ▲

이런 공공기관 중 하나의 탄생은 1851년 파리에서 열린 회의까지 거슬러 올라간다. 요즘에 열리는 대부분의 산업체 회의 규모에 비교하면, 당시의 모임은 유럽 12개국을 대표한 의사와 외교관이 각각 한 명씩 참석한 보잘것없는 행사였다. 이 모임은 훗날 '국제위생회의(International Sanitary Conference)'로 알려지게 됐고, 여러 국가의 전문가 집단이 공중위생에서 협력할 방법을 논의하기 위해 처음으로 모인 국제 행사로 기록됐다. 1851년 회의는 콜레라 확산을 막기 위한 검역 절차의 표준화에 초점을 맞췄지만, 그 이후에 열린 회의들에서는 시야를 넓혀 새로운 치료 기법, 전염병에 대한 자료, 질병에 대한 과학적 연구 등의 공유 방법을 다뤘다. '국제위생회의'는 결국 1907년 파리에서 '국제공중위생사무소(Office International d'Hygiéne Publique, OIHP)' 설립으로 이어졌다. 이 기관은 그때까지 설립된 최초의 진정한 국제기구 중 하나였다. 1945년 국제연합(United Nations, UN)이 창립된 이후, OIHP는 역시 UN의 산하기관으로 조직된 새로운 국제기구, 즉 세계보건기구(World Health Organization, WHO)로 대체됐다.

과학기술을 앞세운 신생 기업들의 창조적 파괴를 중시하는 문화권에서, 안타깝게도 공공기관은 혁신의 적으로 여겨지는 경향이 있다. 새로운 아이디어와 진보 및 획기적인 과학기술을 원하는 사람에게 필요한 것은 민첩하게 행동하며 관습에 얽매이지 않는 민활한 프리랜서지, 느릿하게 움직이는 관료 조직이 아니다. 그러나 범세계적인 관점에서 보면, 지난 70년 동안 호모사피엔스의 삶을 개선하는 데 WHO보다 더 많은 일을 해낸 독립된 기관을 찾아내기가 어렵다. 그 기간 동안 WHO가 이뤄낸 많은 업적 중에서 모든 것을 능가하는 하나를 꼽는다면, 천연두의 근절이다.

자연적으로 발생하는 대두창은 수천 년 동안 인류를 괴롭히며 동거해왔지만, 1975년 10월 마지막 환자를 감염시키고는 사라졌다. 그때 라히마 바누 베굼(Rahima Banu Begum)이라는 세 살배기 방글라데시 소녀의 피부에서 숨길 수 없는 고름집들이 터졌다. 베굼은 방글라데시 남부 해안, 메그나강 하구에 위치한 볼라섬에 살았다. WHO는 그 소식을 듣고, 곧바로 팀을 파견해 그 소녀를 치료하고, 소녀와 접촉한 모든 섬 주민들에게 백신을 접종했다. 베굼은 천연두와의 싸움을 이겨냈고, 볼라섬에서 백신 접종이 신속하게 이뤄진 덕분에 천연두 바이러스가 다른 숙주에서 자기 복제되지 못했다. 그로부터 4년이 지난 1979년 12월 9일, 다른 전염병들의 상황을 범세계적으로 조사한 후, 과학자들로 구성된 위원회는 천연두가 근절됐다고 선언하는 문서에 서명했다. 이듬해 5월에는 WHO의 최고 의결기관인 세계보건총회(World Health Assembly)에서 WHO의 결정을 공개적으로 인정했다. 세계보건총회는 "세계와 모든 세계인은 천연두로부터 완전히 해방됐다"라는 공식적인 성명서를 발표하며, "그 오래된 천형으로부터 인류를 구원해낸 모든 국가의 단합된 행동"에 경의를 표했다.[17] 천연두 근절은 정말 장대한 과정이었다. 선견지명과 많은 국가의 현장 작업이 함께 어우러지며 거둔 위대한 성과였다. 그 오래된 천형의 근절이 우주개발 경쟁에서 얻은 어떤 성과보다 인류의 삶에는 훨씬 유의미한 영향을 미쳤지만, 달 착륙에 대한 대중의 인식에 비교하면 천연두 근절에 대한 대중의 관심은 미미할 뿐이다. 우주 비행사들의 대담하고 영웅적인 행동을 찬양하는 영화와 텔레비전 시리즈는 어마어마하게 많지만, 훨씬 더 화급하고 그에 못지않게 위험한 전쟁, 즉 치명적인 병원균과의 전쟁을 추적한 영화와 텔레비전 프로그램은 극소수에 불과하다는 걸 생각해보면 알 수 있다.

엄마의 품에 안긴 라히마 바누
배굼, 1975년

천연두 근절과 우주개발 경쟁의 비교는 다른 이유로도 흥미롭다. 많은 점에서, 대두창과의 전쟁은 경쟁이 아닌 국제 협력에 따른 승리였기 때문이다. 더구나 천연두 근절을 위한 전쟁이 냉전 기간 동안에 진행됐기 때문에 더더욱 주목할 만하다. 천연두 근절을 위한 프로젝트의 씨앗은 1958년 미니애폴리스에서 열린 WHO 모임에서 소련의 보건부 차관 빅토르 즈다노프(Viktor Zhdanov, 1914~1987) 박사가 행한 연설로 처음 심어졌다. 당시 즈다노프는 모든 회원국에게 천연두 근절이라는 목표를 위해 전력을 다해야 한다고 촉구했다. 당시로서는 대담하기 이를 데 없는 목표였다. 그때 즈다노프는, 토머스 제퍼슨이 1806년 에드워드 제너에게 보낸 편지에서 제너의 천연두 백신으로 "미래의 국가들은 혐오스런 천연두가 과거에 존재했다는 걸 역사로만 알게 될 것"이라고 예측한 부분을 인용하며 연설을 시작했다. 그 이후로 20년 동안, 프랜시스 게리 파워스(Francis Gary Powers, 1929~1977)의 정찰기 격추, 쿠바 미사일 위기, 베트남전쟁 등이 있었지만, 미국과 소련은 천연두 근절을 위해 생산적으로 협력할 방법을 어떻게든 찾아냈다. 정치적 갈등이 치열한 시대에도 인류의 건강과 관련된 중대한 쟁점을 해결하기 위한 범세계적인 협력은 가능하다는 걸 보여준 좋은 선례였다.

제퍼슨은 천연두 백신을 시험 접종하던 초기에 벤저민 워터하우스에게 보낸 편지에서, "악의 목록에서 천연두 같은 사악한 악을 하나씩 지워간다면 인류를 위한 커다란 봉사가 될 것입니다. 내가 알기에 의학에서 이처럼 소중한 발견은 여지껏 없었습니다"라고 말했다.[18] 여느 때와 마찬가지로 여기에서도 제퍼슨은 장기적으로 생각했다. 제퍼슨이 이 편지를 썼을 때 대두창과의 전쟁이 환자들을 상대로 진행되고 있었다. 당시 세계에서 천연두 백신을 접종한 사람은 모두 수천 명, 어쩌면 더 적었을 수도 있다. 1801년 인류를 괴롭히는 '악의 목록'으로부터 천연두를 지구에서 완전히 없앤다는 생각은 상상조차 할 수 없었다. 물론, 그런 시도는 기술적으로도 불가능했다. 과학은 위험을 최소화하며 개개인의 천연두 면역력을 키워줄 정도까지 발전한 게 사실이었지만, 어떻게 질병으로서의 천연두를 세계 전역에서 근절하는 게 가능하다고 생각할 수 있었을까? 적어도 당시에는 그런 계획을 실현할 만한 도구도 없었다.

천연두를 '악의 목록'에서 지워내겠다던 제퍼슨의 꿈과, 마침내 이뤄낸 천연두 근절 사이에 어떤 차이가 있었는지 생각해보면, 그런 기념비적인 변화를 끌어낸 동력들에 대해 한층 명확히 이해할 수 있다. 1970년대에는, 1801년에 제퍼슨과 워터하우스 및 제너가 갖지 못했던 어떤 수단이 있었을까? 천연두 근절을 부질없는 환상에서 가능성의 영역으로 옮겨놓은 것이 무엇이었을까?

하나의 주요한 요인은 WHO라는 국제기구의 존재였다. 천연두 근절 프로젝트는 당시 애틀랜타의 질병통제센터(Centers for Disease

Control, 현재는 질병통제예방센터[Centers for Disease Control and Prevention CDC])에서 질병 감시 책임자로 일하던 도널드 헨더슨(Dornald Ainslie Henderson, 1928~2016)이 서아프리카에서 천연두를 근절하기 위해 제출한 제안서를 계기로 본격적으로 시작됐다. 그 제안서가 백악관의 눈에 띄었고, 1965년 헨더슨은 제네바에 들어가서 WHO를 대신해 범세계적인 천연두 근절이라는 한층 야심찬 프로그램을 감독해달라는 요청을 받았다. 당시에는 헨더슨조차 그 프로그램이 목표를 지나치게 높게 설정한 까닭에 실패로 끝날 가능성이 크다고 생각했다. 그러나 헨더슨은 그 임무를 받아들였고, 1979년 천연두가 근절됐다는 공식 선언문이 작성될 때까지 그 프로그램을 감독했다. 능동적인 감시와 백신 접종을 시행한 10년 동안 WHO는 73개국과 협력해 일했고, 수십만 명의 의료인을 고용해 여전히 대두창이 발병하던 24개 이상의 국가에서 백신 접종의 감독을 맡겼다. 많은 사람을 고용해, 사법 관할권이 여러 곳으로 나뉜 드넓은 지역을 조직적으로 관리하는 국제기구의 창설을 19세기 초에는 상상조차할 수 없었을 것이다. 천연두의 세계적인 근절은 백신 자체의 발명과 더불어 WHO 같은 국제기구의 창설 덕분에 가능할 수 있었다.

천연두 근절을 위한 프로그램은 세균학에서 얻은 상대적으로 새로운 통찰에도 영향을 받았다. 당연한 말이겠지만, 세균학은 엄격한 의미에서 제퍼슨 시대에 존재하지 않았던 학문이다. 대두창 바이러스는 19세기에는 현미경으로도 확인되지 않았다. 그러나 헨더슨이 처음으로 천연두 근절을 위한 제안서를 작성하기 시작할 때쯤, 바이러스 학자들은 천연두 바이러스가 인체에서만 생존하고 자기 복제할 수 있다는 걸 알게 됐다. 전문적인 용어로 말하면, 다른 종에서는 천연두 바이러스가 장기간 머무는 자연 숙주(natural reservoir)가 없었다. 인간에게 질병을 일으키는 바이러스 중 다수가 짐승도 감염시킬 수 있다. 대표적인 예로 제너의 우두(cowpox)를 생각해보라. 그러나 천연두 바이러스는 인체 밖에서 생존하지 못한다. 영장류로 인간과 가까운 친척들도 천연두에 대해서는 면역력이 있다. 이런 사실은 천연두 근절에 나선 학자들에게 결정적인 무기를 쥐어준 것이나 다를 바가 없었다. 대체로 일반적인 바이러스는 집단 백신 접종으로 공격을 받으면, 다른 숙주, 예컨대 설치류나 조류에서 피난처를 찾았다. 달리 말하면, WHO의 현장 연구자들이 조사할 수 없어, 감염되더라도 결코 퇴치할 수 없는 숙주에게로 피신했다. 그러나 천연두는 어떤 숙주를 통해 인간에게 옮겨지더라도 인간만을 숙주로 삼기 때문에, 천연두 바이러스는 헨더슨의 프로젝트에 취약할 수밖에 없었다. 요컨대 대두창을 인간 개체군에서 몰아낼 수 있다면, 천연두를 악의 목록에서 영원히 지워버릴 수 있다는 뜻이었다.

기술 혁신도 천연두 근절 프로젝트에서 중대한 역할을 했다. 분지침이 발명된 덕분에 WHO의 현장 연구자들은 다천자 백신 접종 기법(multiple-puncture vaccination technique)을 사용할 수 있었다. 다천자 백신 접종 기법은 실행하기가 더 쉬웠고, 과거의 접종 기법에 비해 백신량도 4분의 1이면 충분했다. 이런 속성은 세계 전역에 분포된 수십만 명에게 백신을 접종하려는 기관에게 정말 긴요했다. 제퍼슨과 워터하우스 시대에는 없었던 또 하나의 중요한 자산은 내열성 백신이었다. 1950년대에 개발된 내열성 백신은 냉장되지 않은 상태에서 30일 동안 보관이 가능했다. 이런 특성은 냉장 시설과 전기가 부족한 작은 마을까지 백신을 운반할 수 있게 해주는 엄청난 이점이었다.

마지막으로 생각해볼 만한 혁신은 집단 백신 접종 방법 자체와 관계가 있었다. 1966년 12월, 즉 헨더슨이 WHO에서 천연두 근절 프로젝트의 책임자로 임명되고 오랜 시간이 지나지 않아, 윌리엄 페이지(William Foege)라는 전염병학자가 미국 CDC에서 어떤 프로그램을 의뢰받아, 라이베리아의 오비르푸아 마을에서 발생한 전염병과 싸우게 됐다. 그렇게 느닷없이 발생한 전염병에 대응하는 전형적인 방법은 그 마을의 모든 구성원에게 빠짐없이 백신을 접종하는 것이었다. 주변 마을들까지 백신 접종을 확대하면 더욱더 좋았다. 그러나 그 CDC 프로그램은 새롭게 시작된 까닭에 충분한 백신이 신속하게 공급되지 않았다. 그렇게 가용 자원이 제한된 까닭에 페이지는 적은 것으로 많은 것을 해낼 수 있는 해결책을 즉흥적으로 마련할 수밖에 없었다. 훗날 자신의 회고록에서 말했듯이, 페이지와 그의 동료들은 "우리가 천연두 바이러스고, 영원히 사라지지 않으려고 한다면, 가족을 늘리기 위해 무엇을 할까?"라고 자문해봤다. "물론 그 대답은 번식을 계속하기에 가장 적합한 상대를 찾아내는 것이다. 그렇다면, 일정한 범위 내에 있는 모두에게 백신을 접종하기보다는 천연두 바이러스의 공격을 아직 받지 않았지만 그 바이러스에 가장 취약한 사람을 찾아내서 보호하는 게 우선적인 과제였다."[19] 많은 양의 백신을 전 지역에 쏟아붓는 대신, 페이지는 '포위 접종'을 실시하기로 결정했다. 달리 말하면, 감염 가능성이 높은 사람이나 감염된 것으로 보이는 사람을 우선 접종하기로 했다. 이른바 '표적 공격'으로, 발병 지역 주변에 면역 방화벽을 세우는 전략이었다. 페이지 자신도 놀랐을 정도로 그 전략은 효과가 있었다. 며칠 만에 전염병이 종식됐다. 페이지의 포위 접종은 결국 WHO가 범세계적으로 실시한 근절 프로젝트의 기초가 됐다. 라히마 바누 베굼이 1975년 볼라섬에서 천연두에 걸렸을 때, 대두창이라는 천형을 완전히 종식시킨 것은 베굼 주변에 쌓은 백신 접종이라는 방화벽이었다.

▲ ▲ ▲

페이지의 포위 접종 방법이 제너와 워터하우스의 시대, 즉 1800년대 초에 사용되지 못한 이유 중 하나는 질병에 대해 생각하는 방식의 차이, 달리 말하면 관점의 차이였다. 제너의 시대에 질병과의 싸움은 주로 인체에 집중됐지만, 당시에는 인체를 혈관, 폐, 근육 등으로 이뤄진 신비로운 기계장치로 이해했다. 그러나 포위 접종은 질병과 싸우는 방법을 다른 관점에서 봤다. 요컨대 어떤 질병이 사람 간의 접촉을 통해 이곳에서 저곳으로 확산되면, 질병의 분포를 지리적 관점에서 관찰하며 그 질병을 공격할 수 있었다. 제너의 시대에는 전염병학이 일관된 형태로 존재하지 않았기 때문에 제너는 그런 식으로 생각하지 못했다. 당시 사람들은 어떤 질병이 유의미한 패턴을 띠며 반복해 나타나는 걸 알게 되면, 그 질병이 발생하는 상황을 대략적으로 지도로 작성하려 애썼다. 그러나 그들은 그 지도를 이용해, 감염원을 물리치는 데 사용할 수 있는 무기를 만들어내지 못했다. 반면에 페이지가 생각해낸 포위 접종이라는 획기적인 아이디어는 '필요가 발명의 어머니'라는 격언의 고전적인 사례다. 백신 공급이 제한된 상황에서, 페이지는 다른 해결책을 찾아 나설 수밖에 없었다. 그러나 그가 그런 아이디어를 떠올릴 수 있었던 이유는 현장과 실험실에서 100년 이상의 시행착오를 거듭해온 학문을 공부한 덕분이었다. 요컨대 페이지는 전염병학자로 훈련받았기에 시각을 넓혀 전체를 볼 수 있었다. 결국 제너와, 천연두 근절에 나선 후대를 구분 짓는 마지막 결정적인 요소는 전염병학이었다. 진보의 역사에서 흔히 그렇듯이, 우리가 당면한 문제를 인식하는 방법의 변화가 곧 해결책을 이끌어내는 경우가 적지 않다.

천연두 근절에 나선 학자들의 경우에만 그랬던 것은 아니다. 인두 접종도 1700년대 말의 영국 귀족들에게 더 긴 삶을 선물했을지 모른다. 그러나 대중에게 중요한 기대수명의 꾸준한 증가를 우리에게 처음으로 선물한 것은 백신 접종이 아니라, 전염병학의 데이터 혁명이었다.

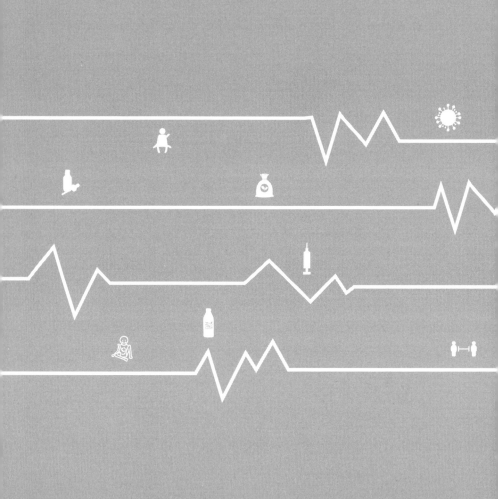

콜레라
데이터와 전염병학

리강(River Lea)은 런던 북쪽 외곽에서 시작돼 남쪽으로 구불구불 내려와 런던 이스트엔드, 정확히 말하면 그리니치와 아일오브독스(Isle of Dogs) 근처에서 템스강으로 흘러든다. 1700년대 초, 리강은 이스트엔드 지역의 공장과 조선소에 물을 공급하는 운하망과 연결됐다. 따라서 19세기쯤에는 런던의 '더러운 산업들(stink industries)'이라고 불리던 것이 쏟아져 들어와, 리강은 영국에서 가장 오염된 강 가운데 하나가 됐다.

1866년 6월, 헤지스(Hedges)라는 노동자가 아내와 함께 리강 언저리의 브롬리바이보(Bromley-by-Bow)라는 동네에 살고 있었다. 오늘날 헤지스와 그의 아내에 대해서는 그해 6월 29일, 둘 모두 콜레라로 사망했다는 안타까운 사실 이외에 알려진 것이 거의 없다.

그들의 죽음은 그 자체로는 아무런 주목을 받지 못했다. 1832년 런던에 처음 상륙한 이후로, 유행할 때마다 몇 주 만에 수천 명이 죽어간 까닭에 당시 콜레라는 런던에서 일상사와 다를 바가 없었다. 그즈음 콜레라가 줄어드는 추세이기는 했지만 그로 인한 사망자가 수주 전부터 적잖게 보고되던 터여서, 한 집에서 두 사람이 같은 날 콜레라로 죽었다는 게 특별한 사건은 아니었다.

그러나 헤지스 부부의 죽음은 결국 엄청난 발병의 시발점으로 밝혀졌다. 헤지스 부부의 시신이 발견되고 몇 주가 지나지 않아, 리강 주변에서 살아가던 노동자들은 런던 역사상 최악의 콜레라에 고통 받게 됐다. 당시 신문들이 보도한 사망자 수는 그야말로 폭발적으로 증가해, 코로나 바이러스 시대를 살고 있는 우리에게도 섬뜩하게 느껴질 정도다. 1866년 7월 14일에 끝난 그 주에 이스트엔드에서 콜레라로 사망한 사람은 20명이었다. 그다음 주의 사망자는 308명, 8월에 들어서자 첫 주부터 사망자가 거의 1,000명까지 치솟았다![1] 런던에 콜레라가 그처럼 창궐하기는 12년 만이었다. 그러나 8월 둘째 주에는 콜레라가 걷잡을 수 없이 폭증할 거라는 증거가 명백했고, 런던은 봉쇄됐다.

코로나19의 시대에 우리가 봤듯이, 발병을 막는 방어벽에서 가장 중요한 것은 데이터다. 런던 시민들이 이스트엔드를 휩쓰는 콜레라의 상황을 거의 실시간으로 추적할 수 있었던 데에는 의사이자 통계학자 윌리엄 파(William Farr, 1807~1883)의 작업이 큰 역할을 했다. 빅토리아시대 거의 내내, 파는 잉글랜드와 웨일스에서 공중위생 자료를 수집하는 작업을 감독하며 지냈다. 코로나19 팬데믹이 한창인 동안 새롭게 나타난 환경, 즉 바이러스의 확산을 추적하는 최근의 숫자들은 윌리엄 파가 만들어냈다고 말해도 결코 과언이 아니다. '오늘은 몇 명이나 삽관했는가?', '병원에 입원한 발병자는 몇 명인가?'와 같은 숫자들이 요즘에는 가장 중요한 데이터 흐름(data stream)이 되었으며, 주식 시세표나 정치 여론조사의 낡은 계량적 분석법은 사후약방문에 불과한 것이 됐다.

파는 전염병이 발병해 전개될 때 전염병의 확산을 억제하고, 향후의 발병을 최소화하기 위해 공간과 시간을 중심으로 조사한 자료를 어떻게 사용할 수 있는가를 체계적으로 접근한 첫 세대에 속한다. 파의 도움으로 생겨난 분야는 이제 '전염병학(epidemilogy)'으로 불리지만, 초기에는 다른 이름, 즉 인구동태 통계(vital statistics, vital은 '생명'을 뜻하는 라틴어 vita에서 파생된 단어다)로 알려졌다. 이 분야에서 일어난 혁신들은 의학계에서 흔히 관찰되는 획기적 돌파구들과 사뭇 달랐다. 달리 말하면, 신약이나 새로운 영상 장치의 발명에 도움을 받은 혁신이 아니었다. 그 중심에는 숫자를 집계하는 새로운 방법, 즉 특징적인 패턴을 알아내는 새로운 방법이 있었다.

보건 당국이나 콜레라의 공격을 받아 겁에 질린 주민들이 이스트 엔드에 콜레라가 발병했다는 걸 처음으로 명확히 인식했을 즈음은 19세기 내내 그곳의 공장 지역과 거주 지역을 괴롭히던 높은 사망률이 폭넓게 분포되는 현상이 한동안 계속된 뒤였던 듯하다. 잉글랜드의 상류층은 1750년 이후로 기대수명의 전례 없는 상승을 만끽하며 지냈다. 인두 접종과 백신 접종의 효과가 컸지만, 상대적으로 혜택을 누리지 못한 사회 계급들의 건강 수준이 그 기간 동안에 거의 개선되지 못한 이유도 상당한 몫을 차지했다. 인두 접종과 백신 접종은 그 시기에 시골의 가난한 계층과 공장 노동자계급에게도 폭넓게 전파됐지만, 그 계급들의 사망률은 개선되기는커녕 오히려 완만히 악화되는 추세였다. 요컨대 부유한 사람은 그 기간 동안 거의 30년가량 기대수명이 향상됐지만, 가난한 사람은 존 그란트의 시대보다 나아진 것이 없었다.

19세기 전반기에 미국의 사망률 추세는 훨씬 더 암담했다. 백신 접종이 폭넓게 채택됐지만 미국의 전반적인 기대수명은 1800년부터 1850년 사이에 13년이나 하락했다. 계몽주의 과학과 산업화라는 쌍둥이 혁명은 영국과 대서양 건너편에 있는 그들의 전(前) 식민지를 바꿔놨다. 경제와 정치에서 새로운 체제를 만들어냈고, 공장과 철도와 전신 등에서도 눈부신 변화를 이뤄냈다. 그러나 영국과 미국은 과학기술에서 가장 앞선 사회였지만, 이상하게도 기대수명에 관련해서는 거꾸로 가는 듯했다. 전반적인 사망률은 19세기가 끝나갈 때쯤에야 유의미하게 개선되며, 다음 세기에 범세계적으로 기대수명을 바꿔놓는 극적인 도약의 전조를 보여줬다.

이런 양상은 두 가지 흥미로운 의문을 제기한다. 첫째로, 그런 선진 사회, 즉 계몽주의에서 비롯된 이성의 장점을 누렸어야 마땅한 사회에서 사망률이 반세기 동안 뒷걸음질을 친 이유가 무엇이었을까? 둘째로는 위대한 탈출이 기대수명을 본격적으로 끌어올리기 시작하던 19세기 말에 어떤 이유에서 이런 정반대의 추락이 있었을까? 두 의문에 대한 답은 1866년 런던 이스트엔드에서 발병한 전염병과 밀접한 관계가 있다.

'가난한 산업 노동자들이 죽어간 이유는 무엇인가?'라는 첫 번째 질문은 당시에도 능동적으로 고민하고 조사했던 문제다. 어떤 의미에서, 현대 전염병학은 이 미스터리를 해결하려는 시도에서 시작됐다고 말할 수 있다. 논란의 여지가 있지만, 이 문제를 연구한 가장 영향력 있는 학자는 윌리엄 파였다. 1807년 가난한 농부의 아들로 태어난 파는 어렸을 때부터 남달리 똑똑했던지 몇몇 부유한 사람들과 멘토의 후원을 받았고, 지역 외과 의사의 도제로 훈련을 받았다. 그 뒤에 파리에서, 또 런던의 유니버시티칼리지에서 의학을 공부했다. 20대 중반쯤, 파는 런던에서 수련의 과정을 끝냈다. 그러나 그의 진정한 관심사는 인구동태 통계, 즉 표본이 큰 집단의 출산과 사망 등에 대한 분석이었다. 많은 점에서, 파의 오랜 이력과 유명세는 존 그란트가 《사망표에 대한 자연적이고 정치적인 관찰》에서 개략적으로 처음 제시한 아이디어, 즉 사망표에서 거시적인 패턴을 찾아내는 것도 일반적인 의학 조치만큼이나 효과적으로 생명을 구하는 도구가 될 수 있을 것이라는 아이디어를 실현한 결과일 수 있다.

통계를 사랑하고, 사회 개혁을 추구했다는 점에서 파는 그 시대를 대표할 만한 인물이었다. 1830년대에 영국의 여러 도시에서 상당수의 '통계학회'가 결성됐다. 파 자신도 런던통계학회(London Statistical Society)의 초창기 회원이었다. 18세기에 데이터는 주로 상업적 목적에서 삶과 죽음의 양상을 파악하기 위해 사용됐고, 그 방법은 주로 보험회사가 돈벌이할 목적으로 개발했다. 그러나 파와 일부 동료들은 인구동태 통계를 사회 개혁의 도구로 봤다. 인구동태 통계가 사회적 해악을 진단하고, 사회의 불평등을 해결할 수 있는 수단이라고 본 것이다.

윌리엄 파는 의학 학술지 〈랜싯(The Lancet)〉에 의학 데이터를 분석한 서너 편의 논문을 발표한 후, 1837년 종합등기소(General Register Office, GRO)에 '분석 결과 편찬자'로 고용됐다. 종합등기소는 당시 잉글랜드와 웨일스의 출생과 사망을 추적하는 업무를 관장하려고 새롭게 세워진 정부 기관이었다. 파의 독려에 GRO는 사망 원인, 직업, 연령 등 다양한 유형의 자료를 사망률 보고서에 반영했다. 특히 GRO의 첫 보고서에 첨부된 편집자 편지에서, 파는 종합등기소에 대한 개인적인 꿈을 이렇게 밝혔다. "질병은 치료보다 예방이 더 쉽습니다. 질병 예방의 첫 단계는 직접적인 원인을 찾아내는 것입니다. 등기소는 질병의 원인으로 손꼽히는 요인들을 수치로 보여줄 것이고, …… 질병을 야기해 죽음을 유발하든 공중위생을 개선하든 간에 문명과 직업, 지역과 계절 등 다양한 물리적 요인들의 영향을 측정할 것입니다."[2] 파는 사망 원인의 체계적인 분류법을 만드는 데에도 도움을 줬고, 그 분류법은 그란트의 원칙 없는 분류—"결석, 정신병, 급사"—를 크게 개선한 것이었다. 파는 1841년 잉글랜드에서 제대로 된 인구조사를 최초로 시행하는 데도 큰 도움을 줬고, 그 결과로 국민 전체의 전반적인 현황을 이해하는 데 사용할 수 있는 또 하나의 중요한 데이터를 GRO에 안겨 줬다.

분석 결과 편찬자로서 윌리엄 파는 GRO가 기록한 가공되지 않은 1차 데이터(raw data)를 분석해 유의미하게 만드는 책임자였다. 숫자에서 흥미로운 추세를 찾아내고, 모집단을 구성하는 여러 하위 집단의 건강 상태를 조사한 결과를 비교함으로써 새로운 형태의 시각적 자료로 표현하는 게 파의 업무였다. 데이터를 수집하고 발표하는 과정은 단순히 사실을 보고하는 수준을 넘어, 한층 정교한 분석 기술이 필요한 영역이었다. 다시 말하면, 가정을 시험하고 검증하며 설명 모델을 만들어가는 과정이었다. 파가 GRO에 참여한 해에 발표한 논문에서 말했듯이, "사실은 아무리 많이 축적되더라도 그 자체로는 과학이 되지 않는다. 해변의 무수히 많은 모래알처럼, 단일한 사실은 동떨어지고 아무런 쓸모도 없고 형태도 없는 것처럼 보인다. 그 단일한 사건들이 지적 능력을 지닌 사람에 의해 서로 비교되고 자연스런 관계에 따라 정돈되며 분석될 때, 항구적으로 진정한 과학이 된다."[3]

윌리엄 파는 사망 시기를 명확한 기준에 따라 분석하는 게 무엇보다 중요하다고 생각했다. 그렇게 분석한 결과는 특정한 집단의 사망률을 연령별로 분류했다는 점에서, 존 그란트가 1662년의 소책자에서 시도한 '생명표'의 후속이었다. 전혀 다른 집단의 생명표를 비교하자, 집단들 간의 건강 결과가 어떻게 다른지 분명하게 드러났다. 그 시대에 공중위생을 개혁하는 데 앞장섰던 선구자, 에드윈 채드윅(Edwin Chadwick, 1800~1890)이 파에 앞서 공동체의 건강 상태를 더 간단하게 평가하는 방법으로 '평균 사망 연령'을 제안한 적이 있었다. 그러나 파가 몇 번이고 지적했듯이, 한 공동체의 사망 패턴을 하나의 숫자로 환원하면, 특히 그 숫자를 다른 공동체의 평균 사망 연령에 비교할 때 진실을 호도할 가능성이 농후했다. 그 시기의 유아와 아동 사망률이 극히 높았던 걸 고려할 때, 평균보다 더 많은 아이가 태어나며 높은 출생율을 보인 마을은 성인의 비율이 상대적으로 높은 마을보다 평균 사망 연령이 특별한 이유도 없이 낮아지는 모순을 보였을 것이다. 앞의 마을이 실제로 건강했더라도 '평균 사망 연령'이라는 숫자는 낮아졌을 것이다. 그 마을의 건강 상태와 상관없이 상당수의 아이가 여전히 성인이 되기 전에 사망하면서 평균 사망 연령을 끌어내렸을 것이기 때문이다. 하지만 생명표를 통해서는 특정 집단의 실제 현황을 전체적으로, 또 연령별로도 한눈에 볼 수 있었다.

월리엄 파가 건강 현황에서 시골과 도시의 차이를 연구하는 데 전념했던 것은, 슈롭셔라는 농촌 지역에서 자랐지만, 당시에는 지상에서 가장 큰 도시에서 살고 있는 개인적인 역사 때문이었는지도 모르겠다. 파는 1837년에 발표한 GRO의 《제1차 연례 보고서(*First Annual Report*)》에서 〈도시와 널찍한 농촌의 질병들(Diseases of Town and the Open Country)〉이라는 항목을 직접 썼다. 여기에서 파는 런던과 잉글랜드 남서부의 몇몇 농촌 지역에서 수집한 자료를 기초로 삼았다. 그 후에도 매년 발표한 연례 보고서에서 분석을 꾸준히 다듬었고, 마침내 1843년 《제5차 연례 보고서(*Fifth Annual Report*)》에서 획기적인 연구를 발표했다. 파의 연구는 당시 태동하던 전염병학의 이정표가 됐다. 파 자신이 종합등기소에서 일하는 동안 수집하고 분류한 데이터를 근거로 삼아, 데이터의 시각화 기법이 사용된 예들을 보여줬기 때문이다.

1843년의 연구는 성격이 다른 세 지역, 즉 대도시 런던, 산업 시설이 많은 리버풀, 농촌 지역인 서리를 분석한 것이었다. 엄밀히 말하면, 두 도시와 한 곳의 시골에 대한 이야기였다. 여하튼 세 그래

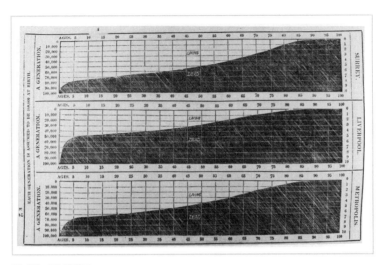

윌리엄 파의 생명표

프를 나란히 두고 보면 '밀도가 곧 운명'이라는 명확한 메시지가 읽힌다.

서리에서는 출생 직후 사망자 수가 완만하게 증가해서 해안선을 따라 약간 솟은 모래 언덕처럼 보인다. 반면에 리버풀에서는 출생 직후 사망자가 급격히 증가해, 도버의 절벽처럼 보인다. 이런 가파른 상승은 수천 명이 개인적으로 맞은 비극을 하나의 가증스럽지만 생생한 그림으로 압축해 보여준다. 달리 말하면, 산업화된 리버풀에서는 출생한 아기의 절반 이상이 열다섯 번째 생일을 맞지 못한 채 세상을 떠났다.

평균 사망 연령은 평가 기준점으로서 한계를 가진다고 앞에서 말했지만, 그래도 무척 충격적이다. 시골 사람들은 기대수명을 50

세 가까이 누렸다. 오랫동안 30대 중반에 머무르던 천장이 크게 개선되며, 전국 평균도 41세로 올라섰다. 하지만 런던은 대도시로 부유했음에도 불구하고, 기대수명이 35세로 후퇴했다. 달리 말하면, 그란트가 기대수명을 처음 측정한 때의 수준으로 되돌아간 셈이었다. 그러나 산업화로 인구밀도가 폭발적으로 증가한 도시, 리버풀의 수치는 그야말로 충격이었다. 리버풀 주민은 평균적으로 25세에 사망했고, 25세는 그 정도의 많은 인구를 지닌 도시들에서 그때까지 기록된 가장 낮은 기대수명이었다.

《제5차 연례 보고서》에 실린 그래프들은 많은 사람에게 경험적으로 명백하게 여겨지던, '도시에서 사람들이 급속도로 죽어가고 있다'는 생각을 실증적으로 논증한 첫 사례다. 도시는 특히 어린아이에게 무자비했다. 파가 비유적으로 말했듯이, "대도시의 일부 지역에서 태어난 아이들보다, 불을 다스린다는 몰록 신을 섬기며 불더미를 지나야 했던 부족의 아이들이 차라리 덜 위험했다." 또 파는 제퍼슨처럼 악의 목록을 되풀이하며 "어린아이들이 살아가는 모든 환경을 면밀히 조사하면 중요한 단서를 발견할 수 있을 것이고, 결코 녹록치 않는 악들을 해소할 방법도 찾아낼 수 있을 것이다"라고 덧붙였다.[4]

여기에 첫 번째 의문에 대한 답이 있다. 세계에서 어떤 지역보다 발전한 선진국들에서 기대수명이 오히려 추락한 이유는 무엇일까? 다른 식으로 표현하면, 지상에서 어떤 지역보다 더 많은 부를 창출하는 경제권이 어쩌다가 공중위생에서는 그런 파멸적 결과에 봉착하게 됐을까? 파가 전염병과 관련된 자료를 근거로 제시한 답은, 마르크스(Karl Marx, 1818~1883)와 엥겔스(Friedrich Engels, 1820~1895)가 같은 시기에 정치학적 관점에서 제시한 답과 유사했다. 역사의 흐름에서 그 시기에 '선진'이라는 단어를 정의하는 기준이 산업화였기 때문에 선진국의 사망률이 급반등한 것이었다. 산업화는 어느 시기에 시작되더라도 초기의 수십 년 동안에는 예외적으로 높은 사망자 수를 수반하는 듯하다. 20세기에 들어서도 사람들이 농촌의 생활 방식을 버리고 공장과 도시 빈민가에 모여들었을 때, 지역을 불문하고 동일한 양상이 계속됐다. 공산주의를 표방한 정책 입안자들이 공업 경제로의 전환을 모색하던 경제권도 다를 바가 없었다. 파와 그의 동료들이 그런 양상을 우연히 처음으로 목격하고 기록했을 뿐이다.

'장기 지속(longue durée)'이라는 관점에서 볼 때, 파가 서리와 런던과 리버풀을 조사한 생명표에서 찾아낸 패턴에는 두 가지 대조적인 메시지가 담겨 있다. 하나는 희망을 주는 것이고, 다른 하나는 반대로 걱정을 안겨주는 것이다. 농촌 지역인 서리의 주민들은 기대수명이 50세에 근접하고 있어, 인간 사회가 35세라는 긴 천장을 깨뜨릴 수 있다는 걸 입증해줬다. 한편 아동 사망률이 급증한 리버풀의 사례에서, 다른 유형의 사회는 역사적 바닥을 뚫고 그 밑으로 떨어져, 페스트가 창궐했던 과거에나 존재했던 최악 비율까지 급락할 수 있다는 게 분명해졌다. 데이터에서 읽히는 이야기에는 이론의 여지가 없었다. 공업 도시들에서는 유례가 없는 속도로 사람들이 죽어가고 있었다. 따라서 그 시대의 화두는, '사망자 수와 거기에서 비롯되는 다른 불행들이 산업화에 따른 많은 공장과 높은 인구밀도의 필연적인 부산물인가?'였다. 그리고 그런 추락을 뒤집을 방법이 있는지도 중대한 문제였다.

오랜 시간이 지난 지금의 관점에서 보면, 답은 자명한 듯하다. 공업 도시들은 필연적으로 많은 주민을 죽일 수밖에 없었다. 그러나 오늘날에는 1,000만 이상의 인구를 지탱하는 많은 도시가 지상에서 대개 가장 높은 기대수명과 가장 낮은 유아 사망률을 자랑한다. 이런 답은 19세기 말에 이미 어렴풋이 보였다. 1860년대부터, 잉글랜드의 산업화된 도시들에서는 사망률이 유의미한 정도로 떨어지기 시작했고, 그런 감소가 농촌 지역이나 귀족 계급에서만이 아니라 인구 전체에서 처음으로 나타났다. 위대한 탈출의 진정한 시발점이었던 셈이다. 그로 말미암아 인구통계의 변화가 다음 세기에는 전 세계로 확대됐다. 돌이켜 생각해보면, 1866년 런던 이스트엔드에서 발병한 전염병 콜레라는 수십 년 동안 계속되며 많은 사람의 목숨을 빼앗은 암울한 산업화 시대의 연장선상에 있었던 게 아니라, 그 시대의 종말을 예고하는 신호였다. 기대수명의 지속적인 상승을 주도한 가장 중요한 진전은 의학이나 보건 의료에서 비롯된 게 아니었다. 위대한 탈출을 자극한 힘은 다른 무엇보다도 데이터의 승리였다.

1843년 보고서에서 윌리엄 파는 자신이 수집한 자료에서 찾아 낸 또 하나의 흥미로운 패턴에 관심을 보였다. 그가 '전염병의 행동 법칙(laws of action of epidemics)'이라고 칭한 것으로, 전염병학자들 에게는 '파의 법칙'으로 알려졌다. 리버풀에서 발병한 천연두를 분 석할 때, 파는 사망자 수를 열 개 기간으로 나누어 계산했다. "사망 자 수가 네 번째 기간까지 계속 증가했다. 첫 번째 기간에는 2,513 명, 두 번째 기간에는 3,289명, 세 번째 기간에는 4,242명이었다. 사망자 수가 거의 30퍼센트 비율로 증가했다는 걸 한눈에 알아볼 수 있을 것이다." 그러나 증가율은 "정점에 이른 발사체가 어쩔 수 없이 하락하는 곡선을 그리듯이, 나중에는 6퍼센트에 불과했다."[5] 파의 법칙은 감염성 질병의 등락을 수학적으로 표현한 최초의 시 도였다. 이번 코로나 바이러스 팬데믹 동안 개인의 불안과 공적인 조사에 큰 영향을 미친 모형들, 예컨대 보리스 존슨(Boris Johnson)으 로 하여금 초기의 전략이던 집단면역에서 방향을 전환하게 만들었 던 임페리얼칼리지런던(Imperial College London)의 모형, 트럼프 행 정부에 큰 영향을 준 워싱턴대학교의 코로나19 예측표 등 코로나 19와 관련된 모든 예측은 파가 1843년 처음 개략적으로 제시한 행 동 법칙에서 유래한 것이다. 지금 우리가 전염병의 확산을 완화하 기 위한 조치에 대해 이야기할 때 언급하는 문제의 곡선을 처음 그 린 학자가 윌리엄 파다.

　　　　▲　▲　▲

역사학자들에게 런던을 괴롭히던 콜레라의 중대한 전환점, 더 넓게는 도시 사망률과의 전쟁에서 결정적인 전환점 하나를 찍어달라고 요구하면, 1866년 6월 말을 꼽는 학자는 거의 없을 것이다. 훨씬 더 널리 알려진 사건은 1854년 9월 8일, 런던 소호 지역의 교구위원회가 런던의 역사에서 가장 파괴적이던 콜레라의 발병을 차단할 목적에서 브로드가 40번지에 있던 펌프의 손잡이를 제거한 일이다. 그 손잡이를 제거하라고 강력히 요구한 사람은 존 스노(John Snow, 1813~1858)였다. 스노는 당시 지배적이던 독기설을 부인하며, 콜레라가 지저분한 공기에 의해 감염되는 게 아니라 오염된 물에 의해 유발되는 질병이라고 이미 4년 전부터 주장해왔었다. 콜레라가 1854년 8월의 마지막 주에 자신의 집 가까이에서 발발하자, 스노는 콜레라를 일정한 지역에서 집중적으로 발생시켜 사람들을 병들게 하는 하나의 '원점(point source)'이 있을 것이라고 판단했다. 그는 오염된 수원지를 알아내려면 사망자의 거주 지역과 물을 마시는 습관을 알아내는 작업을 신속히 진행해야 한다고 생각했다. 또 그 원점을 알아내면 콜레라의 발병을 끝내는 동시에, 자신의 수인설(水因設, waterborne theory)이 옳다는 걸 당국에 납득시킬 수 있을 것이라고도 생각했다. 스노는 조사의 일환으로, 브로드가에서 사망자가 생길 때마다 사망자 거주지에 검은 띠 하나를 표시하는 식으로 그 지역의 발병 상황을 지도로 그렸다. 이 유명한 지도는 지도 제작 역사에서 가장 큰 영향을 남긴 작품 중 하나로 중요한 자리를 차지할 만하다. 또 그 자체로도 콜럼버스의 교환(Columbian Exchange, 1492년 크리스토퍼 콜럼버스[Christopher Columbus]가 신대륙을 발견한 이후로 신대륙과 구대륙 사이에서 진행된 생물과 인구의 급격한 이동 – 옮긴이)이 이루어지는 동안 뱃사람들에게 세계 곳곳을 항해하게 해준 초기의 지도만큼이나 중요하다. 격자형의 소호 거리 곳곳에 검은 띠들을 하나씩 포개놓으며, 스노는 1492년 이전의 유럽인들에게 남북아메리카 대륙의 해안선만큼이나 생소했던 것을 당시 사람들에게 시각적으로 보여주려고 애썼다. 다시 말하면, 인간에게 콜레라를 일으키는 미세한 병원균의 감염 패턴을 보여주려고 했다.

스노는 콜레라 환자를 죽음으로 몰아가는 지독한 설사를 유발하는 어떤 미생물이 런던의 식수에 들어 있는 게 분명하다고 오래전부터 생각했다. 그래서 집에 실험실까지 마련해두고 여러 수원지에 퍼온 물을 현미경으로 살펴보며 많은 시간을 보냈다. 하지만 당시에는 현미경 렌즈를 제작하는 기술이 충분히 발달하지 않아, 지금 우리가 콜레라를 일으키는 세균으로 알고 있는 '비브리오 콜레라(Vibrio cholerae)'라는 박테리아를 볼 수 없었다. 독일 미생물학자 로베르트 코흐(Robert Koch, 1843~1910)가 박테리아라는 존재 자체를 발견한 때가 그로부터 30년이 지난 뒤였다. 다행히도 스노는 그 병원균을 관찰하는 다른 방법이 있다는 걸 알아냈다. 현미경 줌렌즈 대신, 콜레라로 인한 사망자들의 공간적 분포를 통해 전체를 한 눈에 관찰하는 관점을 채택해 병원균의 존재를 간접적으로 파악한 것이다. 파가 서리와 리버풀의 생명표를 정리할 때 그랬듯이, 스노도 데이터를 시각화하는 도구를 사용해서 실제 사례를 구축했다. 파의 생명표가 해결해야 할 일반적인 문제, 요컨대 인구밀도가 높은 도시의 삶에서 무엇인가가 놀라운 비율로 사람들을 죽이고 있다는 걸 말해주고 있을 뿐인 데 비해 스노의 지도는 구체적인 원인과 구체적인 해법을 제시해줬다. 사람들이 오염된 식수를 마시기 때문에 죽어가는 것이지, 유독한 연기를 마시기 때문에 설사하며 죽는 게 아니었다. 그런 죽음의 고리를 끊고 싶다면, 식수원을 깨끗하게 소독해야 한다는 해법까지 제시했다.

브로드가의 펌프 손잡이를 제거하는 조치와 스노의 선구적인 지도가 빅토리아시대 말에 공중위생 분야에서 단행된 혁명적 조치의 기원으로 여겨지는 데는 두 가지 이유가 있다. 그 혁명에는 상당수의 다양한 조치가 취해졌지만, 무엇과도 비교할 수 없는 가장 중요한 조치는 오염 물질을 제거한 식수를 시민에게 제공한 것이었다. 또 펌프 손잡이를 제거한 이야기는 전염병을 유발하는 생물학적 메커니즘을 정확히 이해하지 못하고 병원균도 보지 못하는 상황에서도 공중위생을 위해 유익한 조치를 취할 수 있다는 증거가 되기에 충분하다.

이렇듯 엄청난 공포가 지배하는 상황에서도 정부 당국에 도전하며 전염병의 원인을 추적한 독불장군 같은 의사의 실증적 방법론에 입각한 탐정 놀이가 결국 그 전염병에 대한 기존 이론을 바꿔놓았고, 그 이후로 수십 년 동안 무수히 많은 인명을 구해냈다. 이렇게 이야기 구조가 탄탄하기 때문에 스노의 이야기는 감염병 역사에서 훌륭한 이정표가 된다. 나는 오래전, 1854년 런던을 엄습한 콜레라에 대한 책을 쓸 때 개인적으로 스노의 이야기에 관심을 갖게 됐다.[6] 처음에 스노의 이야기에 끌린 이유를 정확히 말하면, 그 이야기가 '외로운 천재' 이야기의 전형이었기 때문이다. 그 이야기는 한 아웃사이더가 권력자들과 벌이는 전쟁이었고, 스노가 주인공이었다. 적어도 그때까지는 그런 식으로 이야기되는 게 대세였다.

그러나 그 책을 쓰기 위한 사전 조사를 시작했을 때 외로운 천재 모델로는 펌프 손잡이를 제거하고 독기설을 뒤집는 데 일조했던 힘들을 크게 왜곡하게 된다는 걸 어렵지 않게 깨달았다. 스노의 이야기도 네트워크를 한 사람에게 압축해놓은 것이었다. 물론 윌리엄 파도 그 확장된 네트워크의 한 구성원이었다. 스노는 파가 앞서 20년 동안 개척한 데이터 수집 기법에 크게 의존했고, 콜레라를 조사하는 동안에도 파와 지적인 대화를 끊임없이 나눴다. 그 네트워크의 또 다른 구성원으로 헨리 화이트헤드(Henry Whitehead, 1825~1896)라는 지역 목사가 있었다. 인두 접종을 지지한 코튼 매더의 선례를 따라, 화이트헤드도 아마추어로서 스노의 조사에 버금가는 조사에 참가했다. 처음에는 우물물이 오염됐다는 이론이 틀렸다는 걸 입증하려 했지만, 나중에는 데이터의 객관성을 받아들이는 쪽으로 변해갔고, 결국에는 스노의 동반자가 됐다. 또 1854년에 발발한 콜레라 사건에서 '최초 감염자(patient zero)'를 발견한 사람은 실질적으로 화이트헤드였다. 그가 찾아낸 최초 감염자는 아기 루이스(Baby Lewis)로 알려진 생후 6개월 소녀였다. 그 아기가 브로드가 40번지에서 콜레라에 걸렸고, 그 아기의 배설물이 우물물을 오염시켰다. 허물어져가는 벽돌담을 사이에 두고 우물 너머로, 브로드가 40번지 지하에 오물통이 있었기 때문이다. 화이트헤드는 소호 지역에서 오랫동안 살았던 까닭에 그 지역의 사망자만이 아니라, 소호를 떠나 시골에서 사망한 지역민까지 추적할 수 있었다. 화이트헤드의 이런 공헌이 없었다면 스노가 브로드가의 콜레라를 추적해 조사했더라도 수인설이 옳다고 당국을 설득하지 못했을 것이고, 당시 지배적이던 독기설이 그 후로도 수십 년 동안 유지됐을 것이라는 주장은 설득력이 있다. 유의미한 사회 변화가 있을 때 흔히 그렇듯이, 물과 질병 간의 관계에 대한 우리의 이해가 크게 달라지는 데에는 각자 고유한 능력을 지닌 다양한 주역들이 필요했다. 예컨대 통계학자로서 데이터를 수집해 분석한 윌리엄 파, 전염병을 추적해 지도를 그린 존 스노, 사회적 지능을 겸비한 헨리 화이트헤드 목사가 필요했다.

콜레라가 오염된 식수원에서 비롯된다는 걸 알아냈다고 모든 문제가 해결된 것은 아니었다. 콜레라 퇴치를 위해 실질적인 조치를 취하려면, 그 식수에서 '비브리오 콜레라' 박테리아를 제거해야 했다. 무엇보다 런던의 폐기물 처리 시설로부터 식수원을 분리해야 했다. 그렇게 하려면 19세기를 통틀어 가장 대대적인 토목 사업이 필요했다. 그리하여 런던의 하수 처리 공사가 시작됐다.

영리한 데다 끈기까지 있었던 토목 공학자 조지프 배절제트(Joseph Bazalgette, 1819~1891)가 감독한 그 사업을 통해, 런던을 가로지르는 도로들의 아래쪽에 수백 년 동안 무질서하게 연결된 배수관과 폐수관을 몽땅 들어낸 뒤에 정밀하게 짜인 총 132킬로미터의 하수관으로 교체했다. 이때 폐기물이 템스강으로 흘러내리는 걸 막기 위해 템스강 양안을 따라 설치된 거대한 차단벽 등 여러 시설에 3억 개의 벽돌이 사용됐다. (오늘날 관광객이 런던의 부산한 스카이라인을 바라보며 빅토리아 제방[Victoria Embankment])이나 첼시 제방[Chelsea Embankment)을 산책하면, 런던의 식수를 비브리오 콜레라균으로부터 보호할 목적에서 지어진 구조물을 뜻하게 않게 즐기는 셈이 된다.) 놀랍게도 그 공사를 시작하고 6년 만에 주요 하수관들이 가동됐다.

여담이지만 이 이야기에서 흥미로운 점은, 윌리엄 파가 우리 예상보다 훨씬 오랫동안 독기설을 계속 믿었다는 것이다. 그가 직접 수집한 자료들을 근거로, 자신의 가정을 시험하고 검증하려 한 열정을 고려하면 좀처럼 이해되지 않는 부분이다. 파는 종합등기소에서 일하는 동안, 저지대에서 거주하는 게 인간에게는 좋지 않다는 편견을 버리지 않았다. 그가 수집한 자료에 따르면 템스강 강둑 근처의 사망률이 상대적으로 높았기 때문에 전혀 근거 없는 편견은 아니었다. 파는 육지와 강물 사이의 늪지에 공기를 오염시키는 유해한 연기가 있다고 믿었고, 그런 믿음을 뒷받침하려고 사망률과 지형도를 정교하게 결합한 상당수의 도표를 작성하기도 했다. (결국 고도와 질병 사이의 인과성은 또 다시 식수에 있는 것으로 증명됐다. 템스강에서 멀리 떨어져 살아갈수록 덜 오염된 수원지에서 식수를 구할 가능성이 컸다.)

고지대에 대한 파의 편견은 결국 '양질의 고차원적 문명은 상대적으로 높은 지대에서 살아가는 문화권에서만 나타난다'라는 이상한 형태의 지형적 인종차별로도 발전했다. 게다가 다음과 같은 충격적인 글을 남기기도 했다. "해안의 늪지와 강변의 저지대에서 고약한 역병이 시시때때로 발생하기 때문에 그곳 사람들은 비도덕적으로 살아간다. 그곳에는 자유도 없고 미덕도 없으며, 시인과 과학도 없다. 예술을 떠올리지 못해 예술을 행하지 못한다. 병원도 없고 성도 없으며, 거주하기에 적합한 주거지도 없다. …… 그들은 더 강한 종족에게 끊임없이 정복당하고 억압받는다. 따라서 그들은 노예로 살아갈 뿐, 자체적으로는 어떤 형태의 사회를 형성하지 못하는 듯하다."[7]

파의 질병 해발론(elevation theory of disease)은 역사적으로나 의학적으로나 이치에 맞지 않았다. 베네치아나 나일강 삼각주에 세워진 위대한 문명을 생각해보면, 그의 이론이 틀렸다는 걸 금방 알

수 있다. 질병에 대한 그의 해석에 지형이 이상한 영향을 미쳤지만, 결국 파는 콜레라의 수인설을 믿게 됐다. 스노의 이론을 받아들인 파의 회심은 1866년 여름, 즉 배절제트 팀이 런던 하수관 공사를 마무리 짓던 때, 무척 극적인 방식으로 시험대에 올랐다.

당시 60대 중반이던 윌리엄 파는 여전히 GRO의 연례 보고서만이 아니라, 스노가 브로드가를 조사할 때 참조했던 〈주간 출생 및 사망 보고서(Weekly Return Of Births And Deaths)〉를 작성하는 작업을 감독하는 걸 돕고 있었다. 1866년 7월의 주간 보고서를 훑어보던 파는 이스트엔드에서 콜레라 사망자 수가 급격히 상승한 걸 보고 이상하다는 생각이 들었다. 콜레라는 1854년 크게 유행한 이후로 잠잠해진 터였고, 배절제트의 하수관도 그럭저럭 가동되고 있어, 콜레라의 발발은 더욱더 이상하게 여겨졌다. 젊은 시절의 파였다면 즉각 지형도에 중점을 두고, 사망자 수와 해발 고도의 관련성을 계산했을 것이다. 그러나 60대 중반에 들어선 파는 독기론자에서 개심한 완전히 다른 사람이었다. 스노가 자신의 수인설을 입증해가는 과정을 직접 목격한 때문이었다. 따라서 한 주, 두 주 지나면서 사망자가 더 증가하자, 파는 해발 고도와 관련된 숫자를 번거롭게 추적하는 대신 곧장 주변 지역의 식수원을 조사하기 시작했다.

1860년대 중반, 노동자계급이 주로 거주하는 지역도 민간 기업으로부터 식수를 공급받는 경우가 많았다. 요즘의 케이블 텔레비전 회사처럼 민간 기업들이 개별 가구에 수도관을 연결해 식수를 제공했다. 그래서 파는 콜레라로 사망한 사람들을 거주지가 아니라, 식수를 공급하는 회사별로 분류했다. 자료를 수집하는 단계에서 분명한 양상이 드러났다. 콜레라에 걸린 압도적 다수가 '동런던급수회사'의 수도관을 통해 식수를 공급받은 사람들이었다. 곧바로 파는 '끓이지 않은 물'은 절대 마시지 말라는 경고 포스터를 이스트엔드의 곳곳에 붙이게 했다.

곧 실시된 조사에서 동런던급수회사는 덮개가 씌워진 저수조에서 식수를 효과적으로 여과했다는 주장을 거듭했다. 이 사건의 핵심 조사관 중 하나가 1854년 브로드가에서 발생한 콜레라를 평가한 보고서를 읽게 됐다. 그 보고서는 존 스노가 그 지역을 조사할 때 스노를 도운 화이트헤드 목사가 쓴 것이었다. 그때는 스노가 세상을 떠난 뒤였기 때문에 그 조사관은 이스트엔드에 새롭게 발생한 전염병의 원인을 추적하는 데 그가 도움이 될 수 있겠다고 생각했다. 그리하여 화이트헤드는 다시 런던의 곳곳을 돌아다니며 숨은 살인자를 추적하는 역할을 맡게 됐다. 1866년 8월, 그들은 오염 과정을 마침내 알아냈다. 동런던급수회사의 저수조 하나가 근처의 리강과 완벽하게 차단되지 않았던 것이다. 조사관들은 '주간 보고서'를 초여름에 발행된 것부터 꼼꼼히 뜯어봤고, 그 저수조 근처에 살던 헤지스 부부가 죽었다는 사실까지도 알아냈다.

스노와 펌프 이야기를 현대 전염병학과 공중위생이 확립되는 순간으로 여기는 것은 당연하다. 그 순간은 역사에서 인간이 새로운 종류의 전환을 시도한 순간이기도 했다. 그러나 몇몇 핵심적인 부분만이 브로드가에 콜레라가 유행하던 동안에 적용됐다. 많은 점에서 1854년의 콜레라 발병은 중대한 전환점으로 여겨져야 마땅하다. 1854년의 주역들은 주변적으로만 중요한 역할을 했을 뿐이다. 스노는 아웃사이더였고, 대부분의 공적 기관은 여전히 독기설의 그늘에서 벗어나지 못한 상태였다. 물론 윌리엄 파가 사망 보고서를 작성한 뒤였지만, 그를 제외하면 공공기관의 인물들은 누구보다 방해되는 존재들이었다. 하지만 1866년에는 전염병 억제에 필요한 모든 요소가 갖춰지고 모아졌다. 배절제트는 배설물을 차단하는 하수관을 완성했고, 파는 필요한 데이터를 확보했으며, 공공 정책 결정자들도 대체로 질병 수인설을 인정하며 받아들였다. 이렇게 통합된 시스템 덕분에 콜레라가 새롭게 발병한 즉시 알아내고, 성공적으로 억제할 수 있었다. 또한 미래의 발병 가능성까지 차단하는 방향으로 기존의 식수 공급 시스템에 변화를 줄 수도 있었다.

1866년의 성공적인 대처는 그 효과가 오랫동안 지속됐고, 결국 동런던의 위기는 런던에서 발병한 마지막 콜레라로 기록됐다. '비브리오 콜레라'균은 유럽을 오랫동안 종횡으로 가로질러 1832년에야 런던에 상륙했다. 그 후 10~20년 동안은 천연두나 결핵에 버금가는 살인적인 전염병이 될 것처럼 위협적이었지만, 1866년 이후로 사라졌다. 적어도 런던에서 콜레라는 악의 목록에서 삭제됐고, 다시는 되돌아오지 못했다.

▲ ▲ ▲

접근 방법은 달랐지만, 윌리엄 파와 존 스노는 인구동태 통계를 적절히 사용하면 국민의 질병과 건강 상태를 파악하는 새로운 방법들을 고안해낼 수 있다는 걸 분명히 보여줬다. 파의 생명표는 도심에서 기대수명이 현저히 낮다는 걸 드러냈고, 당시 과학 수준으로는 콜레라 박테리아 자체를 직접 볼 수 없었지만 스노의 지도는 콜레라가 수인성 질병이라는 걸 밝혀냈다. 19세기 말에는 또 한 명의 데이터 선구자가 지도와 현장역학(shoe-leather epidemiology)을 이용해 건강에 대한 우리 인식을 바꿔놓았다. 그 선구자가 바로 아프리카계 미국인 윌리엄 에드워드 버가트 듀보이스(William Edward Burghardt Du Bois, 1868~1963)였다.

오늘날 듀보이스는 '전미유색인지위향상협회(National Association for the Advancement of Colored People, NAACP)'를 창립한 시민권 운동가이자, 흑인이 미국에서 겪어야 하는 삶에 관한 중요한 책《흑인의 영혼(The Souls of Black Folk)》의 저자로 더 많이 알려져 있다. 그러나 듀보이스의 사회생활은 필라델피아 내의 흑인 지역에 대한 연구로 시작됐다. 그 연구의 결과는 1899년《필라델피아 흑인(The

Philadelphia Negro)》이라는 책으로 출간됐다. 그 책은 시카고학파가 수십 년 후에 사용한 많은 기법을 예고하고 있어 사회학에서 신기원을 이룬 연구로 여겨진다. 그리고 공중위생에 대해 새롭게 생각하는 방식, 즉 간혹 사회역학(social epidemiology)이라고 일컬어지는 학문을 만들어내는 데 도움을 줬다고도 평가받을 만하다. 듀보이스는 코로나19의 시대에도 여전히 미국을 괴롭히는 실망스런 사실을 처음 입증한 학자다. 바로 아프리카계 미국인이 백인보다 더 높은 비율로 죽어간다는 것이었다. 이런 차이는 아프리카계 미국인의 생활환경이 인종차별이라는 억압적인 힘에 영향을 받는다는 사실에서 부분적으로 설명된다.

듀보이스는 1896년, 즉 20대 말에 1년 임기의 '사회학과 조교'로 필라델피아에 들어왔다. 당시 그는 하버드대학교에서 최초의 아프리카계 흑인으로 박사학위를 받은 직후였고, 그 이전에는 베를린대학교에서 대학원 과정을 이수하며 유럽에서 흥미진진한 2년을 보냈다. 하버드에서 학부생으로 지낼 때에는 윌리엄 제임스(William James, 1842~1910)와 조지 산타야나(George Santayana, 1863~1952) 같은 당대의 권위자들에게 철학을 배웠다. 그러나 제임스는 듀보이스에게 "일하지 않고도 지닐 수 있는 재산"이 없이는 철학자가 되기 몹시 힘들 것이라고 충고했다. 게다가 1890년대의 정치 풍토 때문에도 듀보이스는 당시 '흑인 문제(Negro Problem)'라고 일컬어지던 것에 자신의 지적 능력을 집중할 수밖에 없었다. 선정적인 언론 기사와 '인종의 특징과 미국 흑인의 성향' 같은 엉터리 연구가 봇물처럼 쏟아지며 아프리카계 미국인들의 높은 빈곤율과 범죄율을 다뤘고, 대부분이 '흑색 인종' 자체의 결함을 근거 없이 지적했다. 듀보이스는 사회학이라는 신생 학문이, '검둥이 문제'에 대한 많은 논평에서 뚜렷이 읽히는 편견으로부터 벗어나 데이터에 기반한 과학적 렌즈로 아프리카계 미국인 공동체가 당면한 문제들에 접근하는 방법이 될 수 있겠다고 생각하기 시작했다.

필라델피아에서는 상당수의 진보적인 사람들─그중 다수는 필라델피아에 초기부터 거주하던 퀘이커교도였다─이 제7구에서 범죄율과 빈곤율이 불안할 정도로 급증하는 걸 지켜보며 우려감을 감추지 않았다. 제7구는 스쿨킬강을 따라 18개 구역이 격자형으로 형성된 지역이었다. 파와 스노가 분석한 런던의 소호와 이스트엔드 지역처럼, 제7구도 지금은 고급 식당과 상점이 들어서고 주택들도 깔끔하게 개축된 번창하는 지역이지만, 19세기에는 노후된 도시처럼 음산하고 썰렁하기 그지없었다. 하지만 런던의 두 지역과 달리, 제7구에서 은근히 고조되던 위기는 인종 갈등에 비롯된 것이었다. 남북전쟁이 끝나고 수십 년이 지났을 즈음, 제7구는 필라델피아에서 가장 큰 아프리카계 미국인 거주 지역이 됐다. 듀보이스의 전기를 쓴 역사학자 데이비드 리버링 루이스(David Levering Lewis)의 표현을 빌리면, "무척 많은 아프리카계 미국인이 그곳에 살았고, 그들 중 다수가 무척 가난했으며, 다수가 얼마 전에 남부에서 이주한 흑인이었기 때문에, 또 그들이 많은 범죄를 범했기 때문에, 더구나 그들의 피부색과 독특한 문화가 백인 이웃들의 눈에 두드러지게 눈에 띄었기 때문에, 그 지역은 점잖은 필라델피아의 골칫거리였다. 그곳의 주민들은 현대화된 신사들의 잠을 방해하는 '위험한 계급'의 화신이었다."[8]

필라델피아 상류층의 판단으로는, 1895년쯤 제7구를 비롯해 아프리카계 미국인이 주로 거주하는 지역들이 빈곤과 폭력의 악순환에 빠져든 게 분명한 듯했다. 20세기에 들어 결국 '이너 시티(inner city)'의 위기로 불리게 되는 악순환이었다. 때마침 제7구 근처에 진보적인 백인 박애주의자 수전 휘턴(Susan Wharton, 1852~1928)이 살고 있었다. 휘턴은 필라델피아의 아프리카계 미국인 공동체에 도움을 주려는 목적에서, 다양한 자선 기관들을 지원하며 앞서 10년을 보낸 터였다. 그녀는 제7구의 급증하는 문제를 제대로 이해하려면 '훈련된 관찰자'가 필요하지 않겠느냐고 펜실베이니아대학교 교무처장를 설득하고 나섰다. 아프리카계 미국인을 그 관찰자로 삼는 게 가장 이상적이었다. 뛰어난 학업 성적과 유럽에서 참여한 사회학 연구를 고려할 때 듀보이스만큼 그 자리에 적합한 인재는 없었다. 그리하여 1896년 여름, 듀보이스와 그의 아내는 제7구의 동쪽 끝에 있는 롬바드가 700번지의 방 하나짜리 아파트로 이주했다.

▲ ▲ ▲

펜실베이니아대학교가 듀보이스에게 요구한 연구 과제는 표면적으로 보면 경험론적 조사였다. "우리는 그 계급이 어떻게 살고, 어떤 직업에 종사하며 어떤 직종에서 배제되는지, 또 자녀 중 몇 명이 학교에 다니는지를 정확히 알고 싶다. 물론 현재의 사회문제를 설명하는 데 도움이 되는 모든 사실을 알아내고 싶기도 하다."[9] 그러나 듀보이스는 그 프로젝트를 시작할 때, 연구를 후원하는 사람들이 모두 진보적인 이상을 품고 있지만 문제의 핵심에 대한 인종차별적인 편견이 있다는 걸 익히 알고 있었다. 훗날 듀보이스가 말했듯이, 그들의 이런 암묵적 추정은 '많은 범죄를 범하고 있는 인종에게 무엇인가 잘못된 것이 있다'라는 것이었다. 따라서 당시 젊고 패기에 넘치던 듀보이스는 방대한 규모의 사회학적 작업에 돌입했다. 즉 존 스노가 40년 전 소호 지역에서 추진했던 작업보다 훨씬 더 포괄적이고 통찰력 있게 제7구를 연구함으로써 그 편견을 지워버리겠다고 마음먹은 것이다. 훗날 듀보이스는 당시를 회상하며 이렇게 말했다. "그 문제가 내 앞에 던져졌다. 나는 그 문제를 의뢰받은 과제로만 생각하지 않았다. 내 문제인 것처럼 연구했다. 나는 한 명의 조사원도 대신 보내지 않고, 언제나 내가 직접 갔다. …… 자료를 찾아 필라델피아 공공도서관들을 번질나게 드나들었고, 틈날 때마다 유색인들의 개인 서재에도 찾아갔다." 수개월 동안 매일

아침 듀보이스는 "지팡이와 장갑으로 무장하고" 롬바드가 700번 지를 나서, 제7구를 여덟 시간 동안 탐험했다. 집집이 돌아다니며 현관문을 두드렸고, 직장 생활과 가족에 대해 묻고 대답을 들으며 그들의 거주 조건을 살펴봤다. 그렇게 3개월 만에 2,000가구 이상을 방문하고, 그 지역의 생활 조건을 문서화하는 데 800시간 이상을 보낸 뒤에야 현장 조사를 끝냈다. 듀보이스는 이런 조사에서 얻은 자료를 기초로 일람표를 만들었고, 스노가 전에 그랬던 것처럼 그중 일부는 나중에 지도로 그렸다. 듀보이스는 제7구 주민들을 다섯 부류로 나눈 뒤에 지도에 각각 다른 색으로 표시했다. 듀보이스의 분류 항목을 그대로 인용하면 "포악하고 범죄를 일삼는 부류", "가난한 사람들", "노동자들", "중산층", 그리고 백인에 속하거나 상행위에 종사하는 거주자들이다.

색으로 나타낸 분류 결과는 결국 아프리카계 미국인 공동체 내에도 뚜렷한 계급 구조가 있다는 걸 입증하고 있어, 제7구의 경계 지역에 살던 필라델피아의 진보적인 사람들에게도 충격을 줬다. 각 계급이 지도에서 차지하는 공간적 분포에서 계급 구조가 명확히 드러났다. 가난한 계급과 범죄 집단은 17번가의 동쪽에 비좁게 모여 살았고, 상대적으로 부유한 가정은 제7구의 서쪽 경계에서 번창하며 백인 이웃들과 뒤섞여 지냈다. 이렇게 시각적으로 표현된 지도들과 거기에 덧붙인 자세한 설명 덕분에 《필라델피아 흑인》은 찰스 부스(Charles Booth, 1840~1916)가 1880년대에 런던의 빈민굴을

2021 한경BP 도서목록

H | bp.hankyung.com

✉ | bp@hankyung.com

f | www.facebook.com/hankyungbp

○ | www.instagram.com/hankbp_official

세금 내는 아이들
어린이를 위한 경제 교육 동화

옥효진 지음 | 김미연 그림 | 194쪽 | 14,000원

**스스로 돈을 벌고 쓰고 모으고 투자하는
교실 속 작은 경제 국가 이야기**

화제의 어린이 경제 교육 유튜브 〈세금 내는 아이들〉 기반 어린이 동화. 개학 첫날, 새로 부임한 담임 선생님은 시우와 반 친구들에게 특별한 활동을 해볼 것을 제안한다. 아이들은 1년 동안 활명수 나라의 국민이 되어 각자 직업을 가지고 '미소'라는 화폐를 사용해 취업, 세금, 사업, 실업, 저축, 투자, 보험 등의 경제 활동을 경험하게 되는데… 스스로 돈을 벌고 쓰고 모으고 투자하는 교실 속에서 벌어지는 주인공 시우와 친구들의 좌충우돌 금융 생활을 통해 아이들은 자연스럽게 경제에 대한 개념과 이해, 그리고 돈의 흐름을 읽는 사고를 기를 수 있을 것이다.

처음부터 과학이
이렇게 쉬웠다면

1: 처음부터 화학이 이렇게 쉬웠다면
사마키 다케오 지음 | 전화윤 옮김 | 216쪽 | 15,000원

2: 처음부터 물리가 이렇게 쉬웠다면
사마키 다케오 지음 | 신희원 옮김 | 224쪽 | 15,000원

3: 처음부터 생명과학이 이렇게 쉬웠다면
사마키 다케오 지음 | 이정현 옮김 | 216쪽 | 15,000원

과학 분야 50만 부 베스트셀러 《재밌어서 밤새 읽는》 시리즈 저자 10년 만의 신작!

《재밌어서 밤새 읽는》 시리즈로 많은 독자들의 사랑을 받았던 베스트셀러 저자 사마키 다케오가 새로운 과학 시리즈로 찾아왔다. 10년 만에 선보이는 《처음부터 과학이 이렇게 쉬웠다면》 시리즈에서는 화학·물리·생명과학의 핵심 원리를 엄선한 후 내용을 유기적으로 연결하여 소개함으로써 과학적 사고의 뼈대를 세워준다는 데에 차별점이 있다.

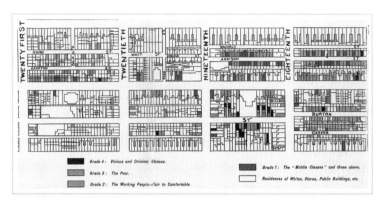

듀보이스가 작성한 필라델피아 제7구의 지도 일부, 1899년

조사한 뒤에 작성한 유명한 지도, 듀보이스가 제7구의 조사를 시작하기 한 해 전에 제인 애덤스(Jane Addams, 1860~1935)의 헐하우스(Hull House)가 편찬한 시카고 지도와 더불어 결국 도시사회학 분야의 중요한 저작 중에서도 가장 높은 자리에 올라설 수 있었다. 듀보이스는 불평등에 따른 건강의 차이를 분석하는 학문의 발전에 크게 기여했지만, 그가 《필라델피아 흑인》으로 이뤄낸 업적은 아직도 과소평가되는 실정이다. 사회학자로서 듀보이스는 그 분야의 선구자로 활동했고, 사회역학자로서는 백인과 흑인의 건강 차이를 분석하고 설명함으로써 그 분야의 다른 모든 학자보다 거의 반세기를 앞섰다.

《필라델피아 흑인》의 거대한 프로젝트를 본격적으로 분석하기에 앞서, 듀보이스는 그 시대에 넓고 깊게 퍼진 편견—흑인에게는 본질적으로 내재된 무엇인가가 있어 흑인 공동체에서는 사망률이 상대적으로 높다—과 싸우는 것부터 시작했다. 듀보이스는 "흑인의 높은 사망률에 대해 비정상적이고 전례 없는 것이라고 성급히 결론짓는 사람이 많다. 또 많은 사람이 흑인은 일찍 멸절될 운명이므로 그 열등한 종을 훈계하는 것 이외에 달리 할 수 있는 게 거의 없다고 결론짓는 경향을 띤다"라며 이렇게 덧붙였다. "통계학을 공부하는 사람이면 누구나 알고 있듯이, 현재 흑인 인구가 증가하는 상황을 고려하면 사망률이 일반적인 생각보다 높지 않다는 게 사실이다. 게다가 지난 두 세기 동안 흑인의 사망률과 동일하거나 더 높은 사망률을 보여주지 않은 문명국도 없다."[10]

듀보이스는 윌리엄 파도 깊은 인상을 받았을 법한 기법을 사용해서, 즉 열두 개 이상의 그래프와 표를 사용해서 제7구만이 아니라 필라델피아 전역에서 아프리카계 미국인의 사망률이 상대적으로 높다는 것을 통계적으로 입증해보였다. 평균적으로 사망률에서 흑인은 백인보다 약 5퍼센트가 더 높았다. 듀보이스가 흑인 공동체의 기대수명까지 계산한 적은 없었지만, 파의 생명표와 유사한 서너 개의 도표를 이용해 아동 사망률에서 흑인 가정과 백인 가정 사이의 충격적인 격차를 보여줬다. 적어도 필라델피아에서 흑인은 백인보다 15세 이전에 사망할 확률이 두 배나 높았다.

듀보이스가 이런 확실한 통계적 증거를 통해 백인과 흑인 간의 건강 불평등을 어떻게든 문서화했더라면, 도시와 시골 간의 불평등을 가감 없이 드러낸 파의 생명표로 시작된 '인구동태 통계'의 발전에서《필라델피아 흑인》은 중요한 이정표가 됐을 것이다. 그러나 듀보이스는 당시의 인종적 편견을 고려하면, 그 차이를 문서화하는 수준에 그치지 않고 더 많은 것을 해야 한다는 걸 알았다. 그 차이를 '설명'하고, 그 차이가 제7구에 '열등한 종'이 바글거리기 때문만은 아니라는 걸 입증하는 게 더 중요했다. 따라서 듀보이스는 사회적 문제를 사회역학으로 승화시켜 그 지역의 상황을 철저히 조사함으로써 환경적 요인이 결국에는 흑인과 백인 간의 건강 불평등으로 나타난다는 걸 보여줬다. 요컨대 듀보이스는 이런 물리적 현상들을 당시 필라델피아에 팽배하던 차별─오늘날 '구조적 인종 차별(systemic racism)'이라고 일컬어지는 것─에 연결시켰다.

듀보이스는《필라델피아 흑인》에서 이렇게 말했다. "대략적으로 말하면, 한 계급으로서 흑인들은 필라델피아에서 가장 불건전한 구역에서, 그 안에서도 가장 형편없는 집에서 살아간다. …… 2,441개의 가정 중에서 334개의 가정에만 욕실과 수세식 변기가 있었다. 13.7퍼센트에 불과한 수치다. 그 334개의 가정도 대부분 시설이 열악하다. 한두 가정이 하나의 욕실을 공동으로 사용하는 경우가 많다. 욕조에 더운물이 공급되지 않는 건 당연하고, 수도관이 연결되지 않은 경우도 비일비재하다. 이런 환경은 대개 제7구가 필라델피아에서 가장 오래된 지역인 데에 따른 것이다. 마당에 둥근 천장이 있는 회랑이 설치되고, 작은 집에 욕실을 지을 만한 공간을 할애할 수 없을 때 조성된 구역이었기 때문이다. 집이 빼곡히 들어차기 전, 또 널찍한 뒷마당이 있을 때는 이곳도 그다지 건강에 해롭지 않았다. 하지만 이제는 뒷마당까지 공동주택으로 빼곡이 들어찬 까닭에 초래된 위생 악화가 높은 사망률로 나타난 것이다."[11]

듀보이스는 가가호호를 직접 방문함으로써 제7구의 과밀 문제를 더 정확히 이해할 수 있었다. 그가 발표한 조사 결과를 보면, 두 아파트에서는 열 명이 방 하나를 함께 사용했고, 100곳 이상의 아파트에서 방 하나를 평균 네 명 이상이 사용했다. 듀보이스의 설명에 따르면, 필라델피아의 경제적 현실과 뿌리 깊은 편견 때문에 아프리카계 미국인은 그처럼 불건전한 환경에서 살아갈 수 밖에 없었다. "필라델피아에서는 대부분의 백인이 흑인 가까이에서 살고 싶어 하지 않는다는 엄연한 사실 때문에도 흑인은 집을 선택하는데, 특히 저렴한 집을 선택하는 데 크게 제약을 받을 수밖에 없다. 게다가 부동산 중개업자들은 공급에 한계가 있다는 걸 알기 때문에 흑인 세입자들이 완강히 거부하는 경우가 아니라면 흑인에게 집세를 대체로 1~2달러 정도 더 받는다. 경제계에서 흑인은 부자에게 노동을 제공하는 사람들이다. 흑인들은 개인 집, 호텔, 큰 상점 등에서 일한다. 이런 일을 계속하려면 그 근처에서 살아야 한다. …… 따라서 백인 노동자계급의 경우와 달리, 흑인은 일의 성격 때문에도 도심에 밀집해 살 수밖에 없다." 많은 아프리카계 미국인이 결핵 같은 전염성 질병으로 어린 나이에게 죽어간 이유는 '흑색 인종'이 선천적으로 질병에 잘 걸리는 성향을 가졌기 때문이 아니었다. 듀보이스가 명확히 밝혔듯이, 사회가 조직적으로 아프리카계 미국인을 도시 전체에서 가장 비위생적인 지역으로 몰아간 데 간접적인 이유가 있었다. 따라서 아프리카계 미국인에게 더 건강한 생활 방식을 택하라고 요구한다고 해서 제7구의 건강 위기가 해결될 가능성은 없었다. 그곳 사람들의 건강이 진정으로 개선되기를 바란다면 사회 시스템 전체가 바뀌어야 했다.

윌리엄 파와 존 스노가 인구동태 통계에 처음 시도했던 방법들처럼, 듀보이스가 데이터 분석에 도입한 혁신적 방법들도 21세기에 건강을 위협하는 문제들과 싸우는 데 핵심적인 역할을 계속하고 있다. 지금도 기대수명과 아동 사망률에서 아프리카계 미국인은 백인 미국인에 비해 뒤처진다. 코로나19 팬데믹도 미국에서 유색인 공동체에 훨씬 큰 영향을 미쳤다. 여기에는 유색인 공동체의 인구밀도가 상대적으로 높아 호흡기 질병이 쉽게 확산될 수 있다는 데 부분적인 이유가 있다. 이런 사회역학에 의해 건강 불평등이 드러나자, 빈곤과 차별이 어떻게 장기적으로 건강 문제를 야기하는가를 탐구하는 완전히 새로운 연구 분야, 예컨대 만성적인 스트레스가 인체에 미치는 영향을 주로 연구하는 학문이 생겨났다. 파와 스노가 데이터를 사용해 산업사회의 물리적인 기반 시설이 질병 발생에 어떻게 영향을 미치는가를 보여줬다면, 듀보이스는 유사한 성격의 데이터를 비교함으로써 그 결과를 편견이라는 더 광범위한 문제에 연결시켰다.

▲ ▲ ▲

1854년 발생한 콜레라에 연대해 대처하고 수년이 지난 후, 헨리 화이트헤드는 스노가 언젠가 그에게 이런 말했다며 기록을 남겼다. "당신과 나는 그날이 올 때까지 살지 못할지도 모릅니다. 그날이 오면 내 이름은 잊혀질 겁니다. 하지만 콜레라 발병이 과거 일이 되는 날이 틀림없이 올 겁니다. 콜레라가 확산되는 이유가 밝혀지면 콜레라도 사라질 테니까요." 콜레라 전염병이 줄어들 것이라는 스노의 예언은 대체로 맞았지만, 그의 이름까지 잊혀질 것이라는 예측은 틀렸다. 오늘날 런던 브로드가 40번지였을 것으로 여겨지는 거리의 인도에는 펌프 모형과 그 사건을 기념하는 작은 현판이 세워져 있다. 또 그 옆으로 모퉁이에 있는 술집 이름은 '더 존 스노(The John Snow)'다. 공중보건계에 종사하는 사람들은 그곳을 주기적으로 순례하고, 일부는 술집 방명록에 이름을 남기기도 한다. 그러나 런던의 다른 관광 명소들에 비춰 보면, 펌프 기념물은 그 성격이 상당히 다르다. 일반적으로 대도시들에 세워진 공공 기념물은 군사적 사건과 군사 영웅을 기리는 경우가 많다. 트라팔가르 광장에 우뚝 서 있는 넬슨(Horatio Nelson) 제독의 기념비를 생각해 보라. 내가 사는 브루클린의 그랜드아미플라자(Grand Army Plaza)에 세워진 남북전쟁 기념비도 다를 바가 없다. 그러나 펌프는 내가 알기에 공중위생에 현격하게 공헌한 업적에 헌정된 유일한 도시 기념물이다. 물론 그 펌프 기념물은 실물보다 작게 제작돼, 우연히 그 옆에 서는 행운을 얻지 못하면 거의 눈에 띄지 않는다. 만약 당신이 건너편 인도를 편하게 걷는다면 그 기념물이 존재하는지조차 눈치채지 못할 것이다. 듀보이스의 조사를 추념하는 기념비도 거의 비슷한 크기다. "아프리카계 미국인 학자, 교육자, 시민운동가" 이던 사람이 "고전적인 저작《필라델피아 흑인》을 쓰기 위한 자료를 수집하는 동안" 그곳에서 살았다고 쓰인 현판이 제7구에 있을 뿐이다.

브로드가의 펌프나 제7구의 듀보이스를 추념하는 현판에 비교하면, 전쟁 기념물의 숫자와 규모는 비정상적일 정도다. 물론 트라팔가르해전이나 남북전쟁 동안에 사망한 사람들은 그런 기념물로 추념돼야 마땅하다. 그러나 펌프는 우리에게 조금 다른 종류의 역사를 이야기해준다. 펌프는 '구해진' 목숨, 즉 가난한 지역의 동네 의사가 사망표에서 반복되는 특징을 찾아낸 뒤에 전염병에 대한 우리 인식을 바꿔놓은 덕분에, 또 한 통계학자와 한 목사가 그 특징을 시각적으로 표현하는 데 일조한 덕분에 콜레라로 죽지 않은 수십, 수백만 명에게 헌정된 기념물이다. 지난 두 세기의 역사에는 어디에 내놓아도 부끄럽지 않은 승리들, 특히 수세대 전만 해도 전염병이 일상사였던 대도시 지역에서 우리 일상을 현격히 바꿔놓은 획기적인 발견이 계속됐다. 그런데 왜 그런 승리를 군사적 승리를 찬양하는 만큼 기념하지 않는 것일까?

기념물의 숫자에서 한쪽으로 치우친 현상은 물질적인 면에서는 더 큰 불균형으로 나타난다. 공공위생과 국방에 지원되는 기금의 차이를 보면 알 수 있다. 미국은 파와 스노의 선구적인 노력에 직접적인 영향을 받아 설립된 정부 기관 CDC에 연간 약 80억 달러를 지원한다. 반면에 미국 국방부는 우주 미사일 방어 시스템에만 거의 두 배의 돈을 쓰고 있으며, 국방비 총액은 거의 1조 달러에 달한다. 이 글을 쓰고 있는 지금, 지난 6개월 동안 코로나 바이러스로 사망한 미국인 수가 20세기에 일어난 모든 전쟁에서 전사한 미국인 수의 반을 넘었다. 코로나 팬데믹으로, 우리가 인간이라는 적보다 병원균에게 훨씬 큰 위협을 받고 있다는 게 분명해졌다. 인구동태 통계과 공중위생적 조치 덕분에 목숨을 구한 사람의 수에서, WHO와 CDC 같은 기관이 우리를 안전하게 지키는 데 역사적으로 가장 중요한 역할을 해왔다는 사실을 다시 상기하게 된다.

공중위생과 관련된 업적의 평가에는 우리 지각과 관련된 문제가 내재해 있다. 그 분야의 성과는 현대성을 상징하는 시각적인 상징물, 예컨대 공장과 고층 건물, 로켓 등으로 나타나지 않는다. 그 성과는 다른 곳에서, 그야말로 보이지 않는 곳에 나타난다. 우리가 마시는 물과 지하에 묻힌 하수관에서, 또 모호하게 발표되는 통계표에서 눈에 보이지 않는 미생물이 줄어들었다. 이렇게 성과를 눈으로 보기 힘들기에 기념물로도 제대로 표현되지 못하고, 정부 지원도 부족하다. 그러나 이런 사실이 우리가 전투기와 핵무기에 관심을 더 두게 되는 핑곗거리가 돼서는 안 된다. 오히려 우리 인식을 바로잡는 계기가 돼야 한다.

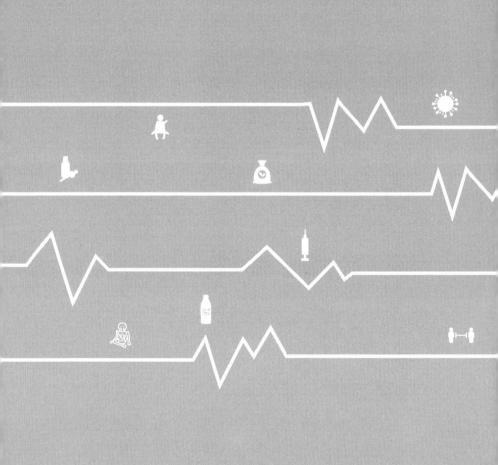

우유와 수돗물
저온살균과 염소 소독

1858년 5월, 존 스노가 소호 지역의 우물에서 콜레라 전염병의 원인을 찾아내고 오래지 않아, 뉴욕 브루클린의 진보적인 언론인 프랭크 레슬리(Frank Leslie, 1821~1880)가 5,000단어가량의 폭로 기사를 발표하며, 주요 도시들의 길거리를 휘젖고 다니는 또 다른 성격의 야만적인 살인자들을 신랄하게 비난했다. 그 기사는 그 살인자들이 저지르는 범죄의 규모를 가감 없이 고발했다. 레슬리는 무수히 많은 아이들을 죽음에 몰아넣고 있는 몇몇 사악한 인간이 있다며, 그들을 '무고한 아이들을 죽이는 대량 학살자'라고 칭했다. "야

밤의 암살자는 밧줄로 교수형에 처해진다. 강도는 감방에 보내진다. 그러나 우리 아이들을 수천 명씩 죽이는 사람들은 어떤 질책도 받지 않고, 어떤 처벌도 받지 않는다."[1]

당시는 영화 〈갱스 오브 뉴욕(Gangs of New York)〉의 시대였다. 따라서 많은 사람이 레슬리가 범죄자들의 암흑가를 고발했다고 생각했을 것이다. 또 레슬리가 '액체 독극물(liquid poison)'을 자주 언급하기 때문에 그의 기사는 알코올의 사회적 파괴성을 고발하던 시대에 발표된 많은 금주 권고 중 하나로 해석될 수도 있었다. 그러나 레슬리가 실제로 고발하고 비난한 대량 학살자가 누구인지 안다면, 요즘의 독자들은 무척 이상하게 여길 것이다. 레슬리가 비난한 대상은 조직 폭력배도, 마약 밀매인도 아니었다. 그는 비난한 대상은 우유 배달원이었다.

우유는 현대 세계에서 건강 및 청결과 밀접한 관계가 있기 때문에, 얼마 전까지도 우유가 아동 사망의 주범 중 하나였고 세계 전역의 많은 도시에 콜레라를 창궐하게 만들었던 오염된 물만큼이나 치명적이었다는 걸 상상하기 어렵다.

19세기 중반에 뉴욕은 인구가 폭발적으로 증가했고, 그 대가였던지 아동 사망률이 50퍼센트에 근접했다. 윌리엄 파가 연구한 공업 도시 리버풀을 짓누르던 대학살에 버금가는 수치였다. 19세기 초, 대부분의 미국 대도시에서 보고된 사망자의 4분의 1이 5세 이

하였고, 이런 수치는 요즘의 기준에 따르면 그야말로 충격적이다. 그러나 1840년대 뉴욕에서는 사망자의 절반 이상이 젖먹이나 유아였다. 레슬리의 표현대로, 뉴욕의 무엇인가가 문자 그대로 "무고한 아이들을 죽이고 있었다." 게다가 그 속도는 점점 빨라졌다.

사인의 일부는 수인성 질병, 특히 콜레라였던 게 분명하다. 1832년부터 1849년 사이에 콜레라가 뉴욕을 강타했기 때문이다. 그러나 그 밖의 시기에는 주된 사인이 오염된 우유였던 듯하다. 피해자의 압도적 다수가 어린아이였지만, 사망자 중에는 성인도 적잖게 있었기 때문이다. 1850년 미국 12대 대통령 재커리 테일러(Zachary Taylor, 1784~1850)는 워싱턴 기념탑(Washington Monument)의 정초식을 끝낸 뒤에 집무실에서 우유를 마시고는 사망했다. 많은 사람의 생각대로 그 우유가 오염됐던 게 분명하다.

동물의 젖을 마시는 행위는 동물의 가축화만큼 오래된 관습이다. 하지만 동물 자체로부터 전해지는 감염이나 부패에서 비롯되는 건강상의 위험을 각오해야 했다. 19세기에 들어 수십 년 동안 여러 사건이 복합되며 젖소의 젖, 즉 우유가 과거보다 훨씬 더 위험해졌다.

맨해튼 섬은 애초에 네덜란드 식민지였던 까닭에 낙농가들이 오래전부터 우유를 생산해왔다. 그들은 여전히 시골 지역이던 섬 북부 지역과 브루클린 곳곳에 산재한 농장에서 우유를 생산해서, 섬 남단에 무리지어 살던 뉴요커들에게 공급했다. 그러나 19세기에 들어 뉴욕은 그 지역들을 지체 없이 점령했고, 그 과정에서 전통적인 농장도 사라졌다. 냉장 장치가 없던 시대였던 까닭에 뉴저지나 뉴욕주 북부에서, 즉 멀리 떨어진 목초지에서 우유를 가져오면, 뜨거운 여름철에는 우유가 여지없이 부패됐다. 진취적인 낙농가들은 네덜란드 시대의 맨해튼처럼 광활한 목초지를 확보하지 못하더라도 가축을 어떻게든 사육할 방법을 찾아낼 수 있다면 뉴욕에서 소떼를 대규모로 유지할 수 있을 것이라고 생각했다. 그래서 그들은 주변의 양조장과 치밀해 보이는 동업 관계를 맺었다. 위스키를 제조하기 위해 곡물로부터 알코올을 추출하는 과정에서 폐기물이 발생했고, 그 폐기물은 '찌꺼기', '곤죽', '꿀꿀이죽' 등 한결같이 불쾌한 이름으로 불렸다. 양조장은 그런 폐기물을 버리지 않고 우유 생산자에게 팔았고, 우유 생산자들은 상대적으로 비싼 곡물이나 풀 대신에 그 폐기물을 젖소에게 먹였다. 이렇게 위스키 찌꺼기를 사료로 먹은 젖소는 맛도 없는 데다 푸른빛을 띤 우유를 생산했지만, 적어도 그 우유는 폭발적으로 증가하는 맨해튼 주민들에게 신선한 상태로 배달될 수 있었다.

산업화로 노동 방식이 달라짐에 따라 우유 시장도 확대됐다. 노동시장에 참여하는 여성이 증가하자, 생후 수개월을 넘긴 아기에게 모유를 수유하는 경우가 점점 줄어들었다. 한 건강 전문가는 "현대인의 삶이 어머니의 신경과 시간에 부과하는 부담 및 명확히 알려지지 않는 다른 요인들을 고려할 때, 인간이 자연적으로 형성된 자양분을 자손에게 제공하는 게 불가능해졌다"라고 말하기도 했다.[2] 우유 수요가 증가하고, 양조업자와의 공생적 동업으로 비용을 절감하게 되자, 뉴욕시의 어느 지역에나 우유를 대량으로 생산하려는 낙농업자가 넘쳐흘렀다.

이에 따라 맨해튼과 브루클린에 마련된 비좁은 외양간에 수천 두의 젖소가 갇혀 지내야 했다. 젖소는 한곳의 외양간에 평생 갇혀 지냈고, 양조장에서 보낸 뜨거운 찌꺼기가 그 앞의 여물통에 쏟아졌다. 우유 생산자들이 젖소에게 위스키를 만들고 남은 찌꺼기만을 먹이면서 그 찌꺼기에 충분한 수분이 있다고 생각해 젖소에게 물조차 제대로 먹이지 않았다. 그런 까닭에 젖소는 궤양이 걸리기 일쑤였고, 꼬리가 떨어지는 경우가 비일비재했다. 또 이가 빠진 젖소도 많았다. 그 과정은 섬뜩하기 그지없었지만 그럭저럭 값싼 우유를 충분히 생산했다. 우유 생산자들은 그렇게 생산된 우유를 '순수한 시골 우유'처럼 보이게 하려고 백토, 밀가루, 알 같은 불순물을 섞었다. 그런 불량한 우유에 실제로 '순수한 시골 우유'라는 이름을 붙이기도 했다. 쿼트당(쿼트는 약 1리터 – 옮긴이) 6센트라는 저렴한 값에 광고까지 더해지자, 맨해튼만이 아니라 다른 지역의 노동자들도 '찌꺼기 우유'에 낚였다. 그와 동시에 어린아이들이 급속도로 죽어가기 시작했다.

우리는 어떻게 우유를 대량 학살자에서 건강과 영양의 상징으로 바꿔갈 수 있었을까? 이 이야기는 오랜 시간을 두고 인간의 건강을 조금씩 끌어올린 요인들이 어떻게 때로는 오해되고, 때로는 지나치게 단순화되는가를 보여주는 좋은 실례다. 새삼스런 지적이겠지만, 우리 대부분은 '역사의 기억 상실'에 걸려 가까운 과거에 있었던 위협도 잊고 지낸다. 얼마 전까지 위스키 찌꺼기 우유를 마셨고, 존 스노와 윌리엄 파 덕분에 오염된 물을 정제하게 됐다는 것도 기억하지 못한다. 오늘날 대부분의 뉴요커는 서너 세대 전까지만 해도 그곳에 살던 조상들이 우유 한 잔을 마시는 바람에 어렸을 때 죽을 수도 있었다는 걸 모른다. 반면에 우리가 그 시대의 폭력적인 사건, 특히 남북전쟁 시기의 사상자 수를 기억하는 이유는 사망자가 집중됐기 때문이다. 그러나 산업화된 도시에서 아이들이 눈에 띄지 않게 한 명씩 점증적으로 죽어간 사건은 역사의 기억에 기록되지 않는다.

치명적인 우유가 19세기에 어떤 악영향을 미쳤는지 그럭저럭 기억해내더라도, 그 저주를 어떻게 해결했는지에 대한 우리의 기본적인 설명이 실제 역사를 왜곡하는 경우가 많다. 그 문제의 해결에 관련된 인물들의 복잡한 네트워크가 한 명의 영웅적인 과학자로 집약되기 때문이다. 우유의 경우에 그 과학자는 너무도 유명해서 그의 이름이 오늘날 판매되는 대다수의 우유갑에 새겨져 있을 정도다. 루이 파스퇴르(Louis Pasteur, 1822~1895)가 그 주인공이다. 한때 생명을 빼앗아갈 정도로 치명적이었던 우유는 이제 안전하다. 어떻게 그런 변화가 가능했을까? 사람들에게 이렇게 물어보면, 모두가 '파스퇴르 살균법(pasteurization)', 즉 저온살균법 덕분이라고 한목소리로 대답할 것이다. 그러나 엄격히 말하면, 우유가 액체 독극물에서 생명을 유지해주는 식품으로 변한 것은 화학 덕분이다.

모든 것이 파스퇴르 덕분이라는 설명은 잘못됐다기보다 한심할 정도로 불완전하다. 파스퇴르의 이론이 우유의 안전에 유의미한 영향을 미치는 데 무척 오랜 시간이 걸렸다는 사실만으로도 이 설명이 불완전하다는 게 입증된다.

1854년, 당시 서른두 살이던 파스퇴르는 프랑스 북동부 끝자락, 프랑스와 벨기에 국경의 서쪽에 있는 릴대학에서 학생들을 가르치고 있었다. 그 지역의 포도주 제조자들과 양조장 관리자들과 대화하던 중에 영감을 얻은 파스퇴르는 몇몇 식품과 액체가 부패하는 이유에 관심을 갖게 됐다. 파스퇴르는 우유에 부패하는 성향이 있다는 걸 알았던 까닭에 처음에는 우유를 연구했지만, 결국에는 맥주와 포도주로 관심을 돌렸다. 부패한 비트주(酒)를 현미경으로 조사하던 파스퇴르는 발효에 관계하는 이스트 유기체를 발견했을 뿐만 아니라, 에탄올을 아세트산, 즉 식초에 신맛을 주는 초산으로 전환시키는 막대 모양의 유기체도 발견할 수 있었다. 이 유기체는 오늘날 아세토박터 아세티(Acetobacter aceti)라고 불린다.

이런 유기체들을 관찰해내자, 파스퇴르는 발효와 부패라는 신비로운 변화가 자연 발생적으로 일어나는 현상, 즉 효소들 간의 단순한 화학반응이 아니라, 살아 있는 미생물의 부산물이라고 확신하게 됐다. 이런 통찰은 궁극적으로 질병 세균설(germ theory of disease)의 토대를 제공했고, 파스퇴르가 미생물이 인체에 어떤 피해를 입히기 전에 미생물을 죽이는 다양한 기법을 실험하는 근거가 되기도 했다. 1865년 당시 파리대학교 교수이던 파스퇴르는 훗날 자신의 이름을 영원히 남기게 되는 기법을 문득 생각해냈다. 포도주를 섭씨 55도 정도로 가열함으로써 본래의 향미에 별다른 영향을 주지 않으면서도 부패되는 걸 성공적으로 예방할 수 있는 기법이었다.[3]

오늘날 저온살균된 모든 우유는 1865년 파스퇴르가 고안해낸 기본적인 기법을 사용해 생산된다(시간이 지남에 따라, 온도는 파스퇴르가 포도주에 사용한 온도보다 약간 높게 조절됐다). 하지만 미국에서 저온살균이 우유 산업에 보편적으로 적용된 때는 1915년이었다. 파스퇴르가 그 기법을 개발하고 꼬박 50년이 지난 뒤였다.

당연한 말이겠지만, 발견된 때와 시행된 때의 시차 때문에 세계 전역에서 수백만 명이 목숨을 잃었을지도 모른다. 이렇게 시차가 생기는 이유는 과학적 발견이 이뤄진다고 곧바로 진보가 이뤄지는 것은 아니기 때문이다. 진보를 위해서는 다른 요인들, 예컨대 그 발견을 세상에 알리는 언론, 시민운동, 정치 등이 필요하다. 과학만으로 세상을 개선할 수는 없다. 이른바 투쟁도 필요하다.

▲ ▲ ▲

요즘 진보에 대한 설명은 과학이나 과학기술에서의 획기적인 발견을 지나치게 강조하는 경향을 띤다. 따라서 지난 두 세기 동안 공중위생의 개선을 이끌었던 운동가와 폭로자 및 정치적 연대는 무시되는 경우가 많다. 콜레라 퇴치를 위한 전쟁은 긍정적 변화를 이뤄낸 성과에서 주목받지 못하는 면을 우리에게 극명하게 보여주는 좋은 사례다.

존 스노는 의사, 엄밀히 말하면 그 업적 때문에 전염병학자로 유명해진 의사였다. 그러나 브로드가의 펌프에 대해 온전히 이야기하려면, 스노가 자신의 생각을 관철시키기 위해 정치권에서도 싸웠다는 점도 빠져서는 안 된다. 그는 지역 교구 위원회와, 건강을 담당하는 시민 위원회에 콜레라에 접근하는 방식을 바꿔야 한다는 진정을 거듭했다.

또 19세기에 수인성 질병들에 승리를 거둔 데에는 계몽주의 과학만이 아니라 사회운동의 역할도 컸다. 사회운동이 활성화된 덕분에, 헨리 화이트헤드 같은 사람이 과학이나 의학과 관련된 어떤 교육도 받지 않았음에도 중요한 역할을 할 수 있었다. 화이트헤드가 공동체 내에서 지닌 사회적 자본은 정부 당국의 마음을 바꾸는 데 결정적인 도움을 줬다.

사망률 하락에 대한 토머스 매큐언의 연구를 점잖게 비판한 글에서, 케임브리지의 역사학자 사이먼 스레터(Simon Szreter)는 1850년부터 제1차세계대전 발발 사이에 진행된 '사회적 개입(social intervention)'의 중요성을 역설했다. 스레터가 주장했듯이, 콜레라 같은 질병들이 특효약이 개발되지도 않았는데 그 기간 동안에 약화된 것은 사실이다. 기적의 명약이 콜레라를 치유한 게 아니었다. 콜레라의 발병을 낮춘 것은 개선된 하수관이었다. 하수관 개선 사업은 정부 지원이 필요한 프로젝트였고, 스노와 배절제트 같은 운동가들 및 언론계의 지지자들이 하수관의 필요성을 역설한 덕분에 정부 지원을 끌어낼 수 있었다.

사망률의 하락은 1870년대의 전국 통계에서 분명해지기 시작했다. 그 하락은 긍정적으로 인식되는 다른 어떤 요인보다, 공중위생 개선을 위해 정치적·이념적으로 타협한 조직의 궁극적인 승리였다. 일자리도 완전히 보장받지 못한 채 박봉에도 묵묵히 일하던 보건 관리들이 각 지역에서 다양한 사람들, 예컨대 지역의 위생 담당관, 출생과 사망을 기록하는 지역 호적 담당자, 때로는 지역 언론이나 시의회 의원들과 시시때때로 충돌하며 언쟁하지 않았다면, 또 지방세 납세자들을 대리한 인색한 사람들과 다투지 않았다면 사망률 하락은 없었을 것이다. 이것이 앞서 우리가 사망률 하락을 설명할 때 빠드린, 19세기 마지막 사반세기 동안 전국 방방곡곡의 토론장과 시청에서 해결책을 찾기 위해 느릿하지만 끈덕지게 끝까지 싸우던 100만 분 운동의 중요성과 필요성이다.[4]

안전한 우유를 얻기 위한 투쟁은 스레터의 사회적 개입이 효과적이라는 걸 더욱더 설득력 있게 보여주는 좋은 예다. 그 투쟁은 1840년대 초에 본격적으로 시작됐다. 찌꺼기 우유를 만드는 시설이 뉴욕시 전역에 우후죽순처럼 생기던 때였다. 투쟁은 포목상이던 로버트 밀험 하틀리(Robert Milham Hartley, 1796~1881)가 발표한 책으로 시작됐다. 뉴욕 금주운동의 창립자 중 한 명인 하틀리는 뉴욕의 맥주 공장과 증류주 공장이 시민들에게 은밀히 미치는 해악적 영향을 추적하는 데 열심이었고, 장로교파 신도로서 전도하는 과정에서는 맨해튼 파이브포인츠에 있던 빈민가의 열악한 생활환경을 직접 봤다. 그 경험을 근거로 아동 사망률이 충격적으로 높을 것이라고 짐작하는 데 그치지 않고, 뉴욕시 사망 보고서를 면밀히 연구한 끝에 실제로도 그렇다는 걸 확인했다. 하틀리는 유제품 생산자들을 개인적으로 조사하기 시작했다. 그 결과가 《우유에 대한 역사적이고 과학적이며 실질적인 연구: 인간에게 필요한 영양물에 대한 연구, 대도시에 공급할 목적에서 우유를 생산하는 현재의 비정상적인 방법이 미치는 영향에 대한 연구(*An Historical, Scientific, and Practical Essay on Milk: As an Article of Human Sustenance; with a Consideration of the Effects Consequent Upon the Present Unnatural Methods of Producing it for the Supply of Large Cities*)》라는 바로크적인 제목을 붙인 350쪽의 책으로 나왔다. 그 책은 윌리엄 파가 연례 보고서를 작성할 때처럼 자료를 분석했고, 미국과 유럽의 대도시들에서 보고된 아동 사망률을 비교 연구했으며, 신문처럼 찌꺼기 유제품의 가증스런 상황을 고발하는 생생한 설명까지 덧붙였다.

인구가 폭증하는 대도시의 우유 생산 시설 중 가장 악명 높은 곳, 더 정확히 말하면 찌꺼기 유제품을 생산하는 농장이 가장 많이 모여 있었던 곳은 존슨의 곡물 증류주 공장 근처였다. 그 공장은 뉴욕시 서쪽 근교 끝자락 근처로 15번가와 16번가 사이에 위치해 있다. 그 구역은 7번가 아래부터 허드슨강까지 뻗어 거의 300미터에 이르고, 두 광장의 대부분을 포함한다. 겨울철에는 약 2,000두의 젖소가 사육된다고 하는데, 여름철에는 그 숫자가 크게 줄어든다. 물론 젖소들의 먹이는 술을 만들고 남은 찌꺼기다. 그 찌꺼기는 3~4.5미터 높이의 커다란 저장고에 보관됐다가 사각형의 나무관을 통해 여러 축사에 보내지고, 판자 두 개를 대충 연결해 만든 직사각형의 여물통에 담겨진다.[5]

최종적으로 하틀리는 이렇게 기록했다. "뉴욕시와 인근 지역에서는 약 1만 두의 젖소가, 증류주 공장에서 화학적 변화를 겪어 곤죽처럼 변하고 후끈한 냄새를 피우는 곡물 찌꺼기로 연명하는 지극히 비인간적인 대우를 받고 있다."

《우유에 대한 역사적이고 과학적이며 실질적인 연구》는 낙농 산업 전체에 대한 신랄한 고발이었지만, 몇몇 이유로 여론을 흔들거나 정부의 간섭을 자극하는 데 실패했다. 정부에 찌꺼기 우유 문제를 전담할 적절한 규제 부서가 없었던 것도 그 이유들 중 하나였다. 대부분의 규제 부서는 20세기에야 만들어졌기 때문이다(5장 참조).

하틀리의 실패는 그가 금주운동가로 유명했던 데에도 원인이 있었던 듯하다. 당시는 뉴욕시에서 수십 년간 계속된 폭음의 시대가 한창이었다. 따라서 서쪽 지역의 증류주 공장들을 비난하며 절대 금주를 권하는 장로교 전도사의 설교를 귀담아들을 만한 사람은 뉴욕에 거의 없었다.

결국 하틀리의 연구가 발표되고 15년이 지나, 찌꺼기 우유는 액체 독극물이라는 프랭크 레슬리의 신랄한 폭로가 있은 뒤에야 유의미한 개혁이 시작됐다. 하틀리의 연구와 레슬리의 기사는 많은 점에서 논조가 비슷했다. 낙농업체의 극악무도한 행위를 선정적으로 묘사했고, 곳곳에서 적절한 분노를 감추지 않았다. 레슬리는 찌꺼기 우유를 만드는 데 관련된 사람들에 대해 이렇게 썼다. "그들

THE NEW FOUNTAIN OF DEMOCRACY.
Swill Milk for Hungry Suckers.

찌꺼기 우유를 비난하는 만평, 커리어앤아이브스(Currier and Ives) 인쇄, 1872년

이 그야말로 인간의 생명을 두고 밀거래를 하고 있지만, 정부는 개입할 능력이 없거나 그럴 의지도 없어 보인다. …… 지옥의 수프를 만드는 공장들이 계속 우리와 공존하도록 내버려둬야 할까? 한 계급이 우리를 죽이며, 또 그들이 만든 독극물이 모든 가정에 빈자리를 만들며 계속 돈벌이하는 걸 얌전히 감수해야 할까?"[6]

그러나 레슬리는 말로만 싸우는 데 그치지 않았다. 애초에 삽화가로 사회생활을 시작했던 레슬리는 자신의 조사 보고서 곳곳에 충격적인 그림을 넣었다. 찌꺼기 우유 공장의 불결한 상태를 그대로 묘사한 삽화들이었다. 일부는 전설적인 삽화가 토머스 내스트(Thomas Nast, 1840~1902)가 그린 것이었다. 병들어 제대로 서지도 못하는 젖소가 끈으로 공중에 매달려 의식을 거의 잃어버린 듯 고개

를 축 늘어뜨린 그림도 있었다. 젖소의 그런 안타까운 건강 상태에도 불구하고, 일꾼이 의자에 앉아 젖소의 농양투성이인 젖통에서 충실히 젖을 짜는 그림은 그야말로 충격적이었다.

레슬리는 뛰어난 공연 기획자 피니어스 테일러 바넘(Phineas Taylor Barnum, 1810~1891) 밑에서 홍보를 기획하며 크게 도약할 기회를 얻었다. 레슬리는 언론계에 뛰어들며 추문을 폭로하는 언론인으로 시작해, 홍보에서 바넘에 버금가는 재능을 발휘했다. 레슬리는 자극적인 헤드라인을 붙인 특집 기사를 홍보하며, 경쟁 신문사들부터 광고를 빼앗았다. 요즘으로 말하면, 11시 저녁 뉴스 방송에 앞서 자극적으로 던지는 예고 문구들과 비슷했다. 예컨대 '당신은 어떤 종류의 우유를 마시고 있는지 아십니까?'라는 식이었다. 오래지 않아, 레슬리의 탐사 기사는 그 자체로 전설이 됐다. 〈뉴욕 타임스(New York Times)〉는 레슬리의 노력을 이렇게 평가했다.

프랭크 레슬리가 자기 집 현관의 왼쪽에 놓이는 우유가 우유와 고름을 적당히 섞은 것이라는 걸 알게 됐을 때, 그의 신문사가 구역질하며 경련을 일으킨 것은 당연했다. 그 무시무시한 이야기가 얼마나 최악인지 알아야 했던 까닭에 레슬리는 견본을 분석한 뒤에, 그 독극물을 생산하는 곳으로 신문사의 기자들과 삽화가들을 보냈다. …… 그는 삽화들을 사실적으로 다시 그려냈다. 우유라는 단어를 듣기만 해도, 우유가 주재료로 들어간 맛있어 보이는 요리를 보기만 해도 위가 뒤틀릴 정도로 충격적인 삽화였다. 그 때문에 어디에서나 구역질하는 소리가 들렸다.[7]

레슬리의 탐사 보도에 대한 〈뉴욕타임스〉의 기사는 사실보다 신화에 더 가깝다. 레슬리가 폭로 기사를 쓰겠다고 다짐한 정확한 원인은 문앞에 놓인 부패한 우유가 아니라, 1년 전에 브루클린 시의회의 의뢰를 받아, 찌꺼기 우유 공장에서 제멋대로 행해지는 동물 학대를 추적한 보고서에 있었다. 그러나 레슬리가 폭로 기사를 쓰게 된 근본 원인이 무엇이든 간에 그에게는 천부적인 홍보 재능이 있었고, 현실 자체가 누구도 부인할 수 없을 정도로 끔찍했기 때문에 결국 유의미한 개혁으로 이어졌다. 레슬리의 폭로에 압박감을 느낀 시의회는 찌꺼기 유제품에 대한 조사를 시작했고, 약간의 변화만을 요구하는 성급한 조치를 발표했다. 시의원들이 유제품 기업들로부터 내밀히 뇌물을 받았기 때문이었을 것이다. 그런 조치가 발표되고 사흘 뒤에 레슬리는 토머스 내스트의 만평으로 반격했다. 태머니홀(Tammany Hall, 뉴욕시를 기반으로 활동한 민주당 정치조직 – 옮긴이)에 속한 한 정치인이 우유업계 거물에게 뇌물을 받고, 그 거물의 동료들은 죽어가는 젖소를 건강하게 보이게 하려고 흰색 도료를 젖소에게 바르는 모습을 그린 만평이었다. 시민의 분노에 시의회는 실질적인 조치를 취할 수밖에 없었다. 그리하여 1862년 찌꺼기 우유 시대에 종언을 고하는 법안이 통과됐고, 도심 주변에 있던 우유 공장들은 대부분 문을 닫았다. 살아남은 우유 공장들은 증류주 공장과의 부도덕한 협업 관계를 끊었다. 그때부터 뉴욕의 우유에서 이상한 푸른빛이 사라졌다.

하지만 우유 섭취에 따른 건강상의 위험은 여전했다. 많은 우유가 도시에서 멀리 떨어진 북부의 농장에서 운반됐기 때문에, 특히 여름철에는 부패가 여전히 중대한 위협이었다. 게다가 우유를 만들어내는 젖소들, 심지어 깨끗한 낙농장의 젖소들까지 상당수가 소결핵(bovine tuberculosis)을 앓았다. 그런 젖소에게서 얻은 가공되지 않는 우유는 인간에게 결핵균을 옮길 수 있었다. 디프테리아, 장티푸스, 성홍열 등 다른 치명적인 질병도 우유와 관련이 있었다. 프랭크 레슬리의 찌꺼기 우유 퇴치 운동은 여론이 동원되면 우유 산업을 개혁할 수 있다는 걸 입증했지만, 찌꺼기 우유는 문제의 일부에 불과했다.

▲　▲　▲

1880년대에 질병 세균설이 등장함에 따라, 19세기에 많은 사망자를 낳은 살인적인 질병들의 원인이 미생물에 있다는 게 분명해졌다. 세균설의 씨앗이 우유와 포도주의 부패를 추적한 파스퇴르의 초기 연구에 심어졌고, 렌즈를 제작하는 기술이 발전함에 따라 지극히 작은 생명체까지 볼 수 있는 한층 강력한 현미경이 제작된 덕분이었다. 1882년 파스퇴르의 최대 맞수이던 로베르트 코흐가 결핵균을 발견함으로써, 결핵이 유전된다는 오랜 믿음이 틀렸다는 걸 입증해냈다. 또 2년 후에는 수십 년 전에 존 스노의 치밀한 조사를 빠져나갔던 콜레라균을 찾아냈다. 그리하여 사람들이 우유를 마신 뒤에 죽어가는 이유가 우유에 질병을 일으키는 보이지 않는 생명체가 있기 때문이라는 과학적 의견이 힘을 얻었다. 그러나 그런 합의는 '어떻게 해야 그 생명체를 우유 공급 과정에서 배제할 수 있을까?'라는 더 큰 문제를 남겼다.

이 문제를 해결한 결정적인 단서 중 하나는 과학기술의 혁신에서 나왔다. 19세기 전반기에 보스턴을 기반으로 사업하던 집요한 기업가 프레더릭 튜더(Frederic Tudor, 1783~1864)는 전 세계에 얼음을 판매하는 거대한 사업망을 구축했다. 소비자는 그 얼음을 음용수와 아이스크림을 먹을 때 직접 사용했고, 식품 기업은 육고기를 냉장할 때 사용했다. 덕분에 그레이트플레인스(Great Plains)에서 생산한 육고기를 북동부의 성장하는 도시 사람들에게 안전하게 제공할 수 있었다.

튜더가 얼음을 만들어낸 기술은 단순했다. 인력을 동원해 뉴잉글랜드의 얼어붙은 호수에서 얼음을 잘라냈을 뿐이다. 그러나 그가 얼음을 팔아 축적한 막대한 재산은 세계 곳곳의 발명가들에게, 무엇인가를 차게 만들면 돈이 된다는 걸 알려줬다. 남북전쟁이 끝날 때쯤에는 기계적으로 냉각할 수 있는 기능적인 설계가 상당히 많이 개발됐고, 19세기가 끝날 무렵에는 온도가 조절되는 장치에 우유병이 저장되고 운반돼 부패의 위험을 크게 줄일 수 있었다.

냉장은 의학과 직접적인 관계가 없을 듯하지만, 많은 면에서 공중위생을 신장하고 장수를 이끈 근원적 과학기술 가운데 하나다. 냉장 기술은 쉽게 상하는 식품의 유통기한을 늘림으로써 20세기의 식품 공급에 엄청난 영향을 줬고, 냉장 기술 덕분에 우유는 액체 독극물에서 믿을 만한 영양원으로 바뀌었다. 냉장은 백신에도 중대한 영향을 줬다. 대다수의 백신이 어는점보다 약간 위의 온도로 유지되지 않으면 효능을 상실하기 때문이다. 이른바 '저온 유통 체계(cold-chain)' 공급망이 고안됨으로써, 20세기에도 천연두 같은 질병이 풍토병으로 존재하던 많은 고온 기후권에서도 대량 백신 접종이 가능해졌다.

그러나 냉장은 부분적인 해결책에 불과했다. 소결핵균으로 오염된 우유갑은 제작된 때부터 소비될 때까지 냉장고에서 보관되더라도 여전히 치명적일 수 있었다. 일부 우유 개혁은 찌꺼기 유제품 공장을 퇴출하는 데 효과가 있었던 방법을 따르는 것, 요컨대 문제의 근원을 공격하는 것이 확실한 해결책이라고 생각했다. 젖소가 소결핵 같은 병을 앓고 있는가를 알아낼 수 있는 검사법은 이미 다양하게 개발돼 있었다. 예컨대 현미경의 발달로 과학자들이 우유를 분석해서 우유 안에 포함된 박테리아 양을 알아낼 수 있었다.

또 이런 새로운 도구를 갖춘 우유 검사관들이 언제라도 낙농가를 찾아가서 젖소가 병에 걸리지 않았는지 또 환경이 위생적인지를 점검할 수 있었다. 이런 검사를 통과한 낙농가가 생산한 우유에 '검증필'이라는 인증서를 붙여줌으로써 소비자는 안심하고 안전한 우유를 구입해 마실 수 있었다.

그런데 이런 인증 방식에도 문제가 있었다. 소결핵에 감염된 젖소는 도살되는 게 원칙이었고, 미국 전역에서 유제품 생산을 위해 사육되는 젖소의 절반이 소결핵 보균자라는 게 대략적인 추정치였다. 따라서 어느 날 도시 검사관이 희한하게 생긴 결핵 검사 기구를 갖고 농장을 찾아와서, 겉으로는 너무도 멀쩡하게 보이는 젖소를 도살해야 한다고 통지할 때마다 시골 낙농가가 분개한 것은 당연했다. 낙농 지역을 대표하는 정치인들은 이런 침략적 검사법에 저항해 싸웠다. 1906년 FDA가 설립될 때까지 그런 규제를 강제로 집행할 수 있는 연방 기구는 없었다.

루이 파스퇴르 덕분에, 투베르쿨린 검사와 낙농가 점검만이 우유의 안전성을 판정하는 데 사용할 수 있는 유일한 도구는 아니었다. 냉장은 우유의 부패를 방지할 수 있었지만, 순간적인 가열은 우유에 함유된 위험한 미생물들, 물론 인간에게 결핵을 일으킬 수 있는 미생물도 죽일 수 있었다.

하지만 이번에도 과학만으로는 유의미한 변화를 끌어낼 수 없었다. 저온살균된 우유가 일반적인 우유보다 풍미가 부족하다는 인식이 팽배한 때문이었다. 게다가 살균 과정에서 우유의 영양소가 파괴된다는 인식도 있었다. 하기야 21세기에도 '자연 우유' 신봉자들 사이에서 그런 믿음이 되살아났으니 그들의 무지함을 탓할 것은 없다. 따라서 낙농가는 생산 과정에서 추가로 비용이 발생할 뿐만 아니라, 소비자가 저온살균된 우유를 구매하지 않을 것이라고 확신한 때문에 저온살균을 거부했다. 낙농가의 그런 확신에는 나름대로 타당한 이유가 있었다.

기대수명의 역사에서 흔히 그렇듯이, 생명을 구하는 혁신이 다수에게 보급되는 전환점에 과학자나 의사가 주역으로 등장하지는 않는다. 저온살균법이라는 아이디어는 한 화학자의 머릿속에서 처음 고안됐지만, 궁극적으로 미국에서 널리 활용된 것은 뜻밖의 인물, 즉 백화점 소유자 덕분이었다.

▲ ▲ ▲

1848년 바이에른에서 태어난 네이선 스트라우스(Nathan Straus, 1848~1931)는 여덟 살 때 가족과 함께 미국 남부로 이주했다. 그곳에서 그의 아버지는 잡화점을 운영하며 많은 돈을 벌었다. 하지만 곧 남북전쟁이 발발해 극도로 궁핍한 지경까지 내몰렸고, 결국 스트라우스 가족은 뉴욕으로 다시 이주했다. 이때 네이선은 어느덧 성년이었다.

스트라우스 가족은 맨해튼에 발판을 마련했고, 네이선은 도자기와 유리 제품을 취급하던 아버지 회사에서 사회생활을 시작했다. 그와 형제들은 직접 제작한 냄비와 접시를 백화점에 납품했다. 1870년대에 들어 상업계와 패션계를 중심으로 백화점이 폭발적으로 성장했다.

1873년 초, 스트라우스 가족은 14번가 메이시스(Macy's) 백화점 지하에 작은 공간을 임대해 도자기와 유리 그릇을 전시하고 판매했다. 곧 그곳은 백화점 안에서 가장 인기 있는 매장 중 하나가 됐다. 10년이 조금 더 지난 뒤, 스트라우스 형제는 메이시스 백화점을 현찰로 사들였고, 브루클린의 유명한 포목점까지 인수해 에이브러햄앤스트라우스(Abraham & Straus)로 이름을 바꾸었다.

가족 모두가 갑작스레 가난해져 아사 직전까지 내몰린 경험이 있었기 때문인지, 스트라우스는 뉴욕시의 가난한 노동자와 노숙자를 돕고, 그들의 환경을 개선하는 데 시간과 자원을 아끼지 않았다. 네이선은 쉼터를 곳곳에 열어 5만 명에게 거처를 제공했고, 경제적 불황이 닥친 데다 유난히 추웠던 1892~1893년의 겨울에는 땔감용 석탄까지 나눠줬다. 또 에이브러햄앤스트라우스에 구내식당을 개설해 직원들에게 무상으로 식사를 제공했다. 기업에서 구내식당을 운영하며 직원에게 식사를 무상으로 제공한 최초의 사례였다.

스트라우스는 두 아이를 질병으로 잃은 까닭에 오래전부터 뉴욕시의 아동 사망률에도 관심을 두고 있었다. 역시 독일계 이민자로 정치적으로 급진적이던 의사 아브라함 자코비(Abraham Jacobi, 1830~1919)를 통해 네이선은 저온살균법을 알게 됐다. 그리하여 파스퇴르가 그 기법을 개발하고 거의 사반세기가 지난 뒤에야 처음으로 우유에 적용하게 됐다. 그 과정에서 스트라우스의 역할이 컸다. 도시 빈곤의 복잡성에 비교하면, 저온살균은 아이들의 목숨을 구하는 데 커다란 차이를 만들어낼 수 있는 상대적으로 단순한 방법이었다.

스트라우스는 저온살균 우유에 대한 시민의 태도를 바꾸는 게 중요하다는 걸 알았다. 1892년 그는 멸균우유를 충분히 생산할 수 있는 우유 실험실을 세웠다. 이듬해에는 뉴욕시에도 빈민가에 '우유 보급소'를 열어, 가난한 뉴요커들에게 원가 이하로 우유를 팔기 시작했다. 최초의 보급소는 맨해튼 남동쪽 지역인 로어이스트사이드(Lower East Side) 외곽의 부두에 세워졌다. 기록에 따르면, 스트라우스는 첫해에만 3만 4,400병을 팔았다. 1894년 여름쯤에는 뉴욕에만 네 곳의 보급소가 있었다.[8] 〈뉴욕타임스〉는 새로운 형태의 우유 보급소에 대한 기사를 '가난한 사람을 위한 깨끗한 우유'라는 제목으로 게재했다. 그 기사는 스트라우스의 발언을 이렇게 인용했다. "지난 여름 우유 보급소의 성공에 용기를 얻어, 그런 시설을 더 확대하게 됐습니다. 유일한 문제라면, 가난한 사람들이 멸균우유에 아이들의 질병을 예방하고 치료하는 데 효과가 있다는 걸 제대로 이해하지 못하고 있다는 겁니다. 나는 멸균우유의 가격을 원가 이하인 쿼트당 5센트까지 낮췄습니다. 앞으로 그 가격을 더 낮출 수도 있습니다."[9]

1897년 뉴욕시 보건국장으로 임명된 스트라우스는 이스트강의 랜들스섬에 있는 고아원의 아동 사망률이 충격적이라는 걸 알게 됐다. 그가 보건국장에 임명되기 전 3년 동안, 고아원에 수용된 3,900명 중 1,509명의 아동이 사망했다. 뉴욕시 주변 저소득 지역들의 암울한 사망률보다 훨씬 높은 수치였다.

스트라우스는 고아들에게 신선한 우유를 공급하려고 섬에서 키우는 젖소들에게 원인이 있지 않을까 의심했다. 그는 고아원이 지리적으로 고립된 까닭에 저온살균한 우유의 효과를 입증하는 실험을 진행하기에 안성맞춤이라고 판단했다. 존 스노가 1854년 콜레라가 발병한 동안 실행한 실증적인 자연 실험(natural experiment)과 다르지 않았다. 스트라우스의 금전적 지원으로 랜들스섬에 저온살균 공장이 세워졌고, 그곳에서 살균된 우유가 고아들에게 제공됐다. 그 외에 생활 조건이나 먹는 것 등은 전혀 달라진 게 없었다. 그런데도 거의 즉각적으로 사망률이 14퍼센트나 떨어졌다.[10]

이런 작은 조치의 결과에 용기를 얻은 스트라우스는 멸균하지 않은 우유를 불법화하는 광범위한 운동을 전개하기 시작했다. 그러자 우유 산업계는 물론이고, 전국의 주의회에서 그들을 대변하는 의원들이 그 운동에 격렬히 반대했다. 저온살균은 정치적 다툼으로 변질됐다. 1907년 스트라우스는 한 집회에서 영국인 의사의 주장을 인용해, 군중들에게 "살균하지 않은 생우유를 무책임하게 방치하는 것은 국가의 범죄와 다를 바가 없습니다"라고 말했다.[11] 스트라우스의 주장은 당시 대통령이던 시어도어 루스벨트(Theodore Roosevelt, 1858~1919)의 주목을 끌었다. 루스벨트는 저온살균이 건강에 어떻게 좋은가를 신속히 조사하라는 지시를 내렸다. 20명의 정부 전문가는 '저온살균은 많은 질병을 예방하고, 많은 목숨을 구할 수 있다'며, 스트라우스의 손을 높이 들어주는 결론을 내렸다. 1909년 시카고는 미국 대도시 중에는 처음으로 저온살균을 법적으로 강제했다. 시카고시 보건국장은 "박애주의자 네이선 스트라우스"가 증명한 결과를 특별히 언급하며, 멸균우유를 옹호하는 의견을 제시했다. 뉴욕은 1914년에야 시카고의 뒤를 따랐다. 1920년대 초, 즉 스트라우스가 로어이스트사이드에 처음 우유 보급소를 개설하고 30년이 지난 뒤에야 살균되지 않는 우유는 미국의 거의 모든 대도시에서 불법화됐다.[12]

▲　▲　▲

저온살균이 기대수명에 미친 영향을 정확히 측정하기 어려운 이유는, 같은 시기에 등장한 다른 핵심적 돌파구의 영향과 뒤섞였기 때문이다. 그 역시 화학을 이용해 일상적으로 마시는 액체의 위협을 크게 줄인 돌파구였다. 20세기에 들어 처음 수십 년 동안, 세계 전역의 도시에 흩어져 살던 시민들은 수돗물에 섞인 미량의 염소를 섭취하기 시작했다. 염소는 양이 많아지면 독약이 되지만 극소량은 인간에 무해한 데다, 콜레라 같은 질병을 일으키는 박테리아에는 치명적이다. 현미경 검사법과 렌즈 제작술이 발달한 덕분에 우유에 함유된 박테리아 양을 계산할 수 있게 되자, 과학자들은 그 기술의 적용 범위를 넓혀 시민에게 공급하는 수돗물에 숨은 미생물의 존재를 파악하는 동시에 그 양을 측정했다. 따라서 19세기 말에는 다양한 화학물질의 효과를 실험함으로써, 염소가 다른 모든 화학물질보다 효과적으로 그 위험한 미생물들을 죽일 수 있다는 걸 알아냈다. 존 릴(John Leal, 1858~1914)이라는 선구적인 의사가 실험을 거듭하던 과정에서 저지시티의 공영 급수장에 염소를 몰래 첨가했다. 대담하기 이를 데 없는 이 행동 때문에 릴은 큰 곤경에 빠졌고, 교도소에 갈 뻔했다. 과학자가 아닌 사람들이 보기에, 5만 명의 시민에게 식수를 공급하는 급수장에 유독한 화학물질을 집어넣는다는 것은 미친 짓이나 다를 바가 없었다. 그러나 릴의 대담한 행동은 결국 엄청난 규모의 인명을 구하는 수단의 단초가 됐다.[13]

1900년부터 1930년까지 미국의 유아 사망률은 62퍼센트나 떨어졌다. 중대한 사건에 대한 측정의 역사에서 가장 극적인 하락으로 손꼽힐 만한 변화였다. 19세기에는 거의 모든 기간 동안 뉴욕시에서 태어난 아기 100명 중 60명만이 성년까지 살아남았지만, 오늘날에는 99명이 성년을 맞는다. 하지만 뉴욕시에서는 지금도 지역에 따라 유아 사망률이 천차만별이다. 예컨대 브루클린에서 지하철 2호선을 타고 몇 정거장만 가면, 유아 사망률이 출발 지역보다 두 배나 높은 지역에 도착한다. 그러나 1900년 이전의 사회에 비교하면, 이런 저소득 지역의 유아 사망률도 믿기 어려울 정도로 낮다. 그 변화는 너무도 확연해서 더 많은 소수점 이하 자리가 필요할 정도다. 낸시 하월의 추정에 따르면, !쿵족의 유아 사망률은 약 20퍼센트였다. 프랭크 레슬리와 네이선 스트라우스가 살균의 필요성을 홍보하기 전, 즉 영화 〈갱스 오브 뉴욕〉의 시대에 맨해튼의 신생아들도 비슷한 사망률을 이겨내야 했다. 한편 오늘날 뉴욕에서 유아 사망률은 최악의 지역에서도 0.6퍼센트에 불과하고, 도시 전체의 평균은 0.4퍼센트다.[14]

유아 사망률을 낮추는 데 화학의 위대한 두 승리, 즉 저온살균과 염소 소독(chlorination)은 어느 정도 기여했을까? 2000년대 초, 하버드대학교의 두 교수, 데이비드 커틀러(David Cutler)와 그랜트 밀러(Grant Miller)는 염소가 사망률에 미치는 영향을 분석하는 독창적인 기법을 생각해냈다. 염소를 이용한 여과 기법은 전격적으로 도입된 데다 도시마다 도입 시기가 달랐기 때문에 염소 소독 전후의 사망률 비교는 연구자에게 일종의 자연 실험으로 비춰졌다. 커틀러와 밀러는 여러 도시를 비교 분석함으로써 염소 소독 같은 여과 기법이 사망률을 극적으로 개선하는 데 큰 몫을 해냈다는 걸 알아냈다.[15] 그들의 연구는 공중위생을 연구하는 학자들에게 고전이 됐지만, 최근에 그들의 연구 결과를 재확인하려는 시도에서 보듯이 염소 소독이 전체적인 사망률에 미친 영향은 생각만큼 대단하지는 않았던 것으로 보인다. 저온살균도 염소 소독만큼이나 중요한 역할을 했기 때문일 것이다.

그들이 사용한 데이터를 어떻게 분석하더라도, 정부 감독하의 염소 소독 및 그 소독법을 옹호한 선각자들 덕분에 수백만 명의 아이들이 성년에 이를 수 있었던 것은 분명하다. 사람들에게 20세기 초의 위대한 혁신을 나열해보라고 요구하면, 그들의 대답에서 비행기와 자동차, 라디오와 텔레비전은 빠지지 않는다. 반면에 저온살균된 우유나 염소로 소독한 식수를 언급하는 사람은 거의 없다. 그러나 두 조치로 인해 피할 수 있었던 고통들, 예컨대 당연히 어른이 돼 자신의 자식을 둬야 했던 아기들과 자식을 먼저 하늘나라에 보내야 했던 부모들의 아픔을 생각해보라.

이런 극적인 변화를 이뤄낸 요인들은 무엇이었을까? 짐작할 만한 주역이 있기는 하다. 예컨대 코흐와 파스퇴르 같은 뛰어난 과학자들과 현미경의 혁신적 발전이다. 그러나 운동가들의 역할도 빼놓을 수 없다. 찌꺼기 우유를 고발하고 저온살균한 우유의 안전성을 알리기 위한 투쟁은 언론의 몫이었지만, 계몽주의 과학의 승리이기도 했다. 우유를 안심하고 마시게 하려면, 과학적 방법을 사용해 오염 물질을 박멸하는 기법을 고안해낼 화학자가 필요했다. 한 편 자발적으로 그런 문제를 시끄럽게 떠들며 널리 알리는 사람들도 필요했다.

1908년 살균하지 않은 우유를 금지하는 첫 법안을 두고 치열한 논쟁이 한창일 때 네이선 스트라우스는 하이델베르크대학교에 초청받아 강연할 기회가 있었다. 그의 가족이 50년 전에 떠났던 모국에 금의환향한 셈이었다. 그 강연에서 네이선은 자신이 저온살균에 관심을 갖게 된 이유에 대해 말하며, 자식을 잃은 부모가 받는 정신적 충격을 간략히 언급했다(스트라우스도 두 자녀를 먼저 하늘나라에 보냈다). 그는 강연장에 모인 군중에게 "내가 이 사업에 적극적으로 참여하게 된 개인적이고 사사로운 이유까지 여기에서 자세히 언급하고 싶지는 않습니다. 내가 겪은 슬픈 경험 때문에 다른 아기의 목숨을 구하는 데 일조하겠다고 결심하게 됐다고만 말해두겠습니다"라고 말하고는 저온살균의 법제화를 위한 투쟁에 이용한 방법으로 논제를 돌렸다. "나는 세상을 실질적으로 계몽하는 가장 확실하고 가장 신속한 방법을 항상 고민해왔습니다. 그 목적을 이루기 위해 나는 언론의 도움을 구했습니다. 언론의 준비된 협조 덕분에 내 노력과 그 결과가 알려지고 방송됐습니다. 결국 홍보가 있어야만 저온살균된 우유의 이점이 모든 곳에서 구현될 수 있습니다."[16]

＊＊＊

서구에서는 유아 사망률이 하락했지만, 그 영향이 개발도상국까지 전해지는 데에는 반세기 이상이 걸렸다. 개발도상국에서 마침내 유아 사망률이 하락하기 시작하자, 그들은 잃어버린 시간을 신속히 만회했다. 예컨대 인도에서는 1970년 이후로 지금까지 유아 사망률이 14퍼센트에서 3퍼센트로 떨어졌다. 이런 하락에 저온살균과 염소 소독 같은 기법이 큰 역할을 한 것은 사실이다. 하지만 수인성 질병, 특히 콜레라의 위험을 크게 줄인 다른 획기적인 혁신에 비교하면 그 기법들의 효과는 미미할 수 있다. 공교롭게도 그 획기적인 혁신도 화학적으로 처리된 액체와 창의적인 홍보가 적절히 결합된 전략에 큰 영향을 받았다.

콜레라에 걸린 사람은 급성 탈수증과 전해질 불균형으로 인해 사망한다. 불행히도 콜레라균에 감염된 사람은 심한 설사에 시달리기 때문이다. 일부 극단적인 사례에 따르면, 콜레라 환자는 체액이 빠져나가 몇 시간만에 몸무게를 30퍼센트까지 상실하기도 하는 것으로 알려졌다. 1830년대 초, 의사들은 콜레라가 진행되는 동안에도 정맥에 수액을 주사해서 치료하면 환자를 살릴 수 있다는 걸 알아냈다. 따라서 1920년쯤에는 정맥주사로 콜레라 환자를 치료하는 게 병원에서 표준 관행이 됐다. 그즈음 콜레라는 종합병원이나 개인 병원 및 전문 의료인이 부족한 개발도상국에서도 크게 줄어든 질병이었다. 그럼에도 콜레라가 방글라데시나 라오스에서 수십만 명씩 발병하면, 환자에게 정맥주사를 놓는 설비를 갖춰 수액을 투여하는 방법은 실행하기 어려웠다. 하루가 다르게 성장하지만 현대식 위생 시설도 없고 정맥주사를 놓을 만한 시설도 거의 없던 도시에 비좁게 모여 살던 수백만 명이 20세기 초반 60년 동안에 콜레라로 사망했고, 대부분의 사망자는 안타깝게도 어린아이들이었다.

이 엄청난 수의 죽음은 그 자체로 전 지구적 비극이었지만, 심한 탈수증을 해결하는 상대적으로 쉬운 처치법이 존재했기 때문에 더더욱 비극적이었다. 더구나 병원 밖에서 비의료인도 쉽게 행할 수 있는 처치법이었다. 오늘날 '경구 수액 요법(oral rehydration therapy, ORT)'으로 알려진 처치법으로, 기가 막힐 정도로 간단하다. 설탕과 소금을 더한 물을 많이 마시게 하는 방법이다. 1953년 초, 헤멘드라 나스 차터지(Hemendra Nath Chatterjee)라는 인도 의사가 콜카타에 어떤 전염병이 발병했을 때 즉흥적으로 이 요법을 고안해서 환자들에게 처방한 게 시발점이다. 복잡하고 값비싼 정맥주사 시설은 필요하지 않았다. 수액을 확실히 소독하는 방법만 알면 그것으로 충분했다. 물을 끓인 후에 환자에게 제공하면 그만이었다. 차터지는 즉흥적으로 고안해낸 이 처치법의 결과가 무척 좋았기에, 그 결과를 〈랜싯〉에 발표했다.[17] 그 방법으로 처치받은 186명 환자 모두가 생존했다는 보고였다. 그 이후로 10년 동안 필리핀과 이라크에서 유사한 처치법들이 개발됐다. 두 곳에서도 차타지처럼 의사들이 현대식 병원의 첨단 시설을 이용할 수 없는 현장에서 환자들을 신속히 처지하게 위해 생각해낸 방법들이었다. 하지만 여러 형태로 개발된 ORT는 정식 병원에서 한결같이 무시됐다. 한 세기 전에 독기설 주장자들이 존 스노의 이단적 질병 수인설을 무시했던 것과 다를 바가 없었다.

1971년 방글라데시 해방전쟁(Bangladesh Liberation War, 독립전쟁이라고도 함-옮긴이)이 발발하며, 피난민이 봇물처럼 인도로 밀려들었다. 특히 전쟁 후에 인도와 방글라데시의 국경이 된 경계 너머에 위치한 방가온과 콜카타 같은 도시들에 집중됐다(독립전쟁이 끝난 뒤에야 방글라데시는 정식 국가로 인정받았다). 오래지 않아, 방가온 외곽에 설치된 난민 수용소에 콜레라가 발병했다. 존스홉킨스에서 교육을 받은 의사이자 콜레라 연구자 딜립 마할라나비스(Dilip Mahalanabis)는 콜카타 병원 실험실에서 진행하던 연구 프로그램을 중단하고, 콜레라가 발병한 최전선으로 지체 없이 달려갔다. 훗날 마할라나비스는 당시의 위기 상황을 회상하며 이렇게 말했다. "그 엄청난 수의 난민에 대해 정부는 아무런 준비가 돼 있지 않았다. 많은 난민이 콜레라로 죽었고, 무시무시한 이야기들이 나돌았다. 현장에 도착했을 때 나는 너무 놀라 입을 다물 수 없었다."[18] 가장 충격적인 장면은 방가온의 한 병원에서 맞닥뜨린 모습이었다. 두 병실에 콜레라로 극심한 고통에 시달리는 환자들이 빈틈없이 바싹 붙어 바닥에 누워 있었고, 바닥은 물똥과 구토물로 온통 뒤덮여 있었다.

마할라나비스가 기존의 정맥주사법을 사용할 수 없다는 걸 깨닫는 데는 오랜 시간이 걸리지 않았다. 더구나 그의 팀원 중 두 명만이 정맥으로 수액을 주사하는 방법을 배워 알고 있었다. 훗날 마할라나비스는 당시를 회상하며 이렇게 말했다. "정맥주사법으로 그 환자들에게 염분을 주입하라는 건, 그야말로 그들의 물똥과 구토물에 무릎을 꿇고 앉아야 한다는 뜻이었다. 그곳에 도착하고 48시간이 지나지 않아, 나는 우리가 전쟁에서 지고 있다는 걸 깨달았다."[19]

마할라나비스는 원칙에 연연하지 않기로 마음먹었다. 그의 팀은 표준적인 관행을 무시하고, 즉흥적인 ORT에 눈을 돌렸다. 마할라나비스는 환자들에게 ORT를 직접 시행했고, 방가온 병원의 바닥에 널브러진 환자들도 그 혜택을 누렸다. 마할라나비스의 감독하에 난민촌에서도 3,000명 이상이 ORT로 수분을 섭취했다. 그 전략은 놀라운 성공을 거뒀다. 사망률이 30퍼센트에서 3퍼센트로 큰 폭으로 떨어졌다. 지극히 간단한 처치법을 사용해 거둔 성과였다.

그 성공에 고무된 마할라나비스 팀은 '낚시하는 법 가르치기 전략'을 택했다. 현장 요원들은 비전문가도 그 요법을 쉽게 시행할 수 있다는 걸 사람들에게 알려주고 다녔다. 훗날 마할라나비스는 그때를 회상하며, "우리는 소금과 포도당을 혼합하는 방법을 설명한 소책자를 제작해, 국경을 따라 난민들에게 배포했다. 소책자에 담긴 정보는 방글라데시 비밀 라디오 방송을 통해 알려지기도 했다"라고 말했다.[20] 끓인 물에 소금과 포도당을 더해 자식이나 사촌, 또 이웃에게 억지로라도 마시게 하는 것으로 충분했다. 비전문가라고 못할 것이 없었다.

1980년, 즉 방글라데시 해방전쟁이 끝나고 거의 10년이 지났을 때 '방글라데시농촌발전위원회(Bangladesh Rural Advancement Committee, BRAC)'라는 비영리단체가 당시 신생 국가이던 방글라데시 전역의 작은 마을에 ORT를 전파할 계획을 수립했다. 14명의 여성, 한 명의 요리사와 한 명의 남성 감독관으로 구성된 팀이 마을에서 마을로 돌아다니며, 물과 설탕과 소금만을 사용해 경구용 식염수 만드는 법을 가르쳤다. 이 시범 프로그램의 결과는 고무적이었다. 따라서 방글라데시 정부는 이 프로그램을 전국적으로 확대하며 수천 명의 현장 요원을 고용했다. 의사이며 작가인 아툴 가완디(Atul Gawande)는 이 프로그램을 이렇게 평가했다. "마을 사람들을 구슬려 그 해결책을 직접 실시하고 자신들의 언어로 설명하게 했다. 관리자는 그들을 관찰하며 지도하는 수준에 그쳤다. 그런데 이 방법은 공익광고나 교육용 비디오보다 효과가 훨씬 컸다. 시간이 지난 후에는 텔레비전과 라디오를 이용해 변화를 계속 유지할 수 있었다. 그 결과로 수요가 증가하자, ORT에 이용할 식염수 시장도 덩달아 커졌다."[21] 콜레라를 비롯해 장 질환으로 인한 사망이 급격히 줄었다. 한 조사에 따르면, 현재 방글라데시에서 심한 설사로 고생하는 아이의 90퍼센트가 ORT를 처치받고 있다.

방글라데시에서의 승리는 세계 전역에서 재현됐다. ORT는 현재 유니세프(United Nations Children's Fund, UNICEF)가 남반부에서 아동의 생명을 지키기 위해 시행하는 프로그램에서 빠지지 않고, WHO의 필수 의약품 목록에도 올라가 있다. 〈랜싯〉은 ORT를 "어쩌면 20세기 의학의 발전사에서 가장 중요한 성과"라고 규정하기도 했다. 19세기에 콜레라로 사망한 사람이 5,000만 명 정도로 추정되는데, 20세기에 들어 첫 수십 년 동안에 세계적으로 인구는 전체적으로 열 배가 늘었지만 콜레라로 인한 사망자는 5만 명을 넘지 않았다. 이런 비약적 발전에는 19세기의 데이터 추적자들, 하수관 정비자들, 식수를 염소로 염소 소독한 존 릴이 큰 역할을 했으며, 특히 최종적인 단계에서는 ORT도 중대한 역할을 해냈다.

ORT가 의학계에서 주류로 인정받는 데 그처럼 오랜 시간이 걸린 이유가 무엇일까? '어떻게 인도나 이라크 같은 국가의 현장에서 일하던 의사들이 중요한 처치법을 착안해낼 수 있느냐?'라는 일종의 제도적 편견도 ORT가 널리 사용되는 데 걸림돌이 됐다. 의학사학자 조슈아 날리보 룩신(Joshua Nalibow Ruxin)은 ORT의 역사를 치밀하게 추적한 연구에서 그 이유를 이렇게 설명했다. "1950년대 서구 의학계의 생리학적 기준에서 정맥주사 요법은 어떤 처치법보다 월등한 것이었다. 따라서 어떤 연구자가 차터지의 연구 보고서를 읽었더라도, 그 방법이 흥미롭지만 서구 의학이 콜레라를 치료하는 데는 그 단순해서 열등한 해결책을 능가한다고 생각했을 것이다. 정맥주사 요법이 한층 과학적으로 보였고, 관련된 설비도 있어서 의사가 환자에게 투입하는 양을 정확히 조절할 수 있었다. 반면에 ORT는 원시적인 데다 투입량을 통제하기 힘든 것처럼 보였다."[22]

ORT가 적용된 병리적 현상이 1960년대 중반에야 과학적으로 입증된 것도 그 처치법이 뒤늦게 인정받은 이유였다. 세계 전역의 실험실에 연구하던 많은 학자들이 그때서야 콜레라 박테리아가 체액을 다량으로 빼앗는 특정한 메커니즘을 최종적으로 밝혀냈기 때문이다. 이때 과학자들은 포도당이 소장에서 유체의 흡수를 촉진할 수 있다는 것도 알아냈다. 어떤 처치법의 이점을 보여주는 증거가 수십 년 동안 경험적으로 축적돼 쉽게 확인되더라도, 그 처치법에 근본적인 메커니즘이 과학적 연구를 통해 입증될 때 그 방법을 홍보하기가 더 쉬워지기 때문이다.

저온살균법 이야기와 ORT의 지독히 느릿한 채택 사이에는 흥미로운 유사점이 있다. 두 혁신의 티핑포인트가 의학적 위기 상황, 즉 랜들스섬에 있던 고아원과 방글라데시의 난민촌에서 어린아이들이 죽어가는 상황에서 나타났다는 것이다. 또 두 혁신은 스트라우스의 우유 보급소, 마할라나비스의 소책자처럼 창의적인 전략에 힘입어 그 효과를 널리 알릴 수 있었다. 하지만 개념이 처음 제시되고 너무 오랜 시간이 지난 후에야 본격적으로 시행됐다. 우유 저온살균과 ORT 기법은 의학적으로 한 세대 먼저 주류적 관행이 될 수도 있었다. 두 경우 모두에서, 긴밀한 협력으로 수많은 생명, 특히 어린아이의 생명을 구해냈다는 사실은 칭찬받아 마땅하고 경이롭기까지 하다. 그러나 이쯤에서 우리는 어려운 질문을 제기해야 한다. 왜 그 기법들이 인정받는 데 그처럼 오랜 시간이 걸렸을까? 오늘날에는 그와 유사한 사각지대가 없다고 장담할 수 있을까?

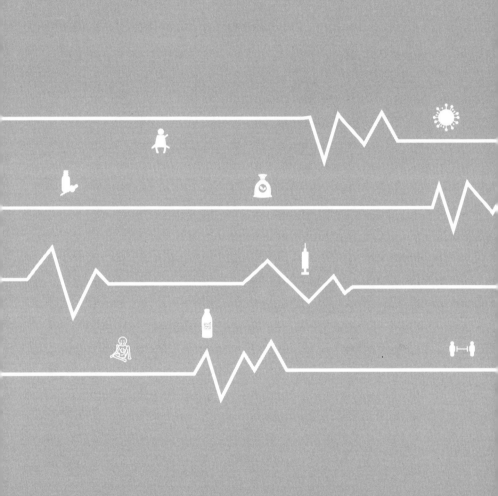

의약품
약물 규제와 검사

왜 어떤 혁신은 표준이 되는 데 상대적으로 오랜 시간이 걸릴까? 사회적이고 지적인 진보에 대한 이야기는 단계가 명확히 구분된 사다리에 비유되는 경우가 많은데, 여기에는 여러 합당한 이유가 있다. 변화를 유도하는 아이디어가 제시될 때마다 그 아이디어를 발판으로 삼아 다음 단계의 아이디어가 탄생하기 때문이다. 어떤 아이디어가 한두 단계를 뛰어넘는 경우는 무척 드물고, 선형적 발전(linear progress)이라는 법칙을 벗어난 예외로 여겨진다. 찰스 배비지(Charles Babbage, 1791~1871)가 1830년대 발명한 '프로그래밍이 가능한 컴퓨터'가 대표적인 예다. 우리는 이런 유형의 아이디어를 '시대를 앞선 것'이라고 칭하는 반면, 느림보에 대한 연구는 등한시 하는 편이다. 역사적 기록을 보면 불가사의한 시간적 격차로 인해, 어떤 시점에 분명히 상상해낼 수 있었을 법한 좋은 아이디어가 어 떤 이유로든 실질적으로 존재하지 않은 경우가 많다. 그런 아이디 어는 시대에 '뒤처진' 것이 된다. 예컨대 유전자 염기서열 분석(gene sequencing)이 19세기 말에 발명되지 않은 이유에 대해서는 의문 을 품을 필요가 없다. 당시에는 유전자를 해독할 만한 도구가 없었 을 뿐만 아니라, 유전자 지도의 해독이라는 개념 자체가 없었기 때 문이다. 그러나 ORT가 처음 시행되고 50년이 지난 후에야 주류적 관행이 된 이유에 대해서는 의문을 가져야 마땅하다. ORT는 그 시 기의 과학으로도 충분히 이해되는 아이디어였기 때문이다. 그러나 어떤 까닭인지 ORT는 이른 시기에 대중화되지 못했다.

과학기술의 역사를 보면, 이상하게도 이런 느림보가 상당히 많 다. 예컨대 타자기는 1860년대, 즉 구텐베르크(Johannes Gutenberg) 가 인쇄기를 발명하고 500년이 지난 뒤에야 발명됐다. 자전거는 같은 시기에 상업적으로 판매되기 시작했지만, 그로부터 수십 년 이 지나지 않아 자동차가 발명됐다. 바퀴는 지극히 단순하고, 유용 성에서 더할 나위 없는 것이지만, 많은 선진 문명이 바퀴를 발명하 지 않았다. 이런 발명들은 실제보다 훨씬 앞서 존재할 수도 있었다. 사다리에서 우리가 밟고 지나가야 하는 발판에 해당하는 개념적이고 기계적인 중간 단계가 없었던 것도 아니다. 하지만 어떤 까닭인지 우리는 수세기가 지난 뒤에야 그 발판을 밟았다.

거시적 차원에서도 더 일찍 시작됐어야 마땅하지만, 이상하게도 상당한 시간이 지난 뒤에 뒤늦게 나타난 것이 적지 않다. 토머스 매큐언의 연구에서 밝혀졌듯이, 이런 느림보 중 하나가 의약이라는 학문 자체다.

가령 당신이 1900년의 약사이고, 통풍이나 소화불량 등 가벼운 질환을 완화하는 데 효과가 있는 약물을 선반에 갖춰야 했다면, 십중팔구 파크데이비스앤컴퍼니(Parke, Davis & Company)에서 발행한 두툼한 카탈로그를 참조했을 것이다. 현재 화이자의 자회사인 제약 회사 파크데이비스(Parke-Davis)의 모태인 그 회사는 당시 미국에서 가장 성공하고 존중받는 제약 회사 중 하나였다. 당신이 그 카탈로그에서 봤을 '다미아나 에 포스포루스 쿰 눅스(Damiana et Phosphorus cum Nux)'는 '성적인 활력을 되살릴 목적'에서, 환각을 일으키는 풀과 중추신경 흥분제를 혼합해 제조한 물질이었다. '듀필드의 식물 농축액'이라는 이름을 지닌 또 하나의 묘약에는 벨라도나(자주색 꽃이 피고 까만 열매가 열리는 독초 – 옮긴이), 비소, 수은이 함유돼 있었다. 코카인은 가루와 담배 형태만이 아니라 주사액 형태로도 팔렸다. 그 카탈로그는 "코카인을 흡입하면 음식을 먹은 것처럼 허기가 사라지고, 겁쟁이가 대담해지며, 조용한 사람이 웅변가로 변하고, …… 통증을 사라지게 해준다"라고 주장하기도 한다. 의학

1907년 파크데이비스앤컴퍼니의 카탈로그에서 추천한 약물들

사학자 윌리엄 로즌의 표현을 빌리면, "파크데이비스의 약물 카탈로그에는 다이너마이트만큼 위험하지만 어디에도 도움이 되지 않는 화합물이 거의 모든 페이지에 실려 있었다."[1]

이것이 20세기 초, 의약의 안타까운 상태를 여실히 보여주는 증거였다. 그즈음 전기를 다스려 맨해튼의 거리를 밝히는 데 사용하게 됐고, 인간이 비행의 미스터리를 깨트리기 직전이었으며, 무선 신호가 창공을 뚫고 전달되고 있었다. 그러나 의약 분야에서는 당시 세계에서 가장 앞선 제약 회사가 여전히 수은과 비소에 기반한 가짜 치료약을 팔고 있었다.

하수관 설비와 정수 시설 같은 공적 기관의 조치와 달리, 건강에 대한 '개인적인' 관심은 1950년까지는 기대수명에 유의미한 영향을 미치지 못했던 듯하다. 백신이 19세기에 많은 생명을 구한 것은 사실이지만, 다른 분야에서 의약은 미친 조지 왕이 받은 수은 중독 수준의 처치를 거의 넘어서지 못했다. 이 모든 사항을 종합할 때 생명 연장과 생명 단축에서 의료업은 간신히 본전치기였다. 역사학자 존 배리가 지적하듯이, "1889년판《머크 의학 정보 편람(Merck Manual of Medical Information)》에서는 기관지염에 대해 100가지 치료법을 추천했고, 각 방법마다 열렬한 신봉자가 있었다. 하지만 요즘의 편찬자들은 그 방법 중 어떤 것도 효과가 없었다는 걸 인정한다. 예컨대 이 편람은 뱃멀미에 샴페인, 중추신경 흥분제인 스트리크닌, 니트로글리세린을 추천했다." 한편 의사이자 수필가 올리버 웬들 홈스(Oliver Wendell Holmes, 1809~1894)는 "지금 사용되는 모든 약물이 바다 밑바닥에 가라앉을 수 있다면 인류에게는 더없이 좋겠지만, 물고기에게는 최악이 될 것이라고 나는 굳게 믿는다"라는 유명한 우스갯소리를 남겼다.[2] 홈스가 이 글을 쓴 때는 1860년이었지만, 이 글은 20세기 초까지 의약의 상황에 거의 고스란히 적용될 수 있었다.

물론 오늘날 우리는 스마트폰과 전기 자동차와 더불어 의약이 현대의 발전을 상징하는 하나의 기둥이라고 생각한다. 증조부모

세대에 죽음을 안겼던 많은 질병을 치료하는 데 항생제가 사용되고, 새로이 개발된 경이로운 면역요법들이 암을 치유하고 있다. 또 항(抗)레트로바이러스 약물은 에이즈의 진행을 효과적으로 차단할 수 있다. 사실 이런 특효약들은 실제로 최근에야 개발됐다. 80년 전만 해도, 즉 제2차세계대전이 시작되기 전에는 시장에서 판매되는 의약품의 압도적 다수가 그야말로 백해무익했다. 20세기 전반기에도 의약의 상황은 이상하게도 시대와 동떨어진 안타까운 모습이었다. 다른 많은 분야는 진보의 사다리를 올라가고 있을 때, 의약의 발전을 억누르던 것은 무엇이었을까?

의약의 뒤늦은 출발은 여러 관점에서 설명된다. 그러나 가짜 약 판매를 법적으로 금지하지 않은 것이 가장 중요한 요인 중 하나였던 게 분명하다. 20세기에 들어서도 처음 수십 년 동안 제약 산업 전체가 거의 규제를 받지 않은 게 사실이다. 전문적으로 말하면, 제약 산업을 감독할 목적에서 1901년 설립된 '화학청(Bureau of Chemistry)'이라는 기관이 있었다. 이 기관은 훗날 FDA가 되지만, 초기에는 환자들이 효과적인 의학적 치료를 받도록 보장해줄 힘이 전혀 없었다. 화학청의 유일한 책무는 약병에 나열된 화학 성분들이 실제로 약물 내에 존재하느냐를 점검하는 것이었다. 가령 어떤 제약 회사가 자체 개발한 특효약에 수은이나 코카인을 첨가하더라도 약병에 그 성분을 명확히 표기하는 한 화학청은 수은이나 코카인의 첨가를 반대하지 않았다.

의약의 이런 터무니없는 상황은 국가적인 비극을 겪은 뒤에야 바뀌었다. 1930년대 초, 독일 제약 회사 바이엘(Bayer AG)이 '설파닐아마이드(sulfanilamide)' 또는 '설파제'라고 칭해지는 새로운 종류의 약을 개발했다. 효능은 떨어졌지만 요즘 항생제의 선구라고 할 수 있었다. 그로부터 수년이 지나지 않아, 시장에는 모방 약들이 넘쳐흘렀다. 안타깝게도 설파닐아마이드는 알코올이나 물에 용해되지 않았기에 알약 형태로 제조됐고, 그 때문에 어린아이들이 삼키기가 쉽지 않았다. 당시 27세이던 테네시 출신의 새뮤얼 에번스 매센길(Samuel Evans Massengill)은 틈새 시장을 간파하고, 재학 중이던 의과 대학은 그만두고 제약 회사를 창업했다. 그러고는 삼키기 편한 설파제를 제조해 판매했다. 1937년 갓 창업된 에스이매센길컴퍼니(S. E. Massengill Company)의 수석 화학자 해럴드 왓킨스(Harold Watkins)는 설파제를 디에틸렌글리콜(diethylene glycol, 무색의 끈끈하고 단맛을 가진 액체 – 옮긴이)에 녹이고 라즈베리 향을 더하면 어린아이들의 입에 맞는 약물을 만들 수 있겠다는 생각을 떠올렸다. 매센길컴퍼니는 그 혼합 약물을 '일릭서 설파닐아마이드(Elixir Sulfanilamide)'라는 이름으로 서둘러 출시했고, 패혈성 인두염을 앓는 아이들에게 안성맞춤이라고 광고하며, 미국 전역의 약국에 240갤런을 보냈다.[3]

설파제는 그 자체로 박테리아를 억제하는 유의미한 효과를 지녔고, 라즈베리 향에는 달콤한 맛이 있는 게 사실이지만, 디에틸렌글리콜은 인간에게 독성을 띤다. 따라서 일릭서 설파닐아마이드가 시장에 출시되고 서너 주가 지나지 않아, 오클라호마 털사에서 여섯 명이 사망했고, 모든 사인이 '일릭서'와 관련된 급성 신부전(kidney failure)이라는 보도가 있었다. 곧이어 전국적 규모의 신속한 조사가 실시됐다. FDA에서 파견된 직원들이 약국 판매 기록을 자세히 추적하며, 일릭서를 구매한 사람들과 의사들에게 즉시 그 약을 폐기하라고 알렸다. 그러나 당시 FDA에는 일릭서가 어떤 이유에서 치명적인지를 알아낼 정도로 약리학적 전문 지식을 갖춘 전문가가 많지 않았다. 그래서 FDA는 그 추적 작업을 외부인, 남아프리카공화국 출신 화학자로 당시 시카고대학교에서 가르치던 유진 게일링(Eugene Geiling)에게 위탁했다. 게일링은 대학원생들로 구성된 연구팀에게 실험실에서 키우던 동물들—개, 생쥐, 토끼—를 상대로 일릭서의 모든 성분을 시험하게 했다. 게일링이 범인이 디에틸렌글리콜, 즉 화학적으로 부동액의 가까운 친척이라는 걸 알아내는 데는 오랜 시간이 걸리지 않았다.

현장 연구와 실험실 분석이 긴밀하게 협력해 거둔 성과였지만 미국의 많은 가정에게는 뒤늦은 조치였다. FDA가 마지막 병을 회수했을 때쯤에는 71명의 성인과 34명의 어린이가 일릭서를 복용하고 사망한 뒤였다. 심각한 신부전으로 병원에 입원해, 가까스로 죽음을 모면한 사람은 훨씬 더 많았다.

놀랍겠지만, 그 시기에는 미국 연방 정부에 전국의 보건 상황을 직접 감독하는 각료급 부서가 없었다. 미국에서 보건사회복지부

(Department of Health and Human Services)가 생긴 것은 1953년이었다. 따라서 그 치명적인 약물 위기의 관리는 당시 농무부 장관이던 헨리 월리스(Henry Wallace, 1888~1965)에게 맡겨졌다. 월리스는 의회에 출석해, 그 치명적인 일릭서가 환자의 손에게 들어가게 된 과정을 보고했고, FDA의 감독 방식에 대해서도 설명했다. 월리스 장관은 의회에서 "일릭서가 시장에 출시되기 전에 맛에 대한 검사는 있었지만, 그 맛이 인체에 미치는 영향에 대해서는 검사가 없었습니다"라며 "FDA의 기존 규정에 따르면, 신약은 시장에 출시되기 전에 검사를 받을 필요가 없기 때문입니다"라고 덧붙였다.[4] 따라서 FDA의 검사관들은 일릭서 설파닐아마이드가 광고처럼 라즈베리 맛을 낸다는 걸 확인하는 데 그쳤을 뿐, 그 맛이 신부전의 원인이 되느냐에 대해서는 번거롭게 조사하지 않았다.

▲ ▲ ▲

일릭서 설파닐아마이드 사건 같은 비극이 일어나면, 필연적으로 악당과 희생양을 찾아나서기 마련이다. 달리 말하면, 무고한 아이들을 죽음으로 몰아간 악당을 찾아내야 했다. 물론 그 비극을 일으킨 범인으로 해럴드 왓킨스와 매센길컴퍼니가 지목됐다. 매센길컴퍼니는 왓킨스의 책임을 공식적으로 부인했지만, 아무것도 모르는 소비자에게 독극물을 판매했다는 이유로 2만 4,600달러의 벌금을 부과받았다. 매센길컴퍼니는 "우리는 모든 약물을 요구에 따라 합법적으로 공급했고, 그런 뜻밖의 결과를 전혀 예측할 수 없었다. 우리 쪽에 어떤 책임이 있다고는 생각하지 않는다"라고 주장했다.[5] 그러나 화학자 해럴드 왓킨스는 그 비극에 대한 자신의 책임을 쉽게 떨쳐내지 못했다. 결국 그는 FDA의 조사가 완료되기 전에 자살로 삶을 마감했다.

하지만 일럭서 설파닐아마이드 사건을 일부 못된 사람들의 악행으로 축소하는 것은 지나치게 단순한 시각이다. 105명의 죽음은 시장과 규제의 실패에서 비롯된 결과이기도 했다. 문제는 한 불량한 화학자와 무모한 기업가에게만 있는 게 아니었다. 의약품이 제조되고 판매되는 시스템도 문제였다. FDA의 제한된 감독권을 고려하면, 제약 회사들은 실제로 효과가 있는 약물을 힘들게 만들어야 할 법적인 이유가 없었다. 성분 목록을 정확히 작성하는 한, 제약 회사는 어떤 묘약이든 자유롭게 판매할 수 있었다. 그 성분 중 하나가 기존에 알려진 독극물이어서 105명을 죽이더라도 벌칙은 손목을 살짝 때리는 정도의 금전적 벌금에 불과했다.

물론 시장이 제약 회사에게 효과적인 약을 만들도록 적절한 자극을 가할 거라고 생각하는 사람도 있을 것이다. 치료 효과가 있을 거라고 약속한 대로 어떤 질병을 실제로 낫게 한 약들은, 쓰레기 과학을 근거로 내세운 약보다 더 많이 팔렸다. 그러나 의약품을 좌우하는 시장 메커니즘이 복잡한 이유는 대부분의 다른 소비재에는 적용되지 않는 두 요인 때문이다. 하나는 플라세보효과(placebo effect)다. 일반적으로 우리는 복용하라고 주어진 약이 가짜 약에 불과하더라도, 그 약의 효험이 대단하다는 말을 들으면 건강이 실제로 좋아졌다고 생각하는 경향을 띤다. 이런 플라세보효과가 어떻게 작동하는지는 아직까지 완전히 파악되지 않았지만, 그 효과가 실재하는 것만은 분명하다. 그러나 텔레비전이나 구두에는 플라세보효과에 대응하는 것이 없다. 가령 당신이 가짜 텔레비전을 판매하는 사업을 한다면, 가짜 텔레비전을 거실에 두면 화면이 멋지게 나올 거라고 상상하는 고객이 20퍼센트까지 되지는 않을 것이다. 그러나 가짜 약을 판매하는 제약 회사는 유의미한 비율의 고객으로부터 긍정적인 응답을 얻어낼 수 있다.

의약품의 경우에 시장의 보상이 실패하는 또 다른 이유는 우리 모두에게는 면역 체계라는 형태의 내부 약국이 있기 때문이다. 대부분의 경우, 우리는 병에 걸리더라도 저절로 좋아진다. 질병의 위협이나 상처를 인지하고 싸워 물리치며 피해를 복구하려는 백혈구와 식세포(phagocyte)와 림프세포(lymphocyte)로 이뤄진 뛰어난 방어 체계 덕분이다. 따라서 소비자가 선택한 묘약이 신부전을 일으키지 않는 한 제약 회사는 그 약물을 소비자에게 계속 판매할 수 있고, 내부분의 경우에 긍정적 효과를 봤다는 반응까지 얻었을 것이다. 환자들의 패혈성 인두염이 가라앉고 열도 내린 것은 기적의 공식으로 제조한 가짜 약을 복용한 때문이 아니라 환자 자신의 면역 체계가 조용히 보이지 않게 제 역할을 해낸 때문인데도 말이다. 하지만 환자의 관점에서 보면, 이 기적의 공식은 칭찬을 받을 자격이 충분했다.

플라세보효과와 면역 체계도 디에틸렌글리콜을 이겨내지는 못했다. 하지만 해럴드 왓킨스의 물약에서 비롯된 많은 사람의 사망은 결국 정부의 면역 반응을 끌어냈다. 헨리 월리스 장관의 증언에서, 제약계의 개혁을 이끌어내기에는 FDA가 무력하기 이를 데 없다는 점이 드러났다. 분노한 시민들이 개혁을 강력히 요구했고, 마침내 1938년 프랭클린 루스벨트 대통령이 '연방 식품, 의약품 및 화장품 법(Federal Food, Drug, and Cosmetic Act)'을 승인했다. 그리하여 FDA가 미국에서 판매되는 모든 의약품의 안전을 조사할 권한을 처음으로 갖게 됐다. 또한 규제 기관들이 라즈베리 향을 넘어, '어떤 약이 우리를 죽일 수도 있는가?'라는 한층 긴급한 문제에도 눈을 돌릴 수 있게 됐다.

▲ ▲ ▲

일릭서 설파닐아마이드 위기가 터지기 1년 전, 훗날 일릭서에 함유된 독소를 찾아낸 시카고대학교의 약리학자 유진 게일링은, 조숙한 캐나다계 대학원생 프랜시스 올덤(Frances Oldham, 1914~2015)으로부터 그의 실험실에서 일하고 싶다며 빈 자리가 있는지 문의하는 편지를 받았다. 당시 21세이던 올덤은 15세에 고등학교를 졸업하고, 맥길대학교에서 약리학 석사학위를 이미 받은 뒤였다. 그 캐나다의 영재가 보낸 편지와 이력서에 게일링은 깊은 인상을 받아 특급 항공우편으로 답장을 보냈다. "3월 1일까지 시카고에 올 수 있다면 4개월 동안 연구 조교로 일하고, 그 이후에는 장학금을 받으며 박사학위를 준비할 수 있을 겁니다. 신속히 결정하고, 그 결과를 전보로 알려주십시오."

그런데 문제가 있었다. 게일링이 편지의 수신자를 '올덤 군'이라고 쓴 것이다. 그러나 프랜시스 올덤은 여성이었다. 하기야 그때는 여성 생화학자가 실질적으로 존재하지 않던 시대였다. 훗날 올덤은 당시를 회상하며 이렇게 말했다. "게일링은 무척 보수적이고 구식이었다. 그는 여성을 진정한 과학자로 생각하지 않았다." 올덤은 게일링에게 답장을 보낼 때 약간의 혼선이 있었던 것 같다고 굳이 지적해야 할지 고민했다. "지금 생각해도 양심이 약간 찔렸다. 당시는 남자가 선호된다는 걸 알았다. 그런데 내 이름처럼 Frances를 쓴다면 여성이고, Francis의 경우엔 남성이라는 걸 굳이 말해야 했을까?" 올덤은 맥길대학원 지도교수에게 조언을 구했고, 지도교수는 그녀의 걱정을 묵살하며 말했다. "바보 같은 소리하지 마라! 그 제안을 받아들이고 이름만 서명하면 되잖아. 여자인 건 나중에 밝혀도 되고. 당장 시카고에 가라!"

그 결정은 결국 올덤에게 전환점이 됐다. 실제로 그녀는 회고록에서 이렇게 말했다. "내 이름이 엘리자베스나 메리 제인이었다면 내가 처음부터 그렇게 큰 행운을 얻을 수 있었을지 모르겠다."[6]

올덤이 배정받은 첫 과제는 일릭서 설파닐아마이드를 동물실험하는 동안 생쥐를 관찰하는 것이었다. 그때의 경험은 당시 21세였던 과학자에게 지워지지 않는 기억을 남겼다. 그런 대규모 비극은 실증적인 실험실 분석과 적절한 규제 감독이 있었다면 피할 수 있었을 것이다. 그런 약물을 만드는 행위는 그야말로 히포크라테스 선서에 대한 배신이었다.

그로부터 수십 년이 지난 뒤, 올덤은 또 하나의 중요한 이정표가 될 법안을 제정하는 데 중대한 역할을 해냈다. 이 법안도 대규모 비극에 대한 후속 조치였다. 1960년 8월, 올덤—이때는 남편의 성을 따서 프랜시스 올덤 켈시로 불렸다—은 FDA에 세 명밖에 없는 의약품 심사관 중 한 명으로 취업해, 신약 신청서를 평가하는 일을 맡았다. 일릭서 설파닐아마이드 사고가 있은 뒤 의약품 산업에 대한 FDA의 감독권이 확대됐지만, 안전한 의약품을 공급하려는 FDA의 감독을 방해하는 상당수의 제약은 여전했다. FDA는 신약 허가 신청을 받으면 60일 내에 가부를 판단해야 했다. 의약 심사관들이 그 시간 내에 결정을 내리지 못하면, 제조 회사는 그 약을 자유롭게 출시할 수 있었다. 더욱더 놀라운 사실은, 신약이 실제로 효과가 있다는 걸 입증할 만한 서류를 제출할 의무가 제조 회사에게 없었다는 것이다. 물론 FDA가 신약이 위험하지 않다고 판단하면, FDA의 승인하에 그 약을 시장에서 판매할 수 있었다. 따라서 극단적으로 말하면, 제약 회사들이 이런저런 성분을 무작위로 섞은 것을 관절염 특효약이라고 광고하며 판매할 수 있었다. 그 혼합물에 기존에 알려진 독소가 없으면, 제약 회사는 그 혼합물을 아무것도 모르는 순진한 소비자에게 대량으로 판매할 수 있었다.

거의 20년 전 연구 조교로 일할 때 그랬던 것처럼, 이상하게도 프랜시스 올덤 켈시가 FDA에서 일하기 시작하고 몇 주가 지나지 않아 의약계에 큰 위기가 닥쳤다. (의약품 사고가 터질 때마다 그녀는 사고를 조사하는 기관에 있는 듯했다.) 켈시가 FDA로 이직하기 수년 전, 한 독일계 회사가 '콘테르간(Contergan)'이라는 상표명으로 수면제로도 사용되는 항불안제를 판매하기 시작했다. 그 약은 나중에 입덧을 완화하는 데도 효과가 있다고 광고됐다. 그 약에 함유된 유효 성분으로, 탈리도마이드(thalidomide)라는 면역 억제 약제가 경이적인 치유력을 발휘하는 듯했다. 콘테르간은 거의 같은 시기에 시장에 출시된 다른 진정제처럼 수면을 유도하고 긴장을 완화해줬지만, 검사 결과에 따르면 다른 진정제들과 달리 콘테르간은 과다 복용이 원천적으로 불가능했다. 그 때문인지 1960년쯤에는 40개가 넘는 국가에서 사용 허가를 받았다.

그즈음 탈리도마이드 미국에서는 '케바돈'이라는 상표명으로 등록—를 생산하고 판매하려는 신청서가 프랜시스 올덤 켈시의 책상에 올라왔다.

탈리도마이드는 유럽 전역에서 사용 승인을 받았기 때문에 그

약의 미국 판매권을 얻은 미국 회사, 리처드슨머렐(Richardson-Merrell)은 다소 형식적인 신약 신청서를 제출했다. 의약품 심사관이던 켈시의 책무는 회사가 약의 안전성을 입증하려고 제출한 임상 시험 및 그 밖의 증빙 자료를 검토하고 심리하는 것이었다. 케바돈의 경우, 리처드슨머렐은 실증적 연구 결과가 아니라, 의사들의 증언을 제출했을 뿐이었다. 당연히 FDA의 심사관이자 약리학자이던 켈시는 케바돈이 체내에 흡수되는 방법에 대해 의문을 제기했다. 신약 신청서에 그와 관련된 언급이 전혀 없었기 때문이다. 켈시는 신청서가 불성실하다고 판단해, 최종 결정을 수개월 뒤로 미뤘다.

이런 판결을 내린 직후, 켈시는 탈리도마이드와 관련된 신경염 사례들을 정리한 논문을 〈영국의학저널(British Medical Journal)〉에서 우연히 읽게 됐다. 신경염은 일종의 신경 손상으로 회복되지 않는 질환이었다. 리처드슨머렐의 대리인은 그런 논문에 대해 금시초문이라고 주장했지만, 사실 확인을 위해 유럽을 다녀온 뒤, 켈시에게 "부작용은 특별히 심각한 게 아니며, 부적절한 식습관에서 비롯된 것일 수 있다"라고 말했다. 곧이어 리처드슨머렐은 새로운 전략을 채택했다. 바르비투르산(酸)계 수면제들은 과다 복용할 염려가 있지만 승인됐다는 점을 강조하며, "마릴린 먼로가 탈리도마이드를 복용했다면 지금까지 살아 있을 것"이라고도 주장했다.[7] 그러나 켈시는 흔들리지 않았다. 탈리도마이드와 신경 손상의 관련성을 다룬 연구를 보고, 많은 여성이 입덧을 완화하려고 그 약을 복용할 때 그 약이 태아에 미칠 영향을 염려하지 않을 수 없었다.

안타깝게도 그런 불길한 예감이 맞았다. 켈시는 몰랐지만, 독일 산부인과 의사들이 팔다리가 심하게 기형인 신생아가 태어나는 빈도가 급작스레 높아졌다는 보고를 잇달아 내놓고 있었다. 이른바 바다표범손발증 또는 팔다리짧은증(phocomelia)이라고 일컬어지는 선천성 기형이었다. 기형으로 태어난 아이의 절반은 죽었다. 그 원인을 찾기 위한 광적인 추적이 다시 시작됐다. 1961년 가을에도 케바돈 신약 신청서는 켈시의 반대 때문에 여전히 심사 중이었지만, 유럽 여러 나라의 관계 당국은 선천적 결손증과 탈리도마이드의 관련성을 강력히 의심했다. 1962년 3월, 마침내 리처드슨머렐이 신약 신청서를 공식적으로 철회했다. 그때까지 세계 전역에서 탈리도마이드로 인한 팔다리짧은증을 안고 태어난 아기가 1만 명을 넘었고, 무수한 태아가 자궁 안에서 죽었다. 미국에서는 약간의 사례만이 보고됐을 뿐이다. 프랜시스 올덤 켈시와 FDA 동료들의 예리한 안목 덕분에 미국인들은 탈리도마이드의 비극을 피할 수 있었다. 존 케네디(John Fitzgerald Kennedy) 대통령은 그녀를 백악관 로즈가든에 초대해, 연방 공무원으로서 최선을 다한 공로로 대통령상(President's Award for Distinguished Federal Civilian Service)을 수여했다. 훗날 켈시는 회고록에서 "나는 많은 연방 공무원을 대표해 그 상을 받는 거라고 생각했다. 정말이지 팀 전체의 노력으로 이뤄낸 성과였다"라고 말했다.

프랜시스 켈시 박사에게 대통령상을 수여하는
케네디 대통령, 1962년

일반적으로 관료가 주인공으로 부각되는 이야기는 거의 없다. FDA 같은 정부 기관의 힘은, 지적 능력과 전문성을 띤 수천 명의 직원들이 자신에게 맡겨진 임상 기록을 검토하고 신청자를 면담하며, 당면한 문제를 최대한 보수적으로 이해하려고 애쓰며, 각자 조용히 자신의 역할을 해내는 데 있기 때문이다. 이런 조직이 영웅적인 인물을 만들어내는 경우는 극히 드물다. 최고경영자나 텔레비전 스타 또는 특정한 선수가 두각을 나타내는 조직과는 사뭇 다르다. 그들의 업무가 한 개인의 서사적 성취로 요약되기 힘들기도 하지만, 그들의 역할이 전통적으로 일반 대중에게는 제대로 평가받지 못한 때문이기도 하다. 게다가 '정부 규제관(government regulator)'이라는 호칭은 지금도 미국의 주류 정치계에서는 실질적으로 상대를 빈정대는 욕에 가깝다.

관료 체제가 혁신을 억누를 수 있다는 것, 나아가 규제가 더는 소용 없는 지경이 된 뒤에도 그 효과가 지속되는 것은 사실이다. 낡은 규제를 철폐하려면 더 나은 메커니즘이 필요하다. 그러나 의약에 관한 한, 관료들에게 미국인에게 판매할 의약품의 안전을 실질적으로 심사하는 권한이 부여되면, 정부 규제의 이점은 생명의 구제로 나타날 수 있다. 또한 그 이점은 숫자로도 증명된다. 예컨대 FDA가 일릭서 설파닐아마이드로 아주 간단한 동물실험이라도 했더라면, 그 혼합물 때문에 105명이 안타깝게 세상을 떠나지는 않았을 것이다. 프랜시스 올덤 켈시가 FDA에 60일 늦게 취업했다면 수천 명의 미국인이 아예 태어나지 못했거나, 심각한 생리적 장애를 안고 이 땅에 태어났을 것이다.

일릭서 설파닐아마이드 위기 때 그랬듯이, 탈리도마이드 사건을 계기로 시민운동가들이 오래전부터 요구했지만 성사시키지 못했던 새로운 법안이 즉각적으로 제정됐다. 탈리도마이드가 시장에서 퇴출되고 수개월이 지나지 않아, 의회는 '케파우버-해리스 의약품 수정안(Kefauver-Harris Drug Amendment)'을 통과시켰다. 신약 신청에 요구되는 사항을 크게 확대한 법안이었다. 수정안에 맞춰 규제 방식에도 많은 변화가 뒤따랐지만, 가장 두드러진 변화는 '신약의 안전성만이 아니라 효능을 입증하는 서류를 제출할 의무가 처음으로 제약 회사에 주어진 것'이었다. 그때부터 제약 회사가 신약이 소비자에게 해롭지 않다는 증거를 제출하는 것으로는 충분하지 않았고, 신약이 실제로 병을 치료하는 효과가 있다는 것까지 의무적으로 입증해야 했다.

얼핏 생각하면, 이런 시간적 변화는 터무니없어 보인다. 제약 회사들에게 치료 효과를 실증적으로 입증하라는 요구가 어떻게 겨우 반세기 전에야 가능했을까? 프랜시스 올덤이 시카고대학교 실험실에 처음 들어갔을 시기에는 효능 문제에 답하기가 무척 어려웠다. 합리적으로 생각하면, 1937년 FDA는 효능 입증을 제약 회사에게 요구하지 못할 수밖에 없었다. 당시에는 실험 의약의 세계에 성공과 실패를 판정할 만한 기준조차 없었기 때문이다. 그러나 1962년 프랜시스 올덤 켈시가 FDA에 첫 출근했을 때쯤에는 그렇지 않았다. 두 위기를 가르는 사반세기 사이에 근본적인 변화가 있었다. 우리에게 강력한 지원군이 생긴 덕분이었다. 그렇다고 뉴스에 방영되는 장면들, 예컨대 원자폭탄이 터지거나, 우주 비행사를 우주에 보내는 장면처럼 인상적인 것은 아니었다. 의학계에서 일어난 획기적인 혁신이었지만, 주사기나 화학이 관련된 혁신은 아니었다. 윌리엄 파의 생명표에 더 가까운 혁신, 즉 우리가 데이터를 분석하는 방법에 혁신적 변화가 있었다. 그 혁신에 공식적으로 붙여진 명칭은 '무작위 대조 이중맹검 시험(randomized controlled double blind trial)'이며, 일반적으로는 짧게 RCT라고 불린다. 지적 능력과 과학기술의 역사에서, 자전거와 타자기처럼 예상보다 늦은 발명 중에서도 RCT가 그렇게 늦게 탄생한 이유가 가장 아리송하면서도 지금 우리 삶에 가장 중대한 영향을 미치고 있는 듯하다.

▲　▲　▲

과학의 역사에서 RCT 발명만큼 중대한 방법론적인 혁명은 손가락으로 꼽을 정도다. 가정을 세우고 점검하며 점검 과정에서 얻은 피드백을 근거로 애초의 가정을 다듬는다는, 17세기에 제시된 과학적 방법론만이 더 크게 다가올 뿐이다. 프랜시스 베이컨(Francis Bacon, 1561~1626)을 비롯해 '최초의' 계몽주의 과학자들이 개발한 실증적 방법론들처럼, RCT도 놀라울 정도로 단순한 기법이다. 그 기법을 발견하는 데 그처럼 오랜 시간이 걸린 이유가 궁금할 정도로 정말 단순하다. RCT의 주된 요소는 이름에 드러나 있다. 무작위, 이중맹검법, 대조군이 그것이다. 예컨대 당신이 패혈성 인두염에 효과가 있다는 신약을 검사한다고 해보자. 먼저 당신은 현재 그 병을 앓고 있는 상당수의 환자를 찾아, 그들을 무작위로 두 집단으로 나눈다. 한 집단은 '실험 집단(experimental group)'이라고 일컬어지며, 당신이 검사하려는 약을 제공받는다. 다른 집단은 플라세보, 즉 위약(僞藥)을 받는다. 플라세보를 받는 집단은 대조군 또는 대조 집단(control group)이라고 일컬어지며, 이를 기준으로 당신은 약의 효능을 측정할 수 있다. 대조 집단은 패혈성 인두염이 면역 체계에 의해 자연 치유되는 데 어느 정도의 시간이 걸리는지 측정하는 대상이 된다. 문제의 약이 실제로 효과가 있다면, 그 약을 받은 실험 집단이 대조 집단보다 더 빨리 회복될 것이다. 두 집단 사이에 결과적으로 아무런 차이가 없거나, 실험 집단이 신부전으로 죽어가기 시작한다면, 당신이 검사하는 약에는 문제가 있는 것이다. 한편 진정한 이중맹검 실험에서는 실험 관리자나 참가자 모두 누가 어느 집단에 속한지를 모른다. 이런 조건 덕분에 편견이 미묘하게라도 연구에 끼어들 여지가 사라진다. 데이터가 축적되면 통계분석을 통해, 어느 집단이 다른 집단보다 더 좋은 상태인지를 결정할 수 있다. 일반적으로 말하면, 대조 집단이 더 낫다는 결과가 확률적으로 5퍼센트를 넘지 않는다는 걸 증명하는 것이 표준이다. 요컨대 당신이 그 약 연구를 100회 실시하면, 95회 이상 실험 집단에서 긍정적인 결과를 보여야 한다는 뜻이다.

이 모든 요소를 종합하면, 의학을 오랫동안 괴롭혔던 많은 위험들을 피해서 가짜 약과 진짜 약을 구분하는 시스템이 갖춰진다. 그 위험들은 입증되지 않은 일화적 증거, 일종 오류(false positive, 질병이 없는데도 질병에 걸린 것으로 잘못 판단하는 오류 - 옮긴이), 확증 편향 등이다. 결국 FDA가 1962년에 제약 회사들에게 약의 효능을 증명하라고 요구할 수 있었던 이유는, 그런 증명을 가능하게 하는 시스템이 RCT의 형태로 갖춰진 때문이었다.

비유해서 말하면, RCT는 여러 지적인 지류가 합류한 지점이었다. 1747년 스코틀랜드 의사 제임스 린드(James Lind, 1716~1794)가 해군함 솔즈베리호 선상에서 최초의 RCT 검사를 실시했다. 당시 뱃사람들의 주된 사망 원인이던 괴혈병의 효과적인 치료법을 알아내기 위해서였다. 린드는 괴혈병 징후를 보이는 선원 열두 명을 실험 대상으로 삼았다. 그는 선원들은 여섯 쌍으로 나눈 뒤 각 쌍에게 사과주, 희석한 황산, 식초, 바닷물, 감귤류 과일 등 각기 다른 디저트와 설사약을 공통으로 제공했다. 플라세보를 제공받은 순수한 대조 집단은 없었지만, 린드는 다른 모든 환경적 요인을 실험 대상자들 사이에서 똑같이 유지하려고 애썼다. 예컨대 그들에게 디저트 외에는 똑같은 식사를 제공했고, 선상에서의 생활환경도 똑같게 해줬다. 린드는 실험을 통해 감귤류 과일이 괴혈병을 치료하는 데 긍정적 효과를 내는 유일한 디저트라는 걸 정확히 알아냈다.

많은 점에서 린드의 연구는 요즘의 RCT와 거리가 있었다. 첫째로 그의 연구에는 플라세보와 맹검이 없었다. 또 실험 참가자가 충분하지 않아서 그 결과가 통계적으로 유의미하지 않았다. 무작위의 중요성도 20세기 초에야 명확해졌다. 영국 통계학자 로널드 피셔(Ronald Aylmer Fisher, 1890~1962)가 농업 연구에서 개별 토지에 대한 저지 효과를 검증하는 수단으로 무작위라는 개념을 탐구하기 시작한 때였다. 피셔는 1935년에 발표한 《실험 설계(The Design of Experiments)》에서 "무작위 추출이 적절하게 행해져야, 실험자가 자료를 왜곡할 수 있는 무수한 원인들을 고려하고 추정해야 하는 부

담에서 벗어날 수 있다"라고 말했다.[8]

1930년대에는 무작위 추출과 실험 설계에 대한 피셔의 연구를 눈여겨보던 오스틴 브래드퍼드 힐(Austin Bradford Hill, 1897~1991)이라는 통계학자이자 전염병학자가 있었다. 그는 피셔의 방법론을 응용해 의학 연구에 크게 도움이 될 만한 기법을 고안해냈다. 훗날 힐은 무작위의 장점에 대한 피셔의 설명을 거의 그대로 되풀이하며 이렇게 설명했다. "무작위 추출이라는 기법을 사용하면, 개인적인 편향성이나 한쪽으로 치우친 판단이 여러 처치 집단의 구성에 끼어드는 걸 피할 수 있다. 요컨대 무작위로 집단을 선택해야 할당 과정에 우리가 어떤 역할도 할 수 없으므로, 처치 집단, 즉 실험 집단에 편향성이 없게 된다."[9] 힐은 편향성이라는 아주 작은 오염도 데이터를 왜곡할 수 있다며, 실험 설계의 성패를 좌우하는 열쇠는 신약을 검증하는 연구자의 능력만이 아니라, 실험 결과에 연구자의 영향을 완전히 배제하는 데도 있다는 걸 인정했다.

젊은 시절, 힐은 지중해에서 조종사로 일하는 동안 결핵에 걸린 적이 있었다. 그러고 보면 힐이 감독한 첫 기념비적 연구가 결핵의 새로운 치료제, 즉 실험용으로 제작된 항생물질인 스트렙토마이신을 검증하는 것이었다는 점이 약간 얄궂기는 하다. 그 결과는 1948년 〈영국의학저널〉에 발표됐는데, 〈폐결핵에 대한 스트렙토마이신의 효능(Streptomycin Treatment of Pulmonary Tuberculosis)〉이라는 제목에 연구 내용이 온전히 함축돼 있었다. 그러나 그 연구의 진짜 중요성은 형식에 있었다. 현재, 힐의 그 연구는 진정한 의미에서 RCT가 처음으로 적용된 연구로 여겨진다. 다음 장에서도 보겠지만, 항생제는 기대수명에서 의학계를 긍정적인 영향을 주는 존재로 바꿔놓은 원동력이었다. 따라서 최초의 진정한 영약(靈藥)과 최초의 진정한 RCT가 몇 년 간격으로 개발된 것은 결코 우연의 일치가 아니었다. 이 둘은 서로 보완적 관계에 있었다. 항생제가 발견됨으로써 연구자들에게 검증할 만한 의약품이 생겼고, RCT가 유망한 항생제와 엉터리 약을 신속하고 확실히 구분할 수 있는 방법론을 연구자들에게 제공해줬다.

스트렙토마이신의 효능에 대한 힐의 무작위 대조 연구는 실험 설계의 역사에서 하나의 이정표였다. 힐이 그때부터 연구를 중단했더라도 그 이후에 무수히 실시된 RCT 덕분에, 또 그의 연구가 인류의 건강에 간접적으로 미친 영향 때문에 그는 의학사의 만신전에서 한 자리를 차지했을 것이다. 그러나 힐에게 그 연구는 시작이었을 뿐이다. 그의 다음 연구는 세계 전역에서 수백만 명의 생명에 직접적인 영향을 줬다.

▲ ▲ ▲

제2차세계대전의 혼란이 한창이던 때, 즉 독일군의 공습으로 런던이 공포에 떨던 때, 영국의 공중위생 관리들은 호적부가 편찬한 사망 보고서에서 불길한 신호들을 포착하기 시작했다. 수천 명이 독일군의 공습과 유럽의 전선에서 죽어가던 와중에 전 연령층에서 또 다른 종류의 사망 원인이 증가하고 있었다. 폐암이었다. 폐암으로 사망하는 사람의 증가 속도가 놀라울 정도였다. 전쟁이 끝났을 때, 영국의학연구심의회(Medical Research Council, MRC)는 폐암 사망자가 1922년 이후로 다섯 배 증가했다고 추정했다. 담배도 의심되는 원인들 중 하나였지만, 많은 학자들은 자동차 배기가스, 도로 포장에 사용되는 타르, 다양한 형태의 산업공해 등 다른 환경적 요인을 지적했다.

오스틴 브래드퍼드 힐이 결핵을 연구한 논문을 발표하기 수개월 전, MRC는 힐과 또 다른 저명한 전염병학자 리처드 돌(Richard Doll, 1912~2005)에게 폐암 상황을 조사해달라고 의뢰했다. 물론 요즘에는 초등학생도 흡연과 폐암의 관련성을 알고 있지만, 1940년대 말에는 그 관련성이 명확하지 않았다. 훗날 돌은 당시를 회상하며 이렇게 말했다. "나 자신도 흡연이 주된 문제라는 결론을 얻을 거라고는 전혀 예측하지 못했다. 당시 내가 돈을 걸고 내기를 했다면, 도로 포장재와 자동차가 주된 원인이라는 데 돈을 걸었을 것이다."

힐과 돌은 흡연이 폐암 사례의 급증과 관련 있을 수 있다는 가정을 검증하기 위해 기발한 실험을 고안해냈다. 그 구조는 전통적인 의약품 시험을 뒤집은 듯한 형태였다. 실험 집단에게 실험용 약을 주지 않았고, 플라세보도 없었다. 대신, 당시 폐암을 앓고 있는 사람들로 실험 집단을 구성했다. 힐과 돌은 통계적으로 유의미한 집단을 구성하려고, 20곳의 런던 종합병원을 찾아다니며 폐암 환자를 찾았다. 그러고는 각 병원마다 두 개의 대조 집단을 모집했다. 하나는 다른 암을 앓고 있는 환자들이었고, 다른 하나는 암과는 아무런 관계가 없는 환자들이었다. 힐과 돌은 '실험 집단'에 속한 폐암 환자를, 대조 집단에서 대략 비슷한 연령과 경제적 계층에 속하고 같은 동네나 지역에 거주하는 환자와 비교해봤다. 힐과 돌은 이렇게 각 집단에서 변수를 동일하게 설정하는 동시에, 몇몇 교란 요인들로 인해 결과가 오염되지 않도록 했다. 예컨대 폐암 사례가 급증한 이유가 랭커셔의 공장들이 뿜어내는 산업공해인 걸로 드러났다고 해보자. 거주지나 경제적 지위를 구분하지 않은 실험, 예컨대 공장 노동자와 판매원을 구분하지 않은 실험은 이런 인과성을 찾아낼 수 없을 것이다. 그러나 인구통계에서 서로 대략적으로 유사한 실험 집단과 대조 집단을 모집함으로써 힐과 돌은 흡연 습관에서도 두 집단 사이에 유의미한 차이가 있는지를 조사할 수 있었다.

힐과 돌은 폐암에 걸린 709명을 인터뷰하며 흡연 상황에 대해 물었고, 대조군에서도 동일한 수의 환자에게 동일한 질문을 했다. 하루에 평균적으로 흡연하는 담배 개비, 평생 흡연한 총담배량, 흡연을 시작한 연령 등 여러 항목에 대한 조사 결과를 바탕으로 다양한 도표를 작성했다. 숫자로 표현된 결과는 누구도 부인하기 힘들었다. 힐과 돌의 표현을 빌리면, "어떤 기준에서 흡연량을 측정하더라도 결과는 똑같았다. 다시 말하면, 흡연과 폐암 사이에는 중대하고 명확한 관계가 있었다."[10] 그들은 함께 발표한 논문을 끝내며, 과도한 흡연이 폐암에 걸릴 확률에 미치는 영향을 개략적으로 추정해봤다. 그들의 추정에 따르면, 하루에 한 갑 이상을 피우는 사람은 비흡연자에게 비해 폐암에 걸릴 확률이 50배가량 높았다. 이 숫자는 당시에도 충격적이었지만, 지금 우리는 그 숫자도 위험을 과소평가한 것임을 알고 있다. 엄밀히 말하면, 골초가 폐암에 걸릴 확률은 비흡연자보다 500배 높다![11]

그들이 1950년에 발표한 《흡연과 폐암(Smoking and Carcinoma of the Lung)》에 담긴 명확한 증거와 엄격하게 구조화된 실험 설계에도 불구하고, 그 논문은 처음에 의학계에서 일축됐다. 수년 후, 리처드 돌은 자신과 힐이 찾아낸 명확한 증거가 많은 정부 당국으로부터 묵살됐던 이유가 무엇이라고 생각하느냐는 질문에 이렇게 대답했다. "우리는 과학계를 설득하려는 과정에서 당시의 사고방식이라는 문제에 부딪혔다. 디프테리아, 장티푸스, 결핵 같은 전염병과 관련된 박테리아가 발견된 때로부터 거의 변하지 않은 사고방식이었다. 물론 그런 질병을 일으키는 박테리아의 발견이 19세기 후반기에 의학이 크게 발전하는 토대가 되었던 것은 사실이다. 유행병 연구의 결론을 끌어내려 할 때, 과학자들은 어떤 특정한 병원균이 병의 원인이라는 걸 증명하는 데 사용됐던 규칙들을 사용하는 경향을 띠었다."[12] 어떤 의미에서, 의학계는 다른 여러 유행병의 원인을 밝혀냈다는 성공에 취해 있었다. 폐암 환자의 절대적 다수가 골초인 것으로 밝혀졌지만, 폐암으로 고통 받는 상당수의 비흡연자도 있었다. 과거의 사고방식으로 말하면, 폐암에 걸린 비흡연자는 '비브리오 콜레라'균을 접촉한 적이 없는 콜레라 환자와도 같았다. 돌은 당시의 답답한 심정을 이렇게 말했다. "그러나 물론 누구도 흡연이 유일한 원인이라고 말하지는 않았다. 우리는 흡연이 '하나'의 원인이라고 말했을 뿐이다. 만성적 질환에는 많은 원인이 있을 수 있다는 걸 사람들은 몰랐다."

그래도 힐과 돌은 단념하지 않고, 다른 관점에서 흡연 문제에 접근하는 다른 실험을 진행했다. 요컨대 오랜 기간의 흡연이 건강에 미치는 영향을 분석함으로써 폐암의 발병 가능성을 '예측'할 수 있는지 살펴보기로 했다. 이번에 그들은 의사들을 실험 대상으로 삼아, 5만 명이 넘는 영국 의사에게 설문지를 보냈다. 그러고는 흡연 습관에 대해 그들을 인터뷰했고, 그 후에는 시간을 두고 그들의 건강 상태를 추적했다. 훗날 돌은 당시를 회상하며 이렇게 말했다. "우리는 그 연구를 5년 동안 진행할 계획이었다. 그러나 2년 반쯤 지났을 때 37명이 폐암으로 사망했고, 그중 비흡연자는 한 명도 없었다." 그들은 계획을 앞당겨 1954년에 연구 결과를 발표했다. 오늘날 그 논문은 과학계가 흡연과 폐암 간의 인과성을 받아들이게 된 분수령으로 여겨진다.

1954년에 발표된 논문에서는 실험 설계보다 실험 대상이 더 눈길을 끌었다. 힐과 돌이 처음부터 의사들을 실험 대상으로 삼아 인터뷰한 이유는 단순했다. 시간을 두고 그들의 건강 상태와 흡연 습관을 추적하기가 더 쉬웠기 때문이다. 그러나 의사를 실험 대상으로 삼겠다는 결정에는 부수적인 이익도 뒤따랐다. 다시 돌의 발언을 보자. "실험 대상으로 의사를 선택한 결정은 많은 점에서 정말 운이 좋았다. 하나만 예를 들면, 영국에서 의사들은 어느 전문직보다 그 결과를 신속하게 수긍하며 '그렇군! 흡연이 의사들을 죽이고 있군. 보통 문제가 아닌데'라고 말했다."

힐과 돌이 암과 흡연의 인과성에 대해 연구한 두 번째 논문을 발표하고 정확히 10년이 지난 뒤, 미국의 의무감 루서 테리(Luther Terry, 1911~1985)가《흡연이 건강에 미치는 영향에 대한 보고서(Report on the Health Consequences of Smoking)》를 내놓았다. 담배가 건강을 크게 위협한다는 걸 공식적으로 인정한 보고서였다. (테리는 보고서 발표를 앞두고 초조하게 담배를 피웠다. 그러나 기자회견 중에 흡연자인지 묻자 테리는 "아닙니다"라고 대답했다. 뒤이어 담배를 끊은 지 얼마나 됐냐는 질문에 테리는 "20분!"이라고 대답했다.) 힐과 돌의 선구적인 연구 이후로 유사한 연구들이 이어지며, 흡연이 건강에 제기하는 다른 문제들도 찾아냈다. 예컨대 현재 미국에서 가장 높은 순위의 사망 원인으로 손꼽히는 심혈관 질환도 흡연에 영향을 받는다는 사실이 밝혀졌다. 그리하여 전 세계의 정부 규제 기관들은 담배 관련 상품에 경고 문구를 덧붙이는 걸 의무화했고, 광고도 제한했으며, 담배에 세금을 무겁게 부과하기도 했다. 힐과 돌이 런던의 종합병원들에서 환자들을 처음 인터뷰할 때에는 영국 국민의 50퍼센트 이상이 능동적인 흡연자였다. 하지만 현재는 그 숫자가 16퍼센트에 불과하다. 35세 이전에 담배를 끊으면 기대수명이 9년쯤 늘어나는 것으로 추정된다.

RCT에 기반한 실험 설계로 건강을 위협하는 요인을 확인하면 정부가 이를 불법화하거나 제한하는 협력이 이뤄졌고, 그 결과로 세계 전역에서 수백만 인구의 건강에 조용하지만 혁명적인 변화가 일어났다. 염색제와 고무를 생산하는 데 사용되던 화합물이 방광암을 유발하는 것으로 밝혀져 사용이 금지됐고, 도로 포장에 타르의 사용이 제한된 이후로 도로 포장 노동자들을 괴롭히던 피부암이 크게 줄었다. 석면이 중피종(mesothelioma)이라는 희귀하고 치명적인 암과 관련 있다는 게 밝혀진 이후로는 석면 사용이 금지됐다. 이런 혁명적 변화는 과학기술의 혁신적인 발전이나 길거리에 나선 시민운동가들의 저항으로 시작된 것이 아니었다. 그 출발점에는 정교한 실험 설계, 정부 규제 기관이라는 전혀 다른 종류의 요인이 있었다. 또 우리가 의문을 제기하고, 그 의문에 답하려는 태도에도 혁명적인 변화가 있었다. 이 새로운 약은 안전한가? 이 약은 실질적인 치료 효과가 있는가? 담배는 위험한가? 어떻게 해야 그 답을 확실히 알 수 있을까?

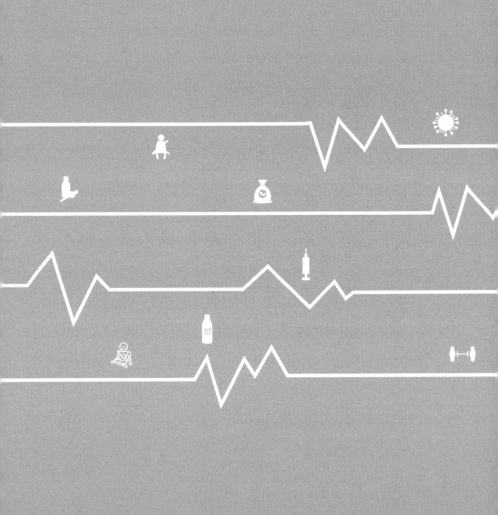

패혈증
항생제와 제2차세계대전

과학사와 의학사에 잠깐이라도 관심을 가진 적이 있는 사람이라면 최초의 진정한 항생제, 페니실린이 발견되는 과정에 대한 전설적인 이야기를 듣거나 읽어봤을 것이다. 우연한 사고와 갑작스런 깨달음이라는 똑같은 구조를 가진 뉴턴의 사과와 중력 이론 이야기만큼이나 우리에게 친숙한 이야기다. 1928년 9월의 그 숙명적인 날, 스코틀랜드 과학자 알렉산더 플레밍은 실수로 포도상구균(Staphylococcus)이 담긴 페트리 접시를 열린 창문 옆에 둔 채 보름간 휴가를 떠났다. 9월 20일, 여행을 마치고 실험실에 돌아왔을 때에는 청록색 곰팡이가 포도상구균 배양기를 잔뜩 뒤덮고 있었다. 곰팡이를 씻어내리던 플레밍은 이상하다는 생각에 들었다. 곰팡이가 포도상구균의 성장을 억제한 것처럼 보였기 때문이다. 호기심이 발동한 플레밍은 배양 접시를 더 자세히 조사했고, 곰팡이가 포도상구균를 파괴하는 어떤 물질—포도상구균의 세포막을 파괴하는 물질이나 실질적으로 포도상구균을 죽이는 물질—을 분비하는 듯하다는 걸 알아냈다. 그 물질은 박테리아 킬러로, 일종의 성배(聖杯)였다. 플레밍은 그 물질에 페니실린이라는 이름을 붙였다. 그로부터 17년이 지나 그 발견의 의미가 명확해진 후, 플레밍은 노벨 의학상을 받았다.

플레밍 이야기는 책상 정리를 제대로 하지 않는 사람을 위한 변명으로도 들렸기 때문에 더 널리 퍼졌다. 플레밍이 깔끔을 떨며 책상 정리를 열심히 했더라면 노벨상을 받지 못했을지도 모른다. (실제로 혁신의 역사에는 혼잡 속에서 혁신이 이뤄진다는 오랜 전통이 있다. 예컨대 엑스레이도 플레밍의 실험실 못지않게 어수선하던 작업 환경 덕분에 발견됐다.) 그러나 수많은 혁신 이야기가 그렇듯이, 페트리 접시와 열린 창문 이야기는 페니실린과 그 이후에 연이어 개발된 항생제들이 세상을 어떻게 바꿔놓았는지를 엄청나게 압축한 것이다. 또한 실질적으로 페니실린의 승리는 학문의 경계를 넘어선 국제 공조가 이뤄낸 위대한 성취이기도 했다. 요컨대 페니실린은 한 별난 천재의 작품이 아니라, 네트워크의 성과였다.

플레밍은 그 네트워크의 일부에 불과했다. 플레밍은 자신이 우연히 발견한 것이 가진 가능성을 완전히 파악하지는 못한 듯했다. 그는 페트리 접시 밖에서 곰팡이가 포도상구균을 죽이는 효능을 검증하기 위한 기본적인 실험조차 설계하지 않았다. 당시의 한 평론가가 남긴 기록을 인용하면, "플레밍이 연쇄상구균이나 폐렴구균에 감염된 체중 20그램의 생쥐에게 0.5밀리그램의 배양액을 주입하기만 했더라면, 페니실린의 치료력을 입증할 수 있었을 것이다. 그러나 플레밍은 이런 뻔한 실험마저 시도하지 않았다. 그런 생각을 해내지 못했다는 지극히 단순한 이유로!"[1]

항생제의 중요성을 고려할 때 이런 간과는 정말 어이없는 실수였다. 문명의 여명 이래로 우리 인간은 세균성 질병들과 '삶과 죽음'의 전쟁을 끝없이 벌여온 터였다. 6,000년 전까지 거슬러 올라가는 이집트 무덤에서 발굴된 유골들에서는 척추결핵(spinal tuberculosis)으로 인한 신체 변형의 흔적이 발견된다. 히포크라테스(Hippocrates)도 결핵균에 감염됐던 게 분명한 환자들을 치료했다. 19세기에는 거의 대부분의 시기에 결핵이 사망 원인의 4분의 1을 차지했다. 장기적인 관점에서 보면, 결핵은 어쩌면 모든 전염병 중에서 가장 많은 생명을 빼앗은 질병일 수 있다. 단순히 긁히거나 베인 상처, 심지어 의학적 처치에 의한 세균 감염도 적잖은 사람을 죽음에 이르게 했다. 일부 추정에 따르면, 남북전쟁 전사자의 3분의 2가 패혈증 등 군병원에서 얻은 감염증으로 사망했다. 20세기에 들어서도 의학적 처치가 기대수명을 크게 늘리지 못한 주된 이유 중 하나가 감염의 위협이었다. 의사들에게 기술적으로는 우리 목숨을 구할 능력이 있었던 것은 분명하지만, 의학적 처치 과정에서 부지불식간에 초래한 세균 감염으로 우리를 죽일 수도 있었다.

이런 이유에서도 플레밍의 페니실린 발견은 무엇보다 필요한 것이었다. 감염이라는 숙적을 직접적으로 공격할 수 있는 약물이 발견된다면, 의학계에 진정한 혁명이 불어닥칠 수 있었다. 플레밍이 무엇을 발견했는지도 의식하지 못한 채 1930년대를 덧없이 보내는 동안, 결국 제2차세계대전으로 발전한 초기의 사태들이 꿈틀거리며 더욱더 커져갔다. 마침내 유럽 전역이 군사적 충돌에 휘말리며 살육전이 벌어진 뒤에야 플레밍의 발견이 생명의 진정한 구원자로 등장했다.

▲ ▲ ▲

항생물질이 제2차세계대전에 미친 영향은 그야말로 수천 가지 형태로 이야기된다. 페니실린이 많은 목숨을 구했다는 이야기도 있지만, 그 기적의 영약을 구할 수 없어 죽어간 사람들에 대한 이야기도 있다. 여기에서는 대표적인 이야기 하나를 소개하겠다. 1942년 5월 27일, 나치 장교 라인하르트 하이드리히(Reinhard Heydrich, 1904~1942)는 메르세데스 컨버터블을 타고 프라하 외곽을 달리고 있었다. 히틀러를 만나려고 베를린으로 가던 중이었다. (하이드리히는 많은 악행을 범했으며, 특히 크리스탈나흐트[Kristallnacht, 1938년 11월 9일~10일에 나치스 돌격대와 독일인들이 유대인 상점과 시나고그를 공격한 사건 – 옮긴이]의 숨은 기획자였다.) 영국인에게 암살 훈련을 받은 두 체코인이, 길이 급격히 꺾어지는 곳에 잠복해 기다리고 있었다. 하이드리히가 탄 메르세데스가 모퉁이 앞에서 속도를 줄이자 한 암살자가 기관총을 꺼내들었지만, 총이 발사되지 않았다. 하지만 다른 암살자가 메르세데스를 향해 수류탄을 던졌다. 수류탄은 자동차 뒤에 떨어지면서 적잖은 손상을 줬다. 표적이었던 하이드리히가 무방비 상태였다는 걸 고려할 때, 처음에 그 정도의 피해는 다행으로 여겨졌다. 하이드리히는 부상을 입었지만 치명적이지는 않았다. 의사들은 그의 비장을 제거하는 수술을 했지만, 하이드리히가 회복하는 데는 아무런 문제가 없을 것으로 낙관했다. 그러나 하이드리히의 상처들에는 메르세데스 좌석에서 떨어져 나온 지저깨비와 말 털이 묻어 있었다. 겉보기에 지극히 사소한 그 상처들을 통해 약간의 미생물이 그의 혈관으로 침투했다. 의사들이 낙관적인 예측을 한 지 몇 시간이 지나지 않아, 하이드리히는 패혈증에 걸리고 말았다.[2]

하이드리히는 6월 4일, 공격을 받고 정확히 일주일이 지났을 때 사망했다. 그는 기관총과 수류탄의 공격에도 살아남았지만 보이지 않는 것, 즉 그의 상처를 감염시킨 박테리아의 공격에 목숨을 잃었다.

공교롭게도 하이드리히가 숨을 거둔 시기는, 미국 군부의 지원을 받아 영국과 미국의 과학자들이 하이드리히의 생명을 빼앗아간 감염을 치료하기에 충분할 정도로 안정된 페니실린을 처음으로 만들어낸 때와 거의 일치했다. 제2차세계대전이 막바지로 치달을 때 연합국은 페니실린을 충분히 확보하고 있었지만, 추축국은 페니실린을 개발조차 못한 상태였다. 이런 차이에서도 연합국은 작지만 확실한 우위를 차지할 수 있었다. 아시아에서는 원자폭탄이 전쟁을 끝냈을지 모르지만, 유럽에서는 페니실린이 전쟁에서 승리하는 데 결정적인 역할을 했다는 걸 누구나 어렵지 않게 입증할 수 있다. 페니실린은 최고의 방어 무기였다. 어떤 의미에서, 연합국은 적을 더 많이 죽이는 방법보다 자기편의 군인들을 죽음으로부터 지켜내는 방법을 연구함으로써 전쟁에서 승리했다. 전선이 아니라 병원에서의 전투였으나 큰 몫을 해낸 위대한 성취였다. 그럼 어떤 과정을 거쳐 페니실린이 결국 그처럼 중요한 역할을 하게 됐을까?

이 이야기에서도 플레밍이 빠질 수는 없다. 플레밍이 페니실린을 발견하는 과정에서 능동적으로 행동하지 않은 게 사실이지만, 페니실린 발견이 뜻하지 않은 행운으로 치부할 문제는 아니었다. 정확히 말하면, 플레밍은 혼란스런 환경에서도 흥미로운 것을 찾아내는 지식인이었다. 달리 말하면, 플레밍은 열심히 놀면서도 일에 몰두했다. 골프나 당구 또는 카드 등 어떤 놀이를 하더라도 즉석에서, 때로는 놀이를 하는 중에도 새로운 규칙을 만들어내려고 끊임없이 머리를 쥐어짜는 과학자였다. 언젠가 자신의 일을 짤막하게 설명해달라는 요구를 받았을 때에는 "미생물들과 놀고 있습니다"라며 자기 비하적으로 보이는 표현을 하기도 했다.[3] 하지만 플레밍이 장난스레 대답한 것은 아니었다. 어떤 놀이에서나 재미만을 추구하는 사람이 아니었다면, 곰팡이가 핀 페트리 접시를 보고는 실험을 망쳤다고 생각하며 쓰레기통에 던져버렸을 것이다. 하지만 플레밍은 그 현상을 흥미롭게 받아들였다. 혁신이 세상에 탄생할 때 흔히 그렇듯이, 대부분이 불필요한 잡음이라고 생각하는 것에서 누군가는 신호음을 잡아낸다.

플레밍은 사회에 입문한 초기부터 연구를 재밌게 하려고 애썼다. 예컨대 런던 세인트메리 종합병원 부속 의과대학의 학생일 때 플레밍은 박테리아를 안료로 사용해 그림을 그렸다. 각 박테리아가 자라면서 다른 색을 띤다는 걸 알았기 때문에 그 특성을 이용했던 것이다. 박테리아를 안료로 삼아 그림을 그리려는 시도가 장난스럽게 들릴 수 있지만, 그 시기, 즉 20세기의 첫 10년 동안 박테리아와 색의 관련성에 대한 탐구는 실제로 과학적 연구를 위한 보고(寶庫)였다. 그리고 궁극적으로는 항생제 혁명의 토대를 제공했다. 박테리아와 색의 관계에 대한 발견도 겉보기에는 아무런 관계도 없는 분야, 즉 패션에서 시작됐다.

1870년대 말에는 세계에서 가장 앞선 화학 회사들에서도 염료 제조가 기업 행위의 대부분을 차지했다. 의학사학자 윌리엄 로즌이 말했듯이, "염료 제조는 대규모로 제작할 수 있고, 무엇보다 돈벌이가 되는 화학 공정이었다. 예컨대 의약품 제조보다 수익성이 훨씬 더 좋았다."[4] 식물염료는 수천 년 전부터 직물에 색을 덧입히는 데 사용됐다. 그러나 19세기에 들어 화학이 발달하며 흥미진진한 새로운 가능성이 열렸다. 요컨대 합성 물질을 사용해 직물 염료를 만들어낼 수 있을 거라는 가능성이었다. 이런 새로운 염료는 대규모로 제작될 수 있었기 때문에, 새로운 생산 기법을 이용해 큰 돈을 벌려는 기업가들도 지체 없이 염료에 관심을 뒀다. 이 시기에 설립된 대다수의 기업은 독일에 기반을 뒀다. 현재 다국적기업으로 성장한 '이게파르벤(IG Farben)', 즉 합동염료공업주식회사(Interessen-Gemeinschaft Farbenindustrie)도 이때 세워졌다. 이게파르벤은 창업 이후로 화학 분야에서 많은 혁신—폴리우레탄, 특히 나치가 가스실에서 사용한 독가스인 치클론 B(Zyklon B)—을 꾸준히 이끌었지만, 제2차세계대전 후에 전범기업이라는 이유로 해체됐다. 그러나 그 뿌리는 회사 이름에서 분명히 읽힌다. farbe는 독일어에서 '색'을 뜻하고, 동사 färben은 '염색하다'를 뜻한다.

합성염료에 대한 관심이 광풍처럼 몰아치며, 한 세대 전체의 연구자들이 조직 염색법을 개발하는 데 몰두했고, 파울 에를리히(Paul Ehrlich, 1854~1915)의 연구에서 절정을 이뤘다. 에를리히는 동일성을 가진 개별 세포에 색을 입혀 혈구들을 종류별로 구분하는 일련의 기법들을 개발해냈다. 결국 이런 조직 염색 기법들은 '그람양성균

(gram-positive bacteria)'과 '그람음성균(gram-negative bacteria)'을 구분하는 데 적용됐다. 1940년대의 항생제 개발에서 이 둘의 구분은 무척 중요했다.

실험실에서 페트리 접시가 우연히 오염되는 사고와 같은 행운도 있었지만, 어떤 분야의 연구가 완전히 다른 분야에서 사용될 수 있는 도구를 뜻하지 않게 만들어낸 다른 차원의 행운도 있었다. 우리가 보이지 않는 박테리아의 존재를 인식하는 능력을 갖게 된 이유 하나를 들자면, 로베르트 코흐 같은 과학자들이 미생물의 세계를 탐구하도록 특별히 제작된 현미경을 실험에 사용했기 때문이었다. 그러나 우리는 사람들에게 밝게 채색된 옷을 팔아 돈을 벌 수 있다는 이유에서도 그 능력을 더욱 개발하게 됐다.

▲ ▲ ▲

항생제 혁명에서 알렉산더 플레밍의 역할로 반드시 언급돼야 할 부분이 또 있다. 플레밍은 1920년대와 1930년대에 영국 의료계에서 일하며, 그 시기의 의학 연구에서 탁월한 능력을 지닌 학자들과 함께하는 행운을 누렸다. 플레밍이 그레고어 멘델처럼 외딴 수도원에서 페니실린을 발견했다면, 실험 결과를 엄격한 기준에 따라 추적한 멘델과 달리 그런 집요함이 없던 플레밍의 이상한 무심함을 고려할 때, 아무런 성과도 거두지 못했을 것이다. 그러나 플레밍은 큰 네트워트의 한 부분이었다. 달리 말하면, 그의 연구가 다른 연구자들, 즉 다른 종류의 능력을 지닌 사람들의 관심을 끌었을 가능성이 크다는 뜻이다. 페니실린이 기막히게 우연한 행운의 사고로 인한 발견물에서 벗어나 진정한 기적의 영약이 되기 위해서는 세 가지가 더 필요했다. 첫째로는 누군가가 페니실린을 약으로 쓸 수 있다는 걸 알아내야 했고, 둘째로는 누군가가 페니실린을 산업적 규모로 생산해내는 방법을 생각해내야 했으며, 끝으로는 그런 대량생산을 떠받쳐줄 시장이 형성돼야 했다.

놀랍게도 이 세 가지 핵심적인 요인이 상당히 짧은 시간, 대략 1939년부터 1942년 사이에 빠짐없이 갖춰졌다. 더구나 그 시기는 세계적인 정치가 혼란에 빠져 허우적대던 때였다. 1930년대 말, 옥스퍼드의 두 과학자, 오스트레일리아의 하워드 플로리(Howard Florey, 1898~1968)와 독일계 유대인 망명자 언스트 보리스 체인(Ernst Boris Chain, 1906~1979)이 오랫동안 묻혀 있던 논문 한 편을 우연히 읽게 됐다. 플레밍이 페니실린의 발견에 대해 1929년에 발표한 논문이었다. 당시 플로리는 옥스퍼드대학교 부설 윌리엄던병리학학교(Willian Dunn School of Pathology)의 책임자였다. 그 병리학학교는 병원균 자체와 병원균이 인간의 면역 체계에 미치는 영향을 연구할 목적에서 수십 년 전에 세워진 연구 기관이었다. 플로리는 그 신비로운 곰팡이에서 어떤 가능성을 봤지만, 약으로 사용하기에 충분히 안정적인 형태로 그 화합물을 만들어내기는 무척 어려울 거라고 생각했다. 하지만 체인은 그런 불안정성을 도전의 기회로 봤다. 그러나 그들은 약을 안정화하는 연구를 시작하기도 전에, 더구나 그 약으로 동물시험을 시도하기도 전에 그 곰팡이를 연구실에서 실험할 수 있을 정도로 충분히 만들어낼 수 있는 방법을 생각해냈다. 플로리와 체인에게는 다행스럽게도, 월리엄던병리학교에 노먼 히틀리(Norman Heatley, 1911~2004)라는 젊은 조력자가 있었다. 히틀리는 생물학과 생화학까지 공부한 뛰어난 실험공학자로 진정한 의미에서 만물박사였다. 플로리의 전기를 쓴 작가의 표현을 빌리면, "광학, 유리와 금속가공, 배관과 목공에도 능수능란했고, 필요하면 전기 작업까지 해냈다. 그는 실험실과 집에 있는 온갖 잡동사니를 이용해, 작업에 필요한 무엇인가를 최소한의 시간으로 즉석에서 만들어냈다."[5]

시행착오를 거듭하는 광란의 시간을 보낸 뒤, 히틀리는 실험실 장비와 잡다한 부품들을 조립해 괴상한 장치를 만들어냈다. 재활용한 초인종, 철사 뭉치, 과자 그릇과 요강, 뜨겁게 달궈진 유리에 구멍을 정확히 뚫기 위한 바늘까지 사용된 장치였다. 히틀리가 만들어낸 '이 우스꽝스런 장치'를 월리엄 로즌은 이렇게 묘사했다.

수프, 에테르, 산성 물질이 각각 담긴 세 개의 병이 하나의 틀 안에 뒤집혀 놓여 있다. 수프 병에서 공 모양의 유리 마개가 옆으로 제쳐지면, 원통 꼴로 여러 번 감기고 얼음으로 둘러싸인 유리관으로 걸쭉한 유체가 흘러든다. 산성화된 유체는 이렇게 냉각되자마자, 3번 병에서 나온 산성 물질과 결합돼 작은 방울로 분출되고, 그 방울들은 평행으로 배치된 여섯 개의 관 중 하나로 들어간다. 그 사이에 2번 병의 마개가 옆으로 제쳐지면, 모든 것이 합해지는 공간의 바닥에 에테르가 흘러든다. 분리관의 여과액은 1.2미터 길이의 관을 따라 올라가 에테르 관에 분무된다. 페니실린은 에테르와 화학적 친화성을 갖기 때문에 에테르 관에 들어간 뒤에 수프에 함유된 몇몇 성분을 남기고는 빠져나온다. 이렇게 페니실린과 에테르가 섞인 용액(나중에는 아세트산 용액)은 약간 알칼리성을 띤 물과 함께 다른 관에 들어간다. 이렇게 형성된 페니실린과 물의 혼합물이 결국 배출되는데, 그 양은 이 복잡한 절차를 시작할 때 사용된 여과된 수프의 약 20퍼센트였다.[6]

히틀리의 장치에 비교하면 알렉산더 플레밍의 연구실조차 정연하게 보일 정도였다. 하지만 그 장치는 효과가 있어, 12리터의 곰팡이가 핀 '수프'를 하루 만에 2리터의 기능적인 페니실린으로 바꿀 수 있었다.

1940년 5월 25일, 플로리는 페니실린의 효능을 알아보기 위해 처음으로 진지한 시험을 했다. 플로리는 패혈성 인두염과 그보다 훨씬 독한 질병을 유발하는 박테리아들로 여덟 마리의 생쥐를 감염시켰다. 그러고는 네 마리에게는 각각 용량을 달리해서 페니실린을 줬고, 나머지 네 마리에게는 아무것도 주지 않았다. 이 실험은 정확한 RCT에 해당하지는 않았지만, 실험 결과는 놀랍기 그지없었다. 아무런 조치를 받지 않은 네 마리는 모두 죽었지만, 페니실린을 받은 생쥐들은 모두 살았다. 따라서 플로리는 페니실린에서 대단한 것을 발견해낼 가능성이 있다는 걸 확신했다.

윌리엄던병리학학교의 연구팀은 연구를 거듭한 끝에 페니실린을 한층 순수한 형태의 약으로 만들어낼 수 있게 됐고, 마침내 인간을 대상으로 페니실린을 시험하기로 결정했다. 플로리는 젊은 연구원 찰스 플레처(Charles Fletcher)을 파견해 임상 실험에 자발적으로, 어쩌면 마지막 수단으로 참여하려는 환자를 찾아나섰다. 플레처는 그런 환자를 어디에서 찾을 수 있는지 정확히 알았다. 플레처가 훗날 말했듯이 "당시 종합병원에는 어디에나 패혈 병동이 있었다." 급성 감염증 환자에게는 일차적으로 붕대를 감아줬다. "다른 처치는 없었다. 따라서 그 병동에 들어온 환자는 거의 절반이 사망했다."7

플레처는 근처의 옥스퍼드종합병원에서 이상적인 시험 대상을 찾아냈다. 항생제 시대 이전에 지극히 작은 찰과상이 무서운 감염증으로 발전한 대표적인 사례에 해당하는 환자였다. 정원을 가꾸는 동안 얼굴이 장미 가시에 긁힌 앨버트 알렉산더(Albert Alexander)라는 경찰이었다. 처음에는 약간 짜증나는 사소한 사고에 불과한 듯했다. 그러나 정원의 흙 속에 살던 포도상구균이 상처 아래에서 자기 복제를 시작했다. 2월쯤에는 감염증이 온몸으로 퍼졌고, 박테리아에 왼쪽 눈을 이미 잃은 상태였다. 플레처의 표현을 빌리면, "그는 견디기 힘든 고통에 빠져 자포자기한 상태였고, 지켜보기에도 안타까울 정도였다." 히틀리는 병원으로 찾아가 알렉산더를 만난 날, 일기에 "그의 온몸에서 고름이 줄줄 흘렀다"라고 썼다.[8] 감염증과 싸워 이길 기적의 영약이 없다면, 알렉산더는 며칠까지는 아니어도 몇 주 후에 죽을 게 틀림없었다.

플로리와 윌리엄던병리학교 동료들은 알렉산더가 페니실린의 임상 시험에 꼭 들어맞는다는 결정을 내렸다. 1941년 2월 12일, 알렉산더는 200밀리그램의 페니실린을 처음 투여받았다. 그 후에는 세 시간마다 100밀리그램을 추가로 투여했다. 요즘 같으면, 병원에 환자가 그렇게 심각한 상태로 입원했다면 그 두 배 이상을 환자에게 쏟아부었을 것이다. 그러나 플로리는 적정한 투여량을 추정만 할 뿐이었다. 알렉산더가 페니실린으로 치료받은 최초의 환자였기 때문이다.[9] 당시에는 적정량이 어느 정도고, 어느 정도면 치명적인지를 누구도 몰랐다.

경험과 지식에 기반한 플로리의 추정은 옳았던 것으로 밝혀졌다. 몇 시간이 지나지 않아, 알렉산더는 나아지기 시작했다. 뒤집어진 공포 영화를 보는 기분이었다. 예컨대 온몸이 눈에 띄게 썩어가던 사람이 갑자기 치유된다고 상상해보라. 체온도 정상 범위로 돌아왔다. 또 며칠 후에는 남은 오른쪽 눈으로 세상을 볼 수 있었다.

두피에서 뚝뚝 떨어지던 고름도 완전히 사라졌다.

플로리와 윌리엄던병리학학교 동료들은 알렉산더의 상태가 호전되는 걸 보고, 놀라운 신약이 눈앞에 있다는 걸 깨달았다. 플레처는 그 기념비적인 날을 이렇게 기록했다. "체인은 흥분해서 춤을 췄다. 플로리는 내성적이고 조용한 사람이었지만 그 임상 결과에 매우 감격한 모습이었다." 박테리아와 인간 간의 오랜 경쟁적 공진화(共進化) 끝에 처음으로, 인간이 박테리아를 확실히 죽일 수 있는 기법을 고안해낸 것이었다. 손을 씻거나 소독을 통해 식수를 정수하는 기법이 아니라, 과학에 기반해 새로운 화합물을 만들어내고, 그 화합물을 감염된 사람에게 투입해 혈액 순환을 통해 온몸에 분산함으로써 유해한 미생물을 공격하는 기법이었다. 백신은 우리 신체의 면역 체계를 강화함으로써 병원균을 물리치는 기법이었고, 공중위생은 외적인 면역 체계를 구축해서 병원균과 싸우는 기법이었다. 반면에 페니실린은 병원균을 직접적으로 죽이는 힘을 지닌 화합물을 형성했다는 점에서 완전히 새로운 방식이었다.

하지만 윌리엄던병리학학교 연구팀의 천재들도 대량 생산이라는 문제를 풀지 못했다. 그들은 알렉산더의 소변으로 배출된 화합물을 재활용해 페니실린을 제한적으로 공급하는 수준을 벗어나지 못했다. 따라서 처치를 시작하고 보름이 지나자, 페니실린도 바닥나고 말았다. 페니실린 투여가 중단되자, 알렉산더의 상황이 급격히 악화됐고, 결국 3월 15일에 숨을 거뒀다. 장미 가시에 긁힌 작은 상처 때문에 목숨을 잃은 셈이었다. 일시적이었지만 알렉산더의 눈에 띄는 회복으로, 페니실린이 치명적인 박테리아 감염으로부터 인간을 구할 수 있다는 건 분명해졌다. 남은 문제는 어떻게 해야 페니실린을 충분히 만들어낼 수 있느냐였다.

▲ ▲ ▲

대량 생산이라는 문제를 해결하기 위해 하워드 플로리는 미국 쪽으로 눈을 돌렸다. 그는 록펠러재단(Rockefeller Foundation)의 자연과학부 책임자이자 뛰어난 예지력을 지닌 과학자 워런 위버(Warren Weaver, 1894~1978)에게 편지를 써서, 윌리엄던병리학교가 발견한 유망한 신약에 대해 설명했다. 위버는 그 신약의 중대성을 깨닫고, 플로리와 히틀리가 미국으로 건너와, 독일군의 공습에 몸살을 앓고 있는 영국에서 멀리 떨어진 곳에서 페니실린 연구를 계속할 수 있도록 주선해줬다. 영화 〈카사블랑카(Casablanca)〉의 한 장면처럼, 플로리와 히틀리는 7월 1일에 팬암 클리퍼를 타고 리스본을 떠났다. 그들의 꽉 잠긴 서류 가방에 담긴 약간의 페니실린이 씨가 돼, 전 세계에 페니실린을 공급할 수 있게 됐다.

미국에 도착하자마자 플로리 연구팀은 일리노이주 피오리아에 있는 농무부 소속 '북부연구소(Northern Regional Research Laboratory)'에 연구실을 차렸다. 그들의 프로젝트는 곧바로 미군의 지원을 얻었다. 미국은 과거의 전쟁들에서 감염으로 많은 병사를 잃었던 까닭에, 병사들을 감염으로부터 지켜주는 영약이 발견되기를 간절히 바라던 터였다. 오래지 않아, 머크(Merck)와 화이자(Pfizer)를 비롯해 몇몇 미국 제약 회사도 대량생산에 대한 경험과 전문성을 무기로 그 프로젝트에 가담했다. 그때까지 지적 네트워크가 오밀조밀하게 갖춰진 런던과 옥스퍼드에서 프로젝트를 진행하던 플로리와 히틀리에게 피오리아는 산간벽촌처럼 여겨졌을지 모르지만, 연구 시설은 더할 나위 없이 좋았다. 게다가 북부연구소의 농학자들은 곰팡이를 비롯해 땅과 관련된 유기체에 대한 경험이 풍부했고, 옥수수 침지액(corn steep liquor), 즉 옥수수 전분을 만들 때 추출되는 부산물의 발효력을 오래전부터 연구하고 있었다. 이렇게 연구에 도움을 줄 수 있는 과학자들만이 아니라 옥수수 밭까지 가까이 있어 연구에도 유리했다. 그리하여 푸른 곰팡이가 옥수수 침지액 통에서 번성한다는 게 밝혀졌다.

플로리 연구팀은 규모의 문제를 해결하기 위해 두 방향에서 접근했다. 연구팀은 히틀리가 옥스퍼드 연구소에서 개발한 공학 실험을 계속하며, 옥수수 침지액에 형성된 곰팡이로부터 페니실린의 생산을 극대화하기 위한 새로운 장치를 만들어갔다. 더불어 더 신속히 확산되는 다른 계통의 페니실린이 자연계에 있지 않을까 생각했다. 아이오와주의 농학자들은 일반적인 토양에도 두 종류의 박테리아가 바글거린다는 걸 알고 있었다. 하나는 앨버트 알렉산더를 죽인 포도상구균 같은 박테리아였고, 다른 하나는 그런 박테리아의 위협을 억제하는 방어력을 지닌 유기체, 즉 플레밍이 처음 발견한 곰팡이 같은 유기체였다. 따라서 연구팀은 히틀리의 장치에서 곰팡이를 더 효과적으로 키워내려고 애쓰는 동시에, 대량생산을 가능하게 해줄, 땅속 어딘가에 숨어 있는 유기체를 찾아나섰다.

그리하여 미국 정부는 세계사에서 가장 대대적인 '건초 더미에서 바늘 찾기' 작전을 실시하게 됐다. 이 작전에서 바늘은 육안으로는 보이지 않는 게 당연한 곰팡이였고, 건초 더미는 살아 있는 흙이 있는 지상 어딘가였다. 연합국 군인들이 제2차세계대전을 상징하는 전장에서 피를 흘리며 싸우는 동안, 수십 명의 병사는 세계 전역에 흩어져 별도의 임무를 조용히 수행했다. 표면적으로는 군사 행동보다 유치원 휴식 시간에 더 가까워 보이는 임무였다. 문자그대로 땅을 파서 흙 표본을 채집해 미국의 연구실에 보내는 게 그들의 역할이었다. 이 파견대 중 하나가 보낸 유기체가 결국 오늘날 세계에서 가장 널리 사용되는 항생제 중 하나인 스트렙토마이신과, 1948년 오스틴 브래드퍼드 힐이 선구적으로 시도한 RCT의 기반이 됐다. 전쟁이 끝나고 나서는 화이자 같은 제약 회사들이 세계 전역에서 흙 표본을 대대적으로 채집하는 탐사 작업을 이어받았다. 화이자의 한 화학자가 말했듯이, "[화이자는] 공동묘지에서도 흙 표본을 채집했다. 열기구를 타고 하늘에 올라가, 바람으로 옮겨진 흙 표본도 구했고, 수직 갱도를 따라 바닥까지 내려가 흙 표본을 채집하기도 했다. 해저에서도⋯⋯."[10] 이렇게 해서 무려 13만 5,000종의 흙 표본이 수집됐다.

피오리아에서, 플로리 연구팀은 다른 계통의 페니실린을 찾기 위한 연구를 자체적으로 시행했다. 1942년 여름 내내, 동네 식료품점을 찾은 주민들은 신선 식품 통로에서 이상한 장면을 목격했다. 젊은 여성 하나가 진열된 과일을 열심히 살펴보며, 썩은 곳이 있는 과일만을 골라 구입하는 모습이었다. 식료품점 직원들과 계산대 점원에게는 정말 희한한 손님이었겠지만, 그녀는 전쟁터에 싸우는 연합국 병사들의 삶과 죽음을 결정할 만한 비밀 임무를 수행하고 있었다. 그녀의 이름은 메리 헌트(Mary Hunt)였다. 그녀는 피오리아 연구소의 세균학자로, 당시 사용되고 있던 계열의 곰팡이를 대체할 만한 곰팡이를 찾아내는 임무를 맡고 있었다. (이런 특이한 쇼핑 습관 때문에 결국 그녀는 '곰팡이 메리'라는 별명까지 얻게 됐다.) 헌트가 채집한 곰팡이 중 하나는 유난히 맛없던 칸탈루프(유럽산 멜론 - 옮긴이)에서 찾아낸 것으로, 히틀리와 윌리엄던병리학학교 팀이 시험하던 계통보다 페니실린 생산성이 훨씬 나았다.[11] 알렉산더 플레밍의 발견 과정 때문에, 페니실린 이야기는 새로운 혁신적 현상을 우연히 마주했을 때 그 새로운 현상을 흥미롭게 생각할 정도의 호기심이 있어야 한다는 사례로 주로 소개된다. 그러나 페니실린의 승리는 우연한 발견을 넘어, 신중하게 계획된 연구의 산물이기도 하다. 메리 헌트가 그 썩은 칸탈루프들을 철저하게 조사한 이유는 자명했다. 그 썩은 과일에 곰팡이를 죽이는 물질이 숨어 있을지 모른다고 생각했기 때문이다. 더 나아가, 연합국의 과학자들이 그 물질을 발견하면 전쟁에도 유용하게 쓰일 것이라고 확신했기 때문이기도 하다.

그들 모두의 추정이 옳았다. 오늘날 사용되는 거의 모든 계통의 페니실린이 메리 헌트가 칸탈루프에서 찾아낸 세균 집락(bacterial colony)에서 파생된 것이다.

선진 생산 기법을 보유한 제약 회사들의 도움을 받아, 미국은 안정된 페니실린을 대량으로 생산했고, 세계 전역의 군병원에 보낼 수 있었다. 1944년 6월 6일, 노르망디 해변에 상륙한 연합국 군대에게는 무기만이 아니라 페니실린도 있었다.

▲ ▲ ▲

중대한 혁신이 수반된 발명이 흔히 그렇듯이, 페니실린도 정확히 언제 발명됐다고 단정적으로 말하기는 어렵다. 이 의문에 대한 답은 시간표에서 어떤 순간이 아니라 기간으로 표시된다. 엄격히 말해서 항생제라는 영약이 1928년 전에는 존재하지 않았다고 말할 수 있을 뿐이다. 그러나 1944년 중반경 세상에 혜성처럼 등장한 영약이 일주일에 평균 수천 명의 목숨을 구하며, 연합국에게 추축국을 압도하는 조용하지만 결정적인 이점을 안겨줬다. 연구실을 좀처럼 정리하지 않고, 산만하기 이를 데 없는 교수로부터 그 혁명이 시작된 것이 사실이고, 혁신의 역사, 심지어 의학적 혁신의 역사에도 그런 이야기는 숱하게 많다. 그러나 미국 군부와 민간 제약 회사들의 막대한 지원 덕분에 어수선한 실험실에서 시작된 통찰이 신속히 대량생산으로 이어졌다는 점에서 페니실린 혁명은 남달랐다. 페니실린이라는 화합물이 세상에 나오기 위해서는 발견되고 정제되는 과정을 거쳐야 했지만, 그 발견을 공유하고 확장하는 길이 새롭게 개척된 것도 발견 자체만큼이나 중요했다. 그 길은 플레밍의 연구실에서 윌리엄던병리학교를 거쳐 피오리아 연구소로 이어졌고, 그곳에서 다시 노르망디 해변으로 옮겨갔다.

이 모든 것을 고려할 때 페니실린 혁명은 우리의 삶에 어떤 영향을 줬을까? 페니실린의 발견과 그 이후에 개발된 항생제들은 세계 전역에서 수십 억까지는 아니어도 수억 명의 생명을 직접적으로 구했다. 플로리와 히틀리가 1942년 처음 시도한 임상 시험이 성공적으로 끝난 이후로 약 20년 동안 거의 모든 항생제가 개발됐다. 플레밍이 페트리 접시를 실수로 노출시켜놓기 전까지, 결핵은 미국에서 세 번째로 높은 사망 원인이었다. 그러나 오늘날 결핵은 사망 원인의 상위 50위 안에도 들지 못한다. 감염을 예방하고 억제하는 항생제의 마법적인 힘은 치료법에서도 새로운 가능성을 열어줬다. 예컨대 목숨을 위협하는 감염에 취약할 수밖에 없는 장기 이식 같은 급진적인 외과 수술이 한층 안전해짐으로써, 그런 수술이 주된 의료 행위가 될 수 있었다. 항생제 혁명은 의학 역사의 분수령이기도 했다. 항생제라는 영약 덕분에, 의학이 '매큐언 명제'의 암울한 제약으로부터 마침내 벗어날 수 있었기 때문이다. 페니실린 이전에도 소수의 신약—파울 에를리히가 매독 치료제로 내놓은 '살바르산', 1930년대에 개발된 설파제, 당뇨병 환자를 위한 인슐린 주사액—이 개발되며 건강에 긍정적인 결과를 남겼지만, 항생제 덕분에 질병과 감염증을 억제하는 미증유의 방어선을 세울 수 있었다. 제2차세계대전이 끝난 뒤, 기대수명은 공중위생 감독 기관과 저온살균된 우유 때문만이 아니라, 단순한 플라세보효과보다 훨씬 더 큰 효과를 지닌 알약 때문에도 늘어나기 시작했다. 병원은 이제 환자들이 죽어가고, 붕대와 실질적인 도움이 되지 않는 위안만을 제공하는 곳이 아니었다. 일상적인 수술이 생명을 위협하는 감염으로 발전하는 경우도 거의 없었다. 항생제가 발명된 이후로 수십 년 동안, 새로운 형태의 처치 방법이 뒤따랐다. 심장 질환을 치료하는 데 스타틴과 ACE 억제제, 어떤 암의 항구적 치료 가능성을 보여준 새로운 면역요법 등이 대표적인 예다. 세계 전역에서 채취한 흙 표본에서 추출한 곰팡이들이 첫 세대 항생제였다. 따라서 그 시대를 규정짓던 '우연한 발견'이 '합리적인 약물 설계(rational drug design)'라고 일컬어지는 새로운 접근법으로 차츰 대체됐다. 바이러스나 병원균의 표면에 분자 수용체가 있다는 사실이 밝혀진 덕분에, 치료 효과가 있는 새로운 화합물을 컴퓨터로 설계하는 게 가능해진 때문이다. (지난 20년 동안 수백만 명의 생명을 구한 에이즈 칵테일 요법은 이런 합리적 약물 설계가 거둔 초기 성과 중 하나다.) 물론 지금도 엉터리 약이 시장에 존재하지만, 평판이 좋은 제약 회사들이 판매하는 약품은 대체로 광고만큼의 효과가 있다. 일반적인 예상보다 더 오랜 시간이 걸렸지만, 오늘날 페니실린과 그 밖의 항생제로 무장한 의료인들은 질병을 예방하는 능력만이 아니라 치료하는 능력까지 겸비하게 됐다.

페니실린의 발견과 개선은, 밀의 품종을 이종 교배할 때 회복력과 생산력이 향상되듯이, 학문도 경계를 넘어 협력할 때 더 나은 결과를 얻는다는 걸 다시 한번 우리에게 깨우쳐준 사례다. 1928년부터 1942년 사이에 우리가 최종적으로 페니실린을 얻기까지 무엇이 필요했는가? 정돈되지 않은 작업장, 토양학자, 식료품점, 옥수수 침지액 통, 군사 조직이 있어야 했다. 또 화학자와 산업공학자도 필요했다. 이 모든 관련자들은 19세기의 렌즈 제작자와 농부, 직물 산업에서 비롯된 과학기술과 통찰에 의존했다. 한 명의 천재가 아니라 네트워크 전체를 보라. 그 네트워크는 노먼 히틀리의 괴상한 장치처럼, 즉 겉보기에는 아무런 관련도 없는 사람들을 하나로 엮어 놓은 연결체처럼 보인다. 이런 접근 방법은 한 천재가 현미경을 발명했다는 상투적인 이야기만큼 깔끔하지는 않지만, 어떻게 페니실린 같은 혁신적인 약이 일상적인 삶의 일부가 됐는가를 한층 정확히 설명해준다.

▲ ▲ ▲

의학 등 여러 분야에서 혁신의 역사가 하나의 중대한 돌파구, 예컨 대 페니실린이나 천연두 백신을 중심으로 구성되는 경향을 띠는 데 는 나름대로 합리적인 이유가 있다. 그러나 어떤 돌파구가 특정한 사회에서 결실을 맺지 못하는 이유를 추적하는 것도 때로는 유익할 수 있다. '나치가 원자폭탄을 개발하지 못한 이유는 무엇일까?', '또 나치가 원자폭탄을 만들 수 있었다면 어떤 결과가 닥쳤을까?' 하는 의문은 오래전부터 많은 학자의 연구 대상이었다. 그러나 나치가 페니실린을 개발하지 못한 이유도 그에 못지않게 흥미롭다.

독일이 설폰아마이드(sulfonamides)로 알려진 약물 계통에 투자한 게 하나의 요인일 수 있다. 설폰아마이드는 1937년 사고로 많은 미 국인의 목숨을 앗아간 항생물질에 앞서 개발됐다. 설폰아마이드는 원래 1930년대 초 독일 화학 및 제약 회사인 이게파르벤에서 개발 됐다. 그 설파제도 세균 감염과 싸울 수 있었으며, 연합국 군인들도 페니실린을 보급받기 전까지 설파제를 담은 봉투를 갖고 다녔다. 그 러나 세균은 설파제에 대한 저항력을 쉽게 키웠고, 급기야 설파제 에 손상을 주기도 했다. 독일은 설폰아마이드의 대량생산에 이미 상 당한 전력을 기울인 데다 설폰아마이드를 발견했다는 국가적 자부 심까지 더해지며, 다른 대안을 찾으려 하지 않았을 수 있다. 원자폭 탄의 경우에 그랬듯이, 전쟁을 앞두고 독일을 탈출한 유대인 과학자들을 필두로 한 과학자 집단의 두뇌 유출도 연합국에게 추가적인 이점을 안겨줬다. 하워드 플로리와 함께 페니실린을 추출하는 데 공헌한 유대인 생화학자 언스트 보리스 체인이 대표적인 예다. 게다가 독일에 남은 화학자들도 다수는 생명을 구하는 의약보다 '최종 해법 (Endlösung)'을 완수할 독가스를 개발하는 데 더 많은 시간을 보냈다.

또 다른 요인으로는 페니실린과 관련된 프로젝트에 대한 미국 측의 엄격한 비밀주의를 꼽을 수 있다. 플레밍의 발견과 옥스퍼드 연구소의 혁신적인 개발은 공식적으로 기록됐지만, 연구팀이 피오리아에서 중대한 진전을 이루기 시작할 때쯤 미국 정부는 페니실린이라는 기적의 약이 갖는 전략적 이점을 깨달았다. 진주만 기습이 있은 지 12일 후, 루스벨트 대통령은 '검열국(Office of Censorship)'이라는 전시 비상 기구를 설립하고, 적국에 흘러드는 정보를 감시하고 필요한 경우에는 차단하는 임무를 부여했다. 역사적으로 검열국의 가장 유명한 활동은 맨해튼프로젝트(Manhattan Project, 제2차세계대전 중에 미국이 주도한 핵폭탄 개발 프로그램 – 옮긴이)를 극비리에 지원한 것이다. 루스벨트가 검열국을 설립하고 이튿날, 피오리아의 연구팀은 "[페니실린의] 생산과 효능에 관련된 정보의 공개는 엄격히 제한돼야 한다"라는 지시를 받았다.[12]

나치 정권도 페니실린을 대량으로 생산하려는 시도를 멈추지 않았다. 획스트(Hoechst) 사의 염색 공장에서 소수의 과학자로 구성된 연구팀이 1942년에 페니실린의 대량생산을 위한 연구를 시작했지만, 그들의 연구는 피오리아 연구팀에 비해 한참 뒤처졌다. 횔스트는 실험실에서 소량으로 생산하는 데 성공한 방법을 1944년 말에야 공장 생산에 적용할 수 있었다. 히틀러와 그의 보좌관들도 페니실린의 잠재적 이점을 알고 있었는지, 1945년 3월 베를린에서 횔스트로 전문(電文)을 보내 하루에 몇 톤의 페니실린을 생산할 수 있는지 물었다. 하지만 그 단계에서 그런 질문은 망상에 가까웠다. 당시 횔스트의 화학 공장들에게는 그런 수준의 생산 능력이 없었다. 게다가 전문이 도착하고 며칠이 지나지 않아 횔스트의 염색 공장이 연합군에게 점령돼, 뒤늦게라도 페니실린을 구하려던 나치의 발버둥도 끝나고 말았다.

페니실린과 제2차세계대전의 이야기 중에 흥미로운 에피소드가 있다. 1944년 7월 20일, 즉 연합국 병사들이 노르망디에 상륙하고 한 달이 조금 더 지났을 때 히틀러의 동부전선 군사 사령부, 즉 '늑대 소굴(Wolfsschanze)'의 회의실에서 폭탄이 터졌고, 히틀러 암살은 거의 성공할 뻔했다. 폭발로 히틀러는 찰과상과 화상을 입었다. 그의 상처에 나뭇조각이 많았던 것으로 보아, 회의실 탁자가 폭발로부터 히틀러를 조금이나마 지켜준 것이 분명했다. 2년 전 프라하에서 라인하르트 하이드리히를 죽음으로 몰아간 감염증의 위험을 알고 있던 히틀러의 주치의 테오도어 모렐(Theodor Morell, 1886~1948)은 히틀러의 상처를 미스터리한 가루로 치료했다. 모렐은 7월 20일 밤, 일기에 이런 기록을 남겼다. 그는 히틀러를 '환자 A'라고 칭했다.

"환자 A: 점안액 투여, 오른쪽 눈에 결막염. 오후 1시 15분 맥박 72, 오후 8시 맥박 100. 정상이고 강함. 혈압 165~170. 페니실린 가루로 상처를 치료."[13]

모렐은 그 페니실린을 어디에서 구했을까? 1944년 7월이면 훽스트 연구원들이 소량 생산도 시작하지 못한 때였다. 게다가 그들이 그 단계에서 생산한 페니실린은 효과도 불분명했다. 그러나 모렐은 다른 통로를 통해 페니실린을 공급받았다. 포로로 잡힌 미군 병사에게서 압수한 페니실린 주사액이 한 독일 의사를 통해 모렐에게 전해졌을 것으로 추정된다. 7월 20일의 폭발 사건이 있은 후, 또 다른 독일 의사는 모렐에게 압수한 항생제를 사용해서 그날의 폭발로 끔찍한 상처를 입은 한 나치 간부를 치료하자고 간청했지만, 모렐은 총통을 위해 최상급 페니실린을 아껴야 한다고 생각했던지 그 간청을 매정히 거부했다. 히틀러의 상처가 하이드리히의 목숨을 빼앗은 것과 똑같은 종류의 감염으로 이어졌다면, 그 이후에 전쟁이 어떻게 전개됐을지는 순전히 추측의 영역이다. 여하튼 전쟁이 실제보다 서너 달 일찍 끝났을 것임은 거의 확실하다. 그러나 모렐 박사의 일기를 어떤 식으로 읽더라도, 페니실린을 대중화하려던 국제 네트워크의 이야기에 얄궂은 작은 흠집 정도만 낼 수 있을 뿐이다. 요컨대 플레밍, 플로리와 체인, 히틀리, 헌트는 연합국이 나치 독일에 승리하는 데 필수불가결한 역할을 했지만, 히틀러의 목숨을 구하는 데도 도움을 줬을 수 있다는 얘기다.

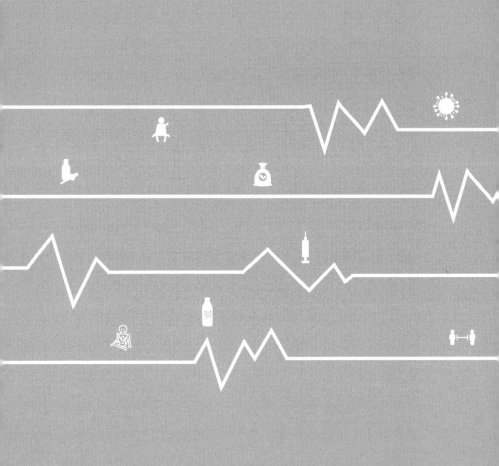

자동차

안전벨트와 산업 안전

1869년 8월 31일, 아일랜드의 귀족 과학자 메리 워드(Mary Ward, 1827~1869)는 남편 및 사촌과 함께 자동차를 타고, 아일랜드 중부 지역에 있는 오펄리의 시골길을 달렸다. 그들은 실험용 증기자동 차를 타고 있었다. 증기자동차는 근대 자동차의 전신으로, 그녀가 탄 자동차는 그녀의 조카들이 직접 제작한 것이었다. 메리 워드가 그런 위험을 무릅쓰는 모습이 조금도 이상하지 않았던 건, 그 시 대의 성차별적 관습에도 불구하고 천문학자이자 과학 저술가로 개인적인 경력을 개척해왔기 때문이다. 특히 미생물의 감춰진 생태계를 드러내 보여줄 수 있을 만큼 배율이 확대된 유리 렌즈로 새롭게 제작된 현미경을 이용하는 데 능수능란했다. 그녀는 뛰어난 화가이기도 했다. 그래서 현미경으로 작은 세상을 들여다보며 알아낸 것들을 그린 정교한 그림이 들어간 여러 권의 책을 출간하기도 했다.

1869년 8월의 그 운명적인 날이 있기 수년 전부터 메리 워드는 주목할 만한 과정을 차분히 밟고 있었다. 그녀가 성숙한 노년까지 살다가 잠든 사이에 편안히 죽었다면, 과학의 대중화에 힘쓴 과학자로서 기억됐을 것이다. 당시는 여성 과학자가 그런 업적을 이루기는 무척 힘들었기 때문이다. 하지만 지금 그녀는 일종의 본보기로 삶을 끝낸 사람, 즉 최초의 교통사고 희생자로 주로 기억된다.

현대인에게 워드와 동행자들이 함께 타고 있던 증기자동차는 그저 둔해 보일 뿐, 대단한 인상을 주지 못할 것이다. 당시에 증기자동차는 '도로용 교통기관(road locomotion)'이라고 불렸다. (말이 없는) 마차의 뒤쪽에 소형 객차가 덧붙은 모습은 켄타우로스를 떠올려줬다. 운전자와 승객은 앞쪽에 앉아, 레버로 바퀴를 조종했다. 그 장치가 현대인에게는 꼴사납게 보이겠지만, 그 시대의 과학기술을 고려하면 그런 모습에는 일리가 있었다. 증기 교통기관은 철도 교통에 혁명적 변화를 일으켰다. 다음 표적은 당연히 도로였다. 따라서 한 세대의 공학자들은 구동축 위에 소형화된 증기기관을 올려놓고, 시골길을 칙칙거리며 질주하기 시작했다.

'질주'는 과장된 표현일 수 있다. 그 자동차의 최대 속도는 시속 16킬로미터 언저리였고, 자동차 운행을 허용한 지역에서도 운전자에게 시속 8킬로미터를 넘지 않도록 법으로 규제했기 때문이다. 그러나 도로용 기관차는 너무 무거웠고, 따라서 그렇게 느린 속도에도 위협적인 존재가 되기에 충분했다. 이후의 증언을 토대로 추정해보면, 1869년 8월의 그날, 메리 워드는 시속 6.5킬로미터 이하로 운전했다. 그러나 그들의 자동차가 파슨스타운의 한 교회 근처에서 급격히 방향을 전환했고, 그 충격에 워드가 마차에서 튕겨져 나갔다. 곧바로 자동차의 뒷바퀴가 그녀의 목을 짓눌렀다. 남편과 승객들이 황급히 자동차에서 뛰어내렸지만, 그녀는 경련을 일으키며 입과 코, 귀에서 피를 쏟았다. 몇 분이 지나지 않아, 그녀는 숨이 끊어졌다.

다음 날, 지역신문은 그녀의 죽음을 애도하는 기사를 게재했다. "우울한 분위기가 온 마을을 뒤덮고 있다. 뛰어난 재주를 지녔건만 너무 일찍 서둘러 하늘나라로 올라간 여인의 남편과 가족을 향한 동정이 사방에서 쇄도하고 있다."[1] 잉글랜드와 아일랜드 전역에서 많은 신문이 "한 여인에게 닥친 치명적인 사고", "한 여인의 끔찍한 죽음" 등의 제목으로 그 사고를 짤막하게 보도했다. 이런 기사를 읽은 독자들은 메리 워드의 사고가 궁극적으로 동일한 원인에 의한, 그 이후의 무수한 사망 사고의 첫 출발점이었다는 걸 꿈에도 몰랐을 것이다. 검시관의 최종적인 발표에 따르면 워드의 사망 원인은 목 골절이었고, 배심원단은 그 죽음을 사고로 선언했다. 그러나 그녀가 목 골절로 인해 죽었다고 말하는 것은, 콜레라로 인한 죽음을 탈수증 탓으로 돌리는 것과 다를 바가 없다. 엄밀히 따지면 틀린 것은 아니지만, 진짜 원인은 다른 곳에 있었다. 워드를 죽인 진짜 범인은 기계였다. 그래서 그녀는 자동차 사고로 사망한 최초의 인간으로 여겨진다.

그 시기의 사망 보고서가 사용한 범주 분류에 따르면, 워드의 죽음은 '사고'라는 범주로 분류됐을 것이다. 그러나 오랜 시간이 지나지 않아, 공중보건 관리들이 사망 원인을 구체적으로 분류하며 새로운 범주, 즉 자동차 사고를 추가했다. 20세기 중반에 들어 의학이 진정으로 생명을 구하는 과학으로 성장한 반면에, 과학은 우리 생명을 단축시키는 새로운 기계를 만들어내기도 했다. 헨리 포드(Henry Ford, 1863~1947)가 '모델 T'를 발명했을 당시, 결핵은 미국에서 세 번째로 주된 사망 원인이었다. 그러나 항생제가 대량으로 생산되던 1950년대 초, 사망 원인의 목록에서 세 번째 자리는 인간이 만든 자동차라는 위협적인 존재가 차지했다.

▲ ▲ ▲

두 배로 늘어난 기대수명에 대한 이야기는 수천 년 동안 인간을 위협하던 것들, 예컨대 치명적인 바이러스, 세균 감염, 굶주림 등을 정복한 데에서 시작된다. 그러나 19세기에 들어, 완전히 새로운 차원의 위협이 나타났고, 그 위협과 싸워 이기려면 다양한 종류의 해결책이 필요했다. 역사상 처음으로 많은 사람이 기계와 관련된 사고로 죽기 시작한 것이다. 인간 문화의 혁신으로 여러 질병이 눈에 띄게 증가했다. 예컨대 3장에서 봤듯이, 인구밀도는 높지만 폐수 처리 시설은 열악한 도시에서 콜레라가 창궐했다. 그러나 산업 시대에 기계와 관련된 많은 죽음은 다양한 양상을 띠었다. 증기력으로 작동하는 직기, 기관차, 비행기, 자동차 등 특정한 목적으로 설계되고 제작된 다양한 기계장치들이 등장했지만, 그 기계들이 의도하지 않는 결과를 낳았기 때문이다. 다른 식으로 말하면, 기계를 사용하는 사람이 그 기계 때문에 죽는 고약한 양상이 반복됐다.

기계 때문에 죽은 최초의 인간은 누구였을까? 역사 기록에는 이에 대한 명확한 언급이 없다. 소총도 기계라고 할 수 있을까? 대포는? 투석기는? 전쟁을 위해 고안되고 제작되지 않는 기계로 인해 죽은 최초의 인간은 십중팔구 산업혁명 초기에 랭커셔의 공장에서 일어난 사고로 사망한 직공일 것이다. 당시 사람들에게 그 장면은 충격적이었을 것이다. 기계에 기반한 사고는 참혹하기 그지없어, 전쟁터에서 목격되는 모습과 다를 바 없었다. 두개골이 으깨지고, 팔다리가 잘려나가고, 폭발로 몸뚱이가 누구인지 알아볼 수 없는 살덩이로 변했다.

자동차가 우리 일상에서 살상 무기로 돌변하기 전에는 철도가 기계 사고의 주된 원인 제공자였다. 신문에 실린 사진들은 철도 사고의 섬뜩한 장면을 가감 없이 보여줬고, 사망자 수는 굵직한 활자로 쓰였다. 찰스 디킨스도 1864년 철도 사고로 마지막 걸작 《우리 모두의 친구(Our Mutual Friend)》를 마무리하지 못할 뻔했지만, 가까스로 목숨을 건졌다. (디킨스는 객차에서 힘겹게 빠져나왔지만, 원고를 객차에 두고 나온 것을 깨닫고 원고를 찾으려고 다시 객차에 기어들어갔다.) 그 사고는 그에게 죽을 때까지 잊지 못한 마음의 상처를 남긴 것으로 전해진다.

기차 승객은 철도 노동자보다는 운이 좋은 편이었다. 일자리의 역사에서, 19세기 중반의 철도 노동자만큼 목숨을 위협받은 노동자는 거의 없었다. 이른바 '운영 부문'에 종사한 노동자들, 특히 차량을 연결하고 분리하는 작업에 종사한 노동자들은 거의 10퍼센트가 매년 상당한 중상을 입었다. 철도업계에 관련된 사람들에게 그런 비율은 충격적인 것이었다. 따라서 조지 웨스팅하우스(George Westinghouse, 1846~1914) 같은 철도업계 거인들은 객차에 공기브레이크 같은 안전장치를 도입했고, 일라이 제니(Eli Janney, 1831~1912)는 열차를 자동으로 연결하는 장치를 발명했다. 그러나 흔히 그렇듯이, 철도 사고라는 문제를 충분히 부각시켜 외부인의 눈길을 끌려면 통계분석이 필요했다. 1888년 주간통상위원회(Interstate Commerce Commission, ICC)는 미국에서 일어난 모든 철도 사고에 대한 자료를 수집하기 시작했다. 그리고 그들이 발표한 숫자는 그야 말로 충격적이었다. 철도 노동자는 산업재해로 죽을 확률이 '117 분의 1'이었다.[2]

그 자료는 미국 역사에서 중요성을 제대로 평가받지 못한 법안, '철도 안전장치법(Railroad Safety Appliance Act)'으로 이어졌다. 그 법 이 통과된 이후로, 철도 회사는 모든 차량에 동력브레이크와 자동 연결장치를 의무적으로 설치해야 했다. 그로부터 10년이 지나지 않아서 철도 노동자의 사망자 수가 절반으로 줄면서, 정부의 조치 가 효과적이었다는 게 명백히 입증됐다.

현대인에게 철도 안전장치법은 마치 우리를 세탁기로부터 보호 하려고 제정된 법처럼 들릴 수 있겠지만, 역사적으로는 중대한 이 정표였다. 노동 현장의 안전을 개선하는 데 중점을 둔 최초의 미국 법이었기 때문이다. 그 이후로, 기계가 제기하는 위험을 줄이기 위 한 수백 개의 법이 제정됐다.

그 대부분은 자동차가 주된 대상이었다.

▲　▲　▲

20세기의 자동차 사랑으로 얼마나 많은 사람이 목숨을 잃었을까? 세계 전역을 대상으로 하면 그 숫자를 추정하기 어렵지만, 미국으 로 한정하면 1913년 이후로 정확한 숫자가 기록됐다. 한 세기가 조금 넘는 동안, 400만 명 이상이 자동차 사고로 사망했다. 미국 독립 전쟁 중에 군사적 충돌로 사망한 숫자보다 자동차 사고로 사망한 숫자가 세 배나 많았다. (자동차 중심 문화의 부수적 효과인 대기오염과 납 중독이 환경에 미친 영향은 400만이라는 숫자에 포함되지 않았으니, 이 숫자도 자동차로 인한 사망자 수를 낮게 계산한 것이다.)

전쟁을 위해 설계된 것까지 포함해서, 20세기의 어떤 발명품이 자동차만큼 많은 사람을 죽였을까? 원자폭탄으로는 약 10만 명이 죽었고, 항공기 추락 사고로 죽은 사람을 모두 합해도 대략 그 정도다. 히틀러의 '최종 해법'이 한창 진행 중일 때에는 가스실에서 치클론 B가 같은 시기의 자동차보다 훨씬 많은 사람을 죽였다. 그러나 20세기 전체를 두고 계산하면, 자동차에 필적할 만한 살인 무기는 기관총이 유일하다.

특히 젊은이가 많이 죽었기 때문에 자동차 사고가 기대수명에 미친 영향도 대단히 컸다. 자동차 사고로 인해 사망한 젊은이가 얼마나 많았는지 보여주고 싶다면, 50세 이전에 자동차 사고로 사망한 유명인들을 끝없이 나열하는 것도 좋은 방법일 것이다. 음악인으로는 해리 채핀(Harry Chapin, 1942~1981)과 마크 볼란(Marc Bolan, 1947~1977), 에디 코크런(Eddie Cochran, 1938~1960)이 있고, 무용가로는 이사도라 덩컨(Isadora Duncan, 1878~1927)이 있다. 작가로는 마거릿 미첼(Margaret Mitchell, 1900~1949), 알베르 카뮈(Albert Camus, 1913~1960), 너대니얼 웨스트(Nathanael West, 1903~1940)가 있다. 언론에 크게 보도된 자동차 사고로 젊은 나이에 비극적으로 죽은 왕족도 적지 않다. 가장 널리 알려진 사례가 벨기에의 아스트리드(Astrid Sofia Lovisa Thyra) 왕비와 다이애나(Diana Frances Spencer) 왕세자비였다. 빌 클린턴(Bill Clinton)과 버락 오바마(Barack Obama)의 아버지도 이른 나이에 자동차 사고로 세상을 떠났다. 배우 제인 맨스필드(Jayne Mansfield, 1933~1967)와 폴 워커(Paul Walker, 1973~2013)도 자동차 사고로 목숨을 잃었다. 그러나 1955년 제임스 딘(James Dean, 1931~1955)의 죽음만큼 여론에 큰 파장을 준 경우는 거의 없었다. 당시 24세였던 딘은 포르셰 스파이더를 운전하던 중, 중부 캘리포니아의 어느 교차로에서 포드(Ford) 튜더와 충돌해 세상을 떠났다.

제임스 딘이 교통사고로 죽었을 때쯤, 거의 모든 자동차는 최소한의 안전장치만 갖춰진 채 제작됐다. 안전벨트는 극히 드물게 설치돼 있었으며, 그마저도 실질적으로는 무의미했다. 오목한 운전대와 크럼플존은 듣도 보도 못한 것이었다. 에어백과 잠김 방지 제동장치(anti-lock brake system, ABS)는 아직 발명되지 않은 때였다. 1955년 가장 많이 팔린 가정용 자동차, 쉐보레 벨에어에는 머리받침대도 없었고, 백미러도 없었다. 계기판에는 완충재가 없었고, 안전벨트도 없었다. 하지만 '주간 고속도로법(Interstate Highway Act)'과 전후(戰後) 호황으로, 수백만 명의 미국인이 고속도로를 무서운 속도로 달리고 있어, 충돌 사고가 일어나면 치명적일 수밖에 없었다. 따라서 교통사고로 사망하는 운전자가 급속도로 증가했지만, 극소수의 예외를 제외하면 자동차 산업은 무대응으로 일관하며, 자동차 사고로 인한 죽음은 피할 수 없는 것이라고 주장했다. 충돌할 때의 충격은 엄청나게 큰 데 비해 인간의 몸은 유약하기 이를 데 없기 때문에 일어나는 물리학적 현상에 불과하다는 것이었다.

초기에 비하면, 신호등과 제한속도 표시 등 외적인 부분의 혁신이 충돌로 인한 사망 가능성을 낮추기는 했다. 미국의 경우, 1935년에는 주행거리 16만 킬로미터당 사망자 수가 15명이었는데, 제임스 딘이 포르셰 스파이더에서 목숨을 잃었을 때쯤에는 사망자 수가 절반으로 떨어졌다. 그러나 자동차 설계 자체에 변화를 줘 사망자 수를 낮추겠다는 아이디어는 전혀 거론되지 않았다. 자동차 제작 회사들은 새로운 안전장치를 개발하려고 애쓰지도 않았고, 그런 가능성을 생각하지도 않았다. 하지만 개념의 문제였지, 기술적 한계로 안전장치를 갖추지 못한 것은 아니었다. 철판으로 만든 상자를 시속 80킬로미터로 운전하면 위험할 수밖에 없다는 게 자동차 제작 회사들의 기본적인 생각이었다. (이런 점에서 자동차 제작자들은, 19세기에 산업의 중심지로 새롭게 떠오른 지역의 사망자 수를 조사한 뒤에 인구밀도가 높은 그런 규모의 도시들은 근본적으로 건강에 해로울 수밖에 없다고 결론지은 비관주의자들과 크게 다르지 않았다.) 이런 교착 상태를 벗어나는 데 필요한 돌파구는 새로운 기계의 발명이 아니라, 그 시대의 맹점을 찾아보는 눈이었다. 문제의 해결책이 아니라, 근본적인 변화가 필요했다. 요컨대 그 문제가 해결될 수 있다는 믿음이 무엇보다 필요했다.

　그런 믿음을 받아들인 초기의 인물 중 가장 중요한 사람은 브루클린 태생의 조종사이자 공학자였다. 그는 비행기를 타고 하늘에서 떨어져 목숨을 거의 잃을 뻔한 개인적인 경험을 통해 자동차 안전이라는 문제를 완전히 다른 관점에서 접근하기 시작했다.

▲　▲　▲

1917년의 어느 날, 당시 21세이던 견습 조종사 휴 데헤이븐(Hugh DeHaven, 1895~1980)은 항공 사격 훈련을 위해 이륙했다. 영국육군 항공대는 미국 텍사스에서 조종사 훈련 학교를 운영했고, 데헤이븐은 이곳의 훈련생이었다. 훈련 과정에서 무엇인가가 잘못됐는지 데헤이븐의 비행기가 역시 훈련 중이던 다른 훈련생의 비행기와 충돌했다. 데헤이븐은 불행 중 다행으로 중상에 그쳤지만, 상대방은 비명횡사하고 말았다. 수개월 동안 계속된 회복 기간에, 데헤이븐은 충돌의 피해를 다양한 관점에서 연구했다.[3] 왜 나는 죽지 않았을까? 데헤이븐이 더 영적인 성향이었다면, 신이 개입한 것이라고 추정했을지도 모른다. 그러나 데헤이븐은 세속적인 관점에서 그 이유를 추적했다. 비행기 설계상의 어떤 특징이 그를 살려줬다고 생각했다.

그 사고로 데헤이븐은 군인의 길을 중단하고, 발명을 주업으로 삼았다. (그는 신문을 대량으로 포장하는 장치를 발명하고 특허를 얻어, 30대 중반에 큰 부자가 됐다.) 그러나 그 과정에서도 텍사스에서 겪은 사고가 그의 머리를 떠나지 않았다. 그는 운송수단의 뼈대가 어떻게 이뤄지고, 탑승자를 어떻게 보호하느냐에 따라 고속으로 충돌할 때 사망률에 미치는 영향이 크게 달라진다는 것을 알고 있었다. 그 차이는 어떤 운송수단에나 적용되는 근본적인 진실이었다. 데헤이븐은 탑승자를 보호하는 방식으로 운송수단의 뼈대를 설계하는 방법을 '패키징(packaging)'이라고 칭했다. 비행기의 조종석이나 자동차의 차대(車臺)를 한 방향으로 지으면 충돌 시에 탑승자가 죽지만, '패키지'를 다른 방향으로 보호하면 탑승자들은 살아남을 수 있다는 이론이었다.

1933년 데헤이븐은 두 번째로 기계 사고를 겪었고, 그 사고 이후로 그의 삶이 크게 달라졌다. 계기판의 조절기가 운전자의 두개골을 관통한 섬뜩한 자동차 사고였다. 그가 두 번째 자동차 사고로 정신적으로 어떤 외상 후 스트레스 장애를 겪었는지 모르지만, 이후 자신의 '패키징' 이론을 본격적으로 시험하고 다듬기 시작했다.

데헤이븐은 달걀로 시험을 시작했다. 바닥에 몇 겹의 발포 고무를 깔아, 부엌을 충돌 충격 실험실로 개조했다. 데헤이븐은 충격을 흡수하는 발포 수준을 달리하며 달걀을 3미터 높이에서 떨어뜨렸고, 달걀이 충격으로 깨지는 걸 어떤 물질이 어떻게 보호하는가를 치밀하게 기록했다. 이 실험은 부엌의 천장 높이가 그의 연구를 제약하는 지경까지 진행됐다. 그때부터 그는 건물 옥상에 올라가, 지면 충돌 시의 충격을 낮추도록 설계된 실험용 패키지에 달걀을 떨어뜨리기 시작했다(요즘 많은 고등학교의 물리 시간에 실시하는 달걀 떨어뜨리기 대회는 데헤이브의 실험에 기반한다). 1940년대에는 이 실험이 10층 건물의 옥상에서 달걀을 떨어뜨려 껍질을 깨뜨리지 않는 수준까지 올라섰다.

달걀 낙하 실험을 거듭하는 와중에도 데헤이븐은 자동차 사고와 관련된 보도를 수집하며, 고속으로 충돌한 사고에서도 탑승자가 살아남은 사례를 집중적으로 분석했다. 또한 자살 시도나 우연한 추락 사고로 30미터 이상의 높이에서 자유낙하를 하고도 기적적으로 살아남은 이야기들에 주목했다. 그는 이런 충돌의 물리력을 계산했고, 인간의 몸이 지상에서 작용하는 일반적인 중력보다 200배나 강한 '중력가속도(gravitational force equivalent, g-force)'까지 견뎌낼 수 있다는 걸 알아냈다. 예컨대 운전자나 탑승자가 핸들에 짓눌리거나 전면 유리를 뚫고 튕겨져 나가는 걸 막을 수 있다면, 고속 충돌 사고가 반드시 죽음으로 연결되지는 않을 것 같았다. 데헤이븐은 이런 연구를 정리해서, 1942년에 〈15미터부터 45미터까지의 높이에서 추락하고도 생존하는 경우에 대한 기계적인 분석(Mechanical Analysis of Survival in Falls from Heights of Fifty to One Hundred and Fifty Feet)〉이라는 제목의 논문으로 발표했다. 그 논문은 자유낙하를 하고도 기적적으로 생존한 여덟 사람의 사례를 집중적으로 다뤘다. 각 사건의 환경과 부상 정도에 주목해서, 그때 작용한 중력가속도(g-force)를 계산했다.

17층에서 뛰어내린 여자, 즉 43미터 높이에서 '접이식의자'처럼 추락한 여자가 금속 통풍기 위에 떨어졌다. 통풍기의 크기는 폭 61센티미터, 높이 46센티미터, 길이 3,000센티미터였다. 그녀가 추락할 때 작용한 힘에 통풍기는 30~46센티미터 깊이로 찌그러졌다. 두 팔과 한 다리가 통풍기 밖으로 삐져나왔고, 양쪽 팔뚝의 뼈가 부러졌으며, 왼쪽 위팔뼈도 부러졌다. 또 왼발도 크게 다쳤다. 다행히 얼굴에는 아무런 상처가 없었고, 의식을 잃지도 않았다. 그녀는 똑바로 일어서서, 방으로 데려가달라고 부탁했다. 복부와 가슴에서도 상처를 찾을 수 없었고, 뢴트겐검사에서 다른 곳의 골절도 발견되지 않았다. 평균 중력가속도는 80G 이상, 평균 100G였다.[4]

데헤이븐의 논문은 예외적으로 많이 읽혔다. 일반적으로는 타블로이드판 신문에 100포인트 크기의 활자로 '17층에서 떨어져 살아남은 여인'이라는 제목으로 실렸을 법한 기적적인 생존에 대한 이야기들이 임상적 내용까지 자세히 설명돼 있었기 때문이다. 표면적으로는 자살을 시도하려는 사람에게 해주는 조언 같았을 수 있지만, 데헤이븐은 마지막 구절에 자신의 목적을 명확히 밝혔다.

인간의 몸은 짧은 시간 동안 중력의 200배나 되는 힘을 견뎌내고 소진할 수 있다. 그 짧은 시간 동안 그 힘은 몸의 세로축에 대해 가로축을 따라 작용한다. 따라서 구조적으로 충격을 줄이고 압력을 분산하는 조건이 갖춰지면, 항공기와 자동차 사고에서 상당한 정도까지 생존율을 높이고 부상률을 낮출 수 있다는 합리적인 가정이 가능하다.[5]

일반 승용차 소유자들이 이해할 수 있는 평이한 언어로 바꿔서 표현하면, '시속 80킬로미터로 달리던 두 자동차가 충돌하더라도 물리학적으로 탑승자들이 반드시 사망하는 것은 아니'라는 뜻이었다. 데헤이븐의 이런 주장은 가히 혁명적이었다. '패키징'이 적절하면, 탑승자들은 멀쩡한 몸으로 사고 현장에서 걸어나올 수 있다는 것이었으니까. 여하튼 데헤이븐의 논문으로 '부상학(injury science)'이라는 새로운 학문 분야가 시작됐다. 훗날 이 분야에서 활동한 한 전문가의 표현을 빌리면, 데헤이븐의 논문에는 "충돌과 그에 따른 부상은 불가피한 것이 아니라 예측할 수 있는 것이므로 예방할 수 있다"라는 급진적 생각이 담겨 있었다.

데헤이븐의 주장은 달걀과 대수학과 신문 스크랩에 근거한 것이었다. 그러나 사람들의 통념을 바꿔놓으려면 다른 종류의 설득이 필요할 때가 적지 않다. 자동차 안전과 관련된 이야기에서 그런 유형의 설득을 가장 잘 보여준 사람은 존 스태프(John Stapp, 1910~1999) 대령이다. 스태프 대령은 전형적인 만물박사였다. 외과 의사이자 생물물리학자였고, 조종사이기도 했다. 한동안은 '지구에서 가장 빠른 사람'으로 알려지기도 했다. 스태프가 자동차와 항공기의 안전에 기여한 내용이 급감속(radical deceleration)에 대한 물리학적 이해에 바탕을 두고 있다는 사실을 고려하면, 그 별명은 약간 모순되게 느껴진다. 스태프는 주로 속도광으로 알려졌지만, 그가 남긴 진정한 유산은 속도를 급격히 줄일 때 인간의 몸에서 일어나는 현상에 대한 것이다.

▲ ▲ ▲

1947년 11월 14일, 당시 37세로 미육군항공의학연구소(U.S. Army Aeromedical Research Laboratory)에서 사무관으로 일하던 존 스태프는 보스턴의 스타틀러호텔 대연회장에서 열린 연례 군의관대회에서 연설을 시작했다. 훗날 〈급감속이 인체에 미치는 힘에 대한 인간공학적 문제들(Problems of Human Engineering in Regard to Sudden Decelerative Forces on Man)〉이라는 짤막한 논문으로 발표된 그날의 연설은 과학사에 중대한 화두를 던졌지만, 지금도 거의 언급되지 않는다. 새로운 대답이나 설명을 제시하기보다는 탐구할 가치가 있는 새로운 유형의 문제를 명확히 제기한 연구였기 때문이다. 그 문제를 간단히 요약하면, 시속 160킬로미터로 달리던 물체가 수초 이내에 0킬로미터까지 급격히 감속할 때 그 안의 인체에 어떤 일이 일어나는지를 알아내야 한다는 것이었다. 스태프가 말하듯이 그 문제는 완전히 새로운 유형의 문제, 최근에 이뤄진 과학기술의 발달로 제기할 수 있게 된 문제였다. 스태프는 군의관들을 상대로 한 연설에서, 공학이라는 렌즈로 보면 그 문제에 생산적으로 접근할 수 있을 거라며 덧붙여 말했다. "현대 항공술은 가속과 감속을 견뎌낼 수 있는 인간의 한계를 넘어서기 시작했지만, 의료인들은 인간의 몸에 생리적으로나 구조적으로 가해지는 압박을 분석하는 문제에 적용되는 공학에 무지하거나 관심이 없었습니다." 또 스태프는 연설의 앞부분에서 그런 접근법의 어려움에 대해서도 개략적으로 설명했다.

인간공학 연구자에게, 인간은 얇고 신축성 있는 가죽부대입니다. 그 가죽부대는 13갤런의 섬유질과 젤리 같은 물질로 채워지고, 관절로 연결된 뼈대로 부적절하게 지탱됩니다. 또 이 가죽부대 위에는 뼈 상자가 있습니다. 이 뼈 상자도 젤리 같은 물질로 채워져 있고, 뼈와 섬유질로 이뤄지고 신축성을 띤 연결 장치로 가죽부대와 이어집니다. 이 불규칙한 덩어리의 중력 중심은, 뼈와 섬유질로 된 구조물에 관절로 연결된 네 부속물의 위치에 따라 달라집니다. 연료와 윤활유는 중앙 펌프에 의해 작동하고, 저압에도 견디는 유압 시스템에 의해 이 기계의 모든 부분에 구석구석 전달됩니다. 불규칙한 모습, 다양한 구성 물질, 비율…… 때문에, 외부에서 가해지는 힘에 대한 이 기계의 응력 분석(stress analysis)은 그지없이 복잡할 수밖에 없습니다.[6]

이런 복잡함을 해결하려면, 데헤이븐이 5년 전에 발표한 획기적인 논문을 쓸 때 시도한 달걀 떨어뜨리기와 사례 분석을 뛰어넘어야 했다. 스태프는 두 눈을 반짝거리며 연설을 이어갔다. "이 문제는 간단하지 않습니다. 실험 대상자에 마이크를 매달아놓고, 승강기 통을 따라 건물을 한 층씩 내려가며 그를 떨어뜨릴 수야 없지 않습니까? 그의 고함소리가 추락하는 힘에 비례할 것이라는 가정하에 말입니다." 스태프의 설명에 따르면, 항공의학연구소는 항공기가 추락할 때의 급격한 감속이 '인간 모형을 본뜬 인형(anthropomorphic dummy)'만이 아니라 실제 인체에 가해지는 압박을 분석하고, 그 압박에 저항해 원형(原形)을 지키려는 인체의 응력을 분석하는 새로운 장치를 개발해냈다. 처음에 그 장치는 '선형 감속기(linear decelerator)'로 불렸지만, 그 이후에는 더 기억하기 쉬운 이름, '로켓 썰매(rocket sled)'로 칭해졌다.

로켓 썰매, 정말 똑떨어지는 이름이었다. 그 기계는 좌석이 하나인 썰매 뒤쪽에 고체 연료를 사용하는 여러 개의 내연기관을 설치해놓은 것에 불과했고, 운전자는 푹신한 의자에 똑바로 앉아 상체를 안전띠로 묶었다. 기계 전체가 정확히 맞춰진 레일을 따라 미끄러졌고, 바퀴가 없었기 때문에 기계가 예측할 수 없는 방향으로 이탈할 염려는 없었다. 시속 193킬로미터로 미끄러지던 썰매가 수초 만에 멈출 수 있을 정도로 제동장치는 강력했다. 스태프가 항공의학연구소에서 처음 개발한 선형 감속기를 비롯한 초기의 로켓 썰매들은 최고 속도를 시속 320킬로미터까지 찍을 수 있었다.

존 스태프는 그 기계를 설계하는 데 그치지 않고, 직접 실험하는 능동적 사용자이기도 했다. 실험을 거듭하는 과정에서 스태프는 늑골이 부러졌고, 팔목 골절을 두 번이나 당했으며, 심지어 일시적인 시력 상실을 겪기도 했다. 그가 기계장치에 올라타고, 그의 몸이 어마어마한 중력가속도과 싸울 때마다, 감지기들이 그의 몸에서 일어나는 미세한 변화를 충실히 기록했다. 응력 분석을 위해서는 피할 수 없는 과정이었다. 충돌 시험용 인형을 정교하게 제작하지 못하는 이상, 누군가는 그 압박을 몸으로 견뎌내야 했다. 이런 점에서, 즉 응력을 직접 경험하며 분석했다는 점에서 스태프는 대단히 매력적인 사람이었다.

현재 존 스태프는 1954년 세상에 처음 모습을 드러낸 기계장치, 즉 '소닉윈드 1(Sonic Wind 1)'이라는 로켓 썰매의 관계자로 가장 널리 알려져 있다. 1954년 12월 10일, 스태프는 뉴멕시코에 설치된 '홀로맨 고속 시험 트랙(Holloman High Speed Test Track)'에서, 소닉윈드 1를 타고 순간 최고 속도로 시속 1,010킬로미터를 기록한 뒤에 1.4초만에 급정거하는 역사적 기록을 세웠다. 그야말로 죽음에 도전하는 가속과 감속이었다.[7] 지금 스태프의 용기를 결코 과소평가해서는 안 된다. 당시는 지상에서 음속에 가까운 속도로 이동하는 것이 견딜 만한 경험인지 전혀 명확하지 않던 시대였다. 스태프는 왕좌 같은 좌석에 정교하게 배치된 안전띠로 온몸을 묶었지만, 얼굴을 보호할 만한 장치는 아무것도 없는 기계에 앉아 시험에 참여했다. 정지 화면에서, 감속하는 2초 동안 존 스태프에 가해지는 물리력이 확인된다. 1번 사진과 6번 사진까지 그의 얼굴이 어떻게 달라지는지 보라. 스태프는 순식간에 20킬로그램 이상 살찐 것처럼 보인다. '젤리 같은 물질'은 온통 앞쪽으로 쏠리고, 등뼈와 상체는 무서운 속도로 움추러든다. 게다가 노화의 물리학이 마치 빨리감기를 할 수 있는 테이프라도 되는 것처럼, 마지막 사진에서 그는 20년은 더 늙어버린 듯한 모습이다.

지상에서 그런 속도로 이동한 사람은 그때까지 어디에도 없었다. 따라서 소닉윈드 1을 타고 전설적인 기록을 세운 직후, 스태프는 지상에서 가장 빠른 사람으로 기록됐고, 당시 미국의 최고 잡지이던 〈라이프(Life)〉 표지에도 등장했다. 그 시험은 공식적으로는 항공학적 목적에서 설계된 것이었다. 조종사가 사출(ejection) 과정에서 몸으로 견뎌야 하는 바람의 속도를 고려할 때 초음속 항공기에 사출 좌석을 설치할 필요가 있는가를 공군에서 알고 싶어 했기 때

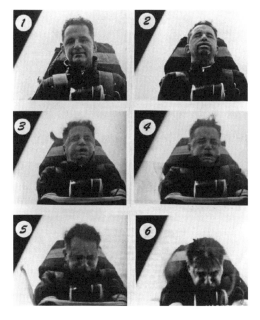

문이었다. 그 질문에 대한 답은 위의 사진들에 분명히 나와 있다. 물론 아무런 문제가 없다고 말할 수는 없었다. 스태프는 다시 일시적으로 시력을 잃었고, 얼굴에 심한 타박상을 입었다. 그러나 그는 시험을 무사히 통과해 살아남았고, 부상이 영구적이지는 않았다. 훗날 스태프는 당시를 회상하며 이렇게 말했다. "눈이 무척 아팠다. 마취를 하지 않고 어금니를 뽑는 기분이었다."[8] 여하튼 스태프는 그 시험을 견뎌냈다.

그 결과는 10년 후에 초음속으로 비행하게 될 소수의 사람들에게 분명 좋은 소식이었다. 그리고 전통적인 교통수단을 사용하던 수많은 사람들에게도 좋은 소식이었다. 교통수단이 시속 950킬로미터에서 0으로 순식간에 감속하더라도 탑승자가 큰 부상을 입지 않는다는 건, 시속 95킬로미터로 충돌하더라도 살아남을 수 있다는 뜻이었기 때문이다. 공군에 재직하던 동안, 스태프는 동료 군인들이 항공기 사고보다 자동차 사고로 더 많이 죽는다는 사실에 주목했다. 1955년 5월, 스태프는 자동차 산업 관계자 26명을 홀로맨 공군기지에 초대해 로켓 썰매의 작동을 보여줬다. 그리고 스태프의 시험에서 얻은 교훈을 자동차 안전에 적용할 수 있는 방법에 대한 논의가 시작됐다. 그런 모임은 이듬해에도 계속됐다. 그로부터 60년 이상이 지난 지금도 '스태프 자동차 충돌 회의(Stapp Car Crash Conference)'는 자동차 안전 전문가들이 폭넓게 모여 더 높은 수준의 안전장치를 상의하는 주요 연구 모임이다.

스태프는 1956년 헨리 포드에게 페어레인 크라운 빅토리아라는 차에 '생명 안전 패키지'를 제공하도록 조언하기도 했다. 안전장치는 당시 포드 경영진의 일원이던 로버트 맥너마라(Robert McNamara, 1916~2009)가 열정적으로 추구하던 프로젝트였고, 당시에는 포드만이 자동차 사고의 치명률을 낮추는 데 관심을 보였다. 처음으로 자동차 회사가 겉모습과 출력만이 아니라, 안전을 기반으로 경쟁하고 나선 것이었다. 크라운 빅토리아에는 안전한 문고리, 허리에 매는 이점식 안전벨트, 완충재를 더한 계기판, 완충재를 더한 차광판, 안쪽으로 오목한 핸들 등이 갖춰졌다. 그러나 포드의 강력한 경쟁자 제너럴 모터스(General Motors, GM)는 운전의 위험을 부각시키면 오히려 자동차 산업 전체에 재앙이 닥칠 수 있다고 생각했다. 따라서 그들은 포드에 소송을 제기하겠다고 위협했다. 어떤 이유였는지 몰라도 '생명 안전 패키지'는 소비자에게 호응을 얻지 못했다. 판매 기록이 참담하자, 헨리 포드 2세는 보고자에게 이렇게 투덜댔다고 전해진다. "맥너마라는 안전을 팔고, 쉐보레는 자동차를 팔고 있구만."[9] 데헤이븐과 스태프는 단순한 물리학이 자동차 충돌을 더 안전하게 만들려는 우리 능력을 오히려 제약한다는 통념을 설득력 있게 깨뜨렸다. 그러나 그 잘못된 통념이 물러서기 무섭게, '안전은 팔리지 않는다!'라는 또 다른 잘못된 통념이 모두의 뇌리에 스며들었다.

▲　▲　▲

데헤이븐과 스태프의 끈질긴 노력에도 불구하고, 자동차 안전 부문에서 최초의 유의미한 돌파구는 디트로이트가 아니라 스웨덴에서 생겨났다. 지금까지도 그 돌파구는 자동차 안전에 가장 큰 영향을 미친 혁신으로 여겨진다. 1950년대 중반, 볼보(Volvo)는 닐스 볼린(Nils Bohlin, 1920~2002)이라는 항공공학자를 고용했다. 볼린은 그 전에는 사브(SAAB)의 항공우주부에서 조종사의 긴급 탈출을 위한 사출 좌석을 연구했다. 볼린은 그때까지 대부분의 자동차에서 대체로 간과되던 장치, 즉 안전벨트를 손보기 시작했다. 당시에는 많은 자동차가 안전벨트 없이 판매됐다. 안전벨트가 장착된 경우에도 제대로 설계되지 않은 이점식 좌석 벨트여서, 충돌 시에 최소한의 안전만을 보장할 뿐이었다. 따라서 운전자는 물론이고 어린아이들도 그런 안전벨트를 매는 경우가 거의 없었다.

군 조종사들이 사용하던 안전장치를 참조해, 볼린은 '삼점식(three-point)'으로 설계한 안전벨트를 개발해냈다. 그 안전벨트는 가슴과 골반으로 중력가속도를 흡수함으로써 연조직 응력을 최소화할 수 있었다. 또한 쉽게 잠글 수 있어 어린아이도 금세 사용법을 익힐 수 있었다. 볼린의 삼점식 안전벨트는 어깨 벨트와 허리 벨트를 결합한 것으로, 조수석 쪽에서 버클을 이용해 V자 형태로 잠그는 방식이었다. 따라서 충돌 시에 버클 자체가 부상의 원인이 되지 않았다. 전체적인 모양도 우아해서, 현재 세계 전역에서 제작되는 모든 자동차에 장착되는 안전벨트의 표준이 됐다. 초기에는 어깨띠에 충돌 시험용 인형의 목이 잘리는 경우가 꽤 있었다. 그 때문에 안전벨트가 운전자와 탑승자를 죽일 수 있다는 소문이 퍼졌다. 이런 소문을 잠재우기 위해서 볼보(Volvo)는 경주용 자동차 운전자를 고용해 목숨을 건 곡예 운전, 즉 고속으로 달리다가 일부러 전복 사고를 일으키게 하기도 했다. 물론 그때마다 운전자는 삼점식 안전벨트를 매고 무사하다는 걸 보여줬다.

1959년부터 볼보는 삼점식 안전벨트를 기본으로 장착한 자동차를 판매하기 시작했다. 초기의 자료에 따르면, 이 하나의 안전장치를 덧붙인 것만으로 자동차 사고 사망자가 75퍼센트나 감소했다. 3년 후, 볼린은 미국특허상표청(U.S. Patent and Trademark Office)으로 부터 "아래쪽에 두 곳, 위쪽에 한 곳을 고정하는 장치인 삼점식 안 전벨트"로 특허 번호 US3043625A를 받았다. 볼보는 이 기술의 인 도주의적 이익을 폭넓게 인식하며, 특허권을 행사하지 않았다. 따 라서 볼린의 삼점식 안전벨트를 모든 자동차 회사가 무상으로 사 용할 수 있었다. 볼린의 안전벨트가 미친 효과는 대단했다. 삼점식 안전벨트 덕분에 100만 명 이상이 목숨을 구했고, 대다수가 젊은 이였다. 그로부터 수십 년이 지난 뒤, 볼린의 안전벨트는 20세기에 '인류에게 가장 큰 영향을 미친' 여덟 가지 특허 기술 중 하나로 인 정받았다.[10]

사망자 수의 감소라는 명백한 기록과 특허 기술의 공개에도 불 구하고, 미국의 3대 자동차 회사는 1960년대 전반기까지도 자동 차 설계에서 안전성을 우선시하지 않았다. 하지만 그들도 결국에 는 방향을 전환하지 않을 수 없었다. 여기에는 달걀을 떨어뜨리 는 실험이나 로켓 썰매보다, 언론인이자 법률가이던 랠프 네이더 (Ralph Nader)의 공이 컸다. 네이더는 2000년 대통령 선거에서 민주 당 후보를 방해하는 후보자 역할을 하기 전에도, 1965년에 발표한 베스트셀러 《어떤 속도에서도 안전하지 않다: 미국 자동차의 설계 상 위험(Unsafe at Any Speed: The Designed-In Dangers of the American Automobile)》의 저자로 크게 인정받고 있었다. 이 책은 자동차가 사회에 미치는 영향을 냉정하게 평가하며 시작했다. "반세기 동안, 자동차는 수백만 명에게 죽음과 부상, 헤아릴 수 없는 슬픔과 이별을 안겨줬다."[11] 이 책에서 네이더는 데헤이븐과 스태프의 선지자적 실험을 칭찬한 반면, '기존 설계와 실현 가능한 안전 간의 격차'를 도외시하는 자동차 회사들을 맹비난했다. 첫 장에서 네이더는 GM의 쉐보레 코베어를 표적으로 삼아, '혼자서 사고를 내는 자동차'라고 조롱했다. (잘못 설계된 현가장치 때문에 운전자가 그 자동차를 제대로 조작할 수 없었다. 따라서 많은 경우에 자동차가 뒤집어졌고, 다른 자동차를 추돌하지 않는 것만도 다행일 지경이었다.)

그 책이 출간될 때까지, GM은 사설 탐정을 고용해 네이더의 추잡한 면을 캐내려고 했다. 네이더는 밤마다 이상한 전화를 받았고, 커피숍에서는 생면부지인 여성들로부터 유혹을 받았다. 또 친구들과 동료들은, 네이더에게 새로운 일자리를 제안할 예정이라는 구실을 내세운 사람들부터 그의 성생활과 좌익 활동에 대한 질문 공세에 시달려야 했다. 결국 GM 사장 제임스 로시(James Roche, 1906~2004)는 한 상원 위원회에 불려 나가, 젊은 시민운동가에 대한 공격을 사과해야 했다. 얼마 후에 출간될 네이더의 책을 제대로 선전해준 셈이었다.

수년 전에 탈리도마이드 위기가 있은 뒤에 신약 신청 방법이 급격히 바뀌었듯이, 네이더가 여론에 미친 영향으로 각 도시의 주요 도로와 순환도로에서도 큰 변화가 일어났다. GM이 네이더를 괴롭힌 사건의 청문회를 주도하던 상원의원 에이브러햄 리비코프(Abraham Ribicoff, 1910~1998)는 교통사고를 "위기와 격변보다 풍요와 부유에서 야기되는 새로운 유형의 사회문제"라고 규정했다.[12] 1966년 9월, 린든 존슨(Lyndon Johnson, 1908~1973)의 지원을 받아, 의회는 "교통사고를 줄임과 동시에 그 사고로 인한 사망과 부상 및 재산의 손해도 낮추기 위해 전국적으로 동등하게 적용되는 자동차의 안전 기준을 설정하고, 전국적인 안전 프로그램을 제공할 목적"에서 '전국 교통 및 자동차 안전법(National Traffic and Motor Vehicle Safety Act)'을 제정했다. 그 법은 자동차 산업에서 정부의 규제 감독권을 대폭 강화해, 자동차 안전에 대해 폭넓고 깊은 영향을 미쳤다. 또한 이 법을 계기로 교통부(Department of Transportation)가 설립됐다. 그러나 가장 중요한 변화는 '처음으로 미국에서 판매되는 모든 자동차가 안전벨트를 장착하게 됐다'는 것이다. 그 이유는 쉽게 이해될 것이다. 불과 10년 전만 해도 안전벨트는 장식용에 불과한 것, 거추장스런 것, 심지어 그 자체로 중대한 위협거리로 여겨지며 묵살됐다. 그런데 이제는 안전벨트가 곧 법이었다.

▲　▲　▲

1966년의 법이 통과된 직후, 하원의장 존 매코맥(John McCormack, 1891~1980)은 입법 성공의 공을 "무엇인가를 해낼 수 있다고 믿었던 한 사람, …… 랠프 네이더의 개혁적인 정신"으로 돌렸다.[13] 어떤 면에서 네이더는 제이컵 리스(Jacob Riis, 1849~1914)와 업턴 싱클레어(Upton Sinclair, 1878~1968), 더 멀리 찰스 디킨스까지 거슬러 올라가는 초기의 부정부패 척결자들이 쓰던 방법, 즉 중대한 사회문제에 대한 여론을 바꾸어 입법자들이 그 문제를 해결할 법안을 제정할 수밖에 없도록 압박하는 방법을 사용했을 뿐이었다. 네이더의 진정한 개혁은 관심의 초점을 노동자에게서 소비자로 옮긴 것이었다. 싱클레어와 그의 동료들은 공장과 도축장 등 산업 시대 노동 환경을 표적으로 삼았다. 따라서 디트로이트의 경영자들과 논쟁할 때 그들은 조립 라인에서 일하는 노동자를 중심에 두고, 임금과 노동 시간, 작업에 따른 위험 등을 논쟁거리로 삼았다. 반면에 《어떤 속도에서도 안전하지 않다》는 자동차를 만드는 사람이 아니라, 자동차를 구매하는 사람을 보호하는 데 초점을 맞춘 책이었다. 네이더의 결정적인 기여는 완전히 새로운 유형의 정치인, 즉 텔레비전 시대의 프랭크 레슬리처럼 미디어와 법정을 이용해 민간 기업에게 더 안전한 제품을 만들도록 압력을 가하는 소비자보호운동가를 만들어낸 것이다.

1966년의 입법에는 네이더만큼이나, 다양한 계층에서 많은 사람이 참여한 '안전벨트 매기' 운동도 중요한 역할을 해냈다. 항상 그렇듯이, 더 안전한 자동차를 만든 주역들도 이단적인 발명가, 무모할 정도의 조종사, 항공공학자, 선동적인 법률가, 미국 의회 등 다양한 분야에서 활동하는 사람들이었다. 그들은 자동차의 안전도를 개선할 수 있다는 걸 입증하기 위해 달걀을 떨어뜨리는 실험과 로켓 썰매, 곡예 운전, 베스트셀러 등 온갖 도구를 이용했다. 그들 역시 우리가 앞에서 거듭 봤던 패턴을 그대로 따랐다고 말할 수 있다. 진정한 변화를 위해서는 기존 문제가 불가피한 게 아니라는 걸 사람들에게 설득시키는 일이 첫 단계인 경우가 많다. 또 해결책을 강구하려면 서로 도움을 주는 다양한 재능을 갖춘 사람들의 폭넓은 네트워크가 필요하다.

하지만 자동차 안전의 역사에서 자동차 산업 자체는 안전벨트의 필요성을 옹호한 쪽으로는 거의 언급되지 않는다. 닐스 볼린과 볼보를 제외할 때, 오늘날 '안전벨트를 매는 행위'를 제2의 천성으로 만드는 데 일조한 행위를 자동차 회사가 주도한 적은 없었다. 논리적으로 볼 때, 더 안전한 제품은 소비자의 마음을 사로잡을 게 분명하기 때문에 올바른 민간 기업이라면 더 안전한 제품을 만드는 혁신에 매진해야 마땅하다. 하지만 자동차 안전에서 진보는 그렇게 '자연스럽게' 이뤄지지 않았다. 오히려 외부인들이 진보를 위해 싸웠고, 자동차 회사의 저항에 맞서 싸우며 안전의 필요성을 역설했다. 하지만 자동차 산업은 물리학을 그들의 편으로 끌어들였고, 특히 GM은 물리학자들을 민간 연구자로 고용하기도 했다.

물론 안전벨트는 자동차 안전을 위한 일련의 혁신 중 하나에 불과했다. 그 혁신들은 이제 모든 자동차에 기본적으로 장착되고 있다. 《어떤 속도에서도 안전하지 않다》가 출간된 이후로 수십 년 동안 자동차 회사들도 안전 혁신을 추구하는 데 예전보다 더 많은 정성을 기울인 것은 사실이지만, 진보는 여전히 외부에서 추진됐다. 에어백은 1950년대에 처음 발명됐지만, 상당수의 공학자가 이를 개선한 뒤인 1989년에야 법으로 의무화됐다. 항공 산업계에서 선구적으로 시작한 ABS는 1990년대에 들어 자동차에서도 기본 장치가 됐다. 시민운동가들이 랠프 네이더처럼 일하며, 변화를 앞장서서 이끌었다. 특히 캔디스 라이트너(Candace Lightner)는 1980년 음주 운전자에게 딸을 비극적으로 잃은 뒤에 '음주운전을반대하는어머니모임(Mothers Against Drunk Driving, MADD)'를 창립했고, 그 덕분인지 술과 관련된 사고가 크게 줄었다. 유명 인사의 죽음도 한몫했다. 다이애나 왕세자비가 메르세데스 뒷좌석에서 안전벨트를 매지 않아 사망한 이후로, 영국에서는 뒷좌석 안전벨트를 사용하는 비율이 500퍼센트나 급증했다. 미국의 두 배에 달하는 숫자였다.

이런 모든 발명과 정부의 조치가 미친 전체적인 영향은 어떻게 요약할 수 있을까? 가령 당신이 오늘 자동차의 운전대를 잡고 있다면, 자동차가 현대적 삶의 일부가 된 직후보다 사망할 확률은 열 배나 낮다. 제임스 딘이 포르셰 스파이더의 운전석에 앉았을 때 자동차 사고는 주요 사망 원인 중 세 번째였지만, 지금은 10위권에도 들지 못한다.

다음의 도표는 1995년부터 지금까지 주행거리 16만 킬로미터당 사망자 수가 하락해온 추세를 보여준다.[14]

1966년의 법이 통과된 후로 5년 동안, 사망자 수가 급격히 떨어졌다. 안전벨트 사용이 점차 일상화됐고, 최고 속도도 전국적으로 시속 88.5킬로미터로 제한됐기 때문이다. 그러나 도표에서 가장 눈에 띄는 점은 그 이후로 30년 동안 안전이 꾸준히 점증적으로 개선됐다는 것이다. 갑작스럽고 극적인 개선은 없었다. 약간의 예외는 있었지만 매년 조금씩 전해보다 나아졌다. 이런 도표는 한 명의 천재나 극적이고 획기적인 개선에 의한 발전의 결과가 아니다. 소비자보호운동가와 산업공학자, 정부 관리, 자식을 잃는 슬픔을 겪은 어머니 등 각자 자신의 자리에서 안전 문제를 개선하려고 노력한 수많은 사람들로 구성된 네트워크를 통해 발전이 이뤄질 때 흔히 확인되는 모습이다. 매년 전해보다 조금씩 나아지기 때문에 개

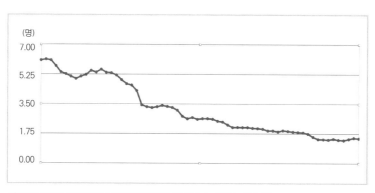

미국의 자동차 주행거리 16만 킬로미터당 사망자 수, 1955~2018년

선 효과에 대해서는 거의 언급되지 않는다. 유명 인사의 죽음이나 비극적인 사고가 여전히 머리기사를 차지하고 있지만, 안전장치의 개선으로 목숨을 구한 사람의 수가 대서특필되지는 않는다. 그 수의 변화가 크지 않기 때문이다. 그러나 자동차가 본격적으로 운행된 한 세기 동안 안전장치의 점진적 개선으로 죽음을 벗어난 목숨의 총수는 경이로울 정도다.

지금까지 언급한 모든 혁신과 법적 개혁은 오직 '어떻게 해야 자동차가 충돌할 때 탑승객을 더 안전하게 지킬 수 있을까?'라는 하나의 질문에 대한 답이다. 바로 휴 데이븐이 1917년 훈련생으로써 목숨을 잃을 뻔한 사고를 겪은 뒤에 씨름하기 시작한 문제다. 그 이후로 과학기술의 수준은 꾸준히 향상됐지만, 그 문제를 바라보는 근본적인 시각은 변하지 않았다. 그런데 최근 들어, 새로운 가능성이 부각됐다. 아예 사고 자체를 피할 수 있게 자동차를 설계할 수 있을까? 1940년에 데헤이븐이 생존 가능성에 대해 주장했던 것만큼이나 급진적으로 여겨진다. 이 가능성은 자율 주행 자동차로부터 비롯됐다. 학습 능력을 지닌 알고리즘과 정교한 감지 장치를 갖춘 자동차라면, 복잡하고 변화무쌍한 도로 환경을 인간보다 훨씬 더 빨리 평가할 수 있지 않겠는가? 안전벨트로 시작된 안전성의 급속한 증가는 충돌의 물리학에 기반한 것이었다. 한편 자율 주행을 주창하는 사람들은 자율 주행에서는 데이터가 핵심이라고 생각한다. 자동차들이 충분히 영리해져서 디지털 신호로 서로 조응할 것이므로, 항공기 충돌이나 추락이 요즘 거의 없어졌듯이 자동차 사고도 앞으로는 그만큼이나 드문 사건이 될 가능성이 크다. 이런 새로운 기준을 주도하는 주역들이 디트로이트가 아니라 실리콘밸리에, 더 구체적으로 말하면 구글(Google)과 테슬라(Tesla) 같은 회사에 있다는 것은 조금도 놀랍지 않다.

실제 운전 환경의 가변성을 고려할 때, 이런 가능한 안전 혁명을 위해서는 널찍한 모의 훈련장이 필요하다. 알고리즘에 기반한 의사 결정도 필요하다. 탑승자를 보호하는 '패키징'에는 에어백과 접히는 핸들만이 아니라, 적절한 때 적절한 선택을 내리는 자동차의 성능도 포함돼야 한다. 테슬라에서 제작하는 자동차들은 운전대를 잡은 운전자의 모든 운전상황을 추적해 관찰하는 데 그치지 않고, 그 상황들을 기록하고 거기에서 무엇인가를 학습한다. 또 운전자가 운전하는 동안 내리는 모든 결정—보행자를 피하기 위해 방향을 바꾸고, 뒤에서 바싹 따라오는 자동차에게 브레이크를 살짝 반복해 밟아 신호를 보내고, 안개 낀 지역에서는 속도를 늦추는 등—을 분석하기도 한다. 이런 과정에서 자동차는 자기만의 모의 결정을 조용히 내리고, 운전자의 실제 결정과 비교한다. 자율 주행을 옹호하는 사람들의 주장이 맞다면, 시간이 지남에 따라서 이런 기계 학습을 통해 자동차가 우리보다 훨씬 나은 운전자가 될 것이다.

이런 시나리오가 실현되더라도, 운전 결정권까지 알고리즘에게 넘겨준다면 도덕적 딜레마가 야기될 것이다. 가령 자동차가 '운전자의 목숨을 위험하게 하느냐 아니면 두 명의 보행자를 덮쳐야 하느냐' 하는 상황에 부딪치면 어떻게 될까? 어느 쪽을 더 중요하게 생각하도록 자동차를 프로그래밍해야 할까? 자율 주행 혁명이 실제로 일어나면, 주행거리 16만 킬로미터당 사망자 수가 0에 가깝게 떨어질지 몰라도, 그 과정에서 이상한 일이 일어날 것이다. 요컨대 자동차가 나름의 윤리 같은 것을 갖게 될 것이다. 어떤 자동차는 상대적으로 공격적인 성향을 띠어 위험에 더 자주 직면할 것이고, 반대로 운전자보다 보행자 안전을 더 우선시하는 쪽으로 프로그래밍되는 자동차도 있을 것이다. 어쩌면 이런 현상은 자연 진화다. 과거에 우리는 유선형 설계나 시속 0에서 100킬로미터까지 가속하는 데 걸리는 시간을 기준으로 자동차를 선택했다. 그러나 미래에는 자동차에 프로그래밍된 도덕적 가치를 기준으로 자동차의 구매를 결정할 사람이 있을지도 모르겠다.

자율 주행이 보편화되는 미래에는 자동차가 이런 곤란한 결정을 내려야 하는 극단적 상황, 예컨대 '이 사람을 죽일 것이냐 저 사람을 죽일 것이냐'를 결정해야 하는 난감한 상황이 틀림없이 생길 것이다. 자율 주행 알고리즘에 따라 전체적으로는 사망자 수가 크게 줄어들더라도, 그런 사고가 신문의 머리기사를 차지하며 대중의 분노를 야기할 것이 불 보듯 뻔하다. 따라서 인간이 발명한 기계에 인간이 죽임을 당해온 유구한 역사에서, 그런 사고는 또 다른 이정표가 될 것이다. 메리 워드가 아일랜드에서 증기자동차에 깔려 목숨을 잃은 이후로 그런 죽음은 사고사(事故死)로 분류됐다. 그러나 기계가 자체적인 결정으로 인간을 죽인다면, 그 죽음은 어느 범주에 넣어야 할까?

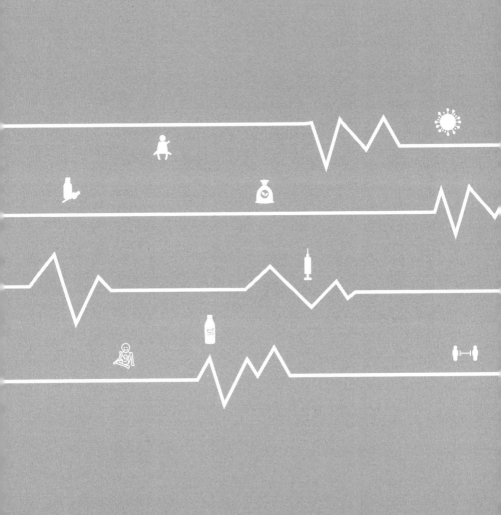

기아

화학비료와 식량 공급 확대

약 30년 전, 생물학자이자 복잡성이론가 스튜어트 카우프만(Stuart Kauffman)은 자연계와 문화계 모두에서 유의미한 변화가 일어나는 방법을 표현하는 용어를 만들어냈다. 그의 주장에 따르면, 새로운 변화가 일어날 때마다 다른 변화가 일어날 가능성의 문도 열린다. 인간이 두 발로 일어나 걷는 쪽으로 진화한 것이나 인쇄기의 발명이 대표적인 예다. 우리 조상은 두 발로 걷기 시작하면서 두 손을 다른 활동에 자유롭게 활용하게 됐고, 그 결과로 엄지가 다른 네 손가락을 마주보는 모양으로 진화했다. 또 인쇄기가 발명된 덕분에 과학적 통찰을 저장하고 공유할 수 있게 됐고, 그 영향으로 쪽 번호와 각주 같은 새로운 인용법이 고안됐으며, 다시 수세기 후에는 텍스트 내의 모든 것을 서로 연결하는 하이퍼링크(hyperlink)라는 개념으로 발전했다.

카우프만은 이런 이차적인 결과에 '인접 가능성(adjacent possible)'이라는 인상적인 이름을 붙였다.[1] 새로운 과학적 돌파구는 거기에서 비롯되는 새로운 기능들을 통해서만이 아니라, 인접 가능성의 확장을 통해서도 세상을 바꾸었다. 인접 가능성은 새로운 과학적 돌파구에서 비롯된 부수적 효과를 뜻한다. 다시 말하면, 그 돌파구 때문에 갑자기 생각할 수 있게 된 새로운 개념들을 가리킨다.

예를 들어 설명해보겠다. 일릭서 설파닐아마이드 위기를 맞은 1937년, 신약의 효능을 입증할 책임을 제약 회사에 요구한 FDA의 결정은 인접 가능성의 일부라고 할 수 없다. 당시에는 RCT가 아직 고안되지 않은 때이기 때문이다. 그러나 프랜시스 올덤 켈시가 탈리도마이드를 조사하기 시작하던 즈음에는 오스틴 브래드퍼드 힐과 리처드 돌의 연구 덕분에 한층 엄격한 기준이 마련돼 있었다. RCT가 정립됨으로써 실험 설계의 새로운 표본이 생겨났지만, 그와 동시에 새로운 형태의 정부 규제도 가능해졌다. 또한 항생제가 치명적인 감염의 위험을 크게 줄임으로써 응급 수술만이 아니라 계획에 따라 시행되는 예정된 수술(elective surgery)도 가능해졌다.

인접 가능성에서 이상한 부분은, 혁신이 있을 때마다 새로이 열리는 문이 처음에는 인접한 것으로 보이지 않는다는 점이다. 사회에서 큰 변화가 종종 일어나는 이유가 무엇이라고 생각하는가? 어떤 분야의 새로운 아이디어가 겉으로는 아무런 관계도 없는 듯한 분야에서 변화를 촉발하기 때문이다. 지식의 변화 과정을 추적하는 역사는 이런 종류의 인과적 도약을 경시하는 경향을 띠며, 그이유는 충분히 이해된다. 화학사는 화학자에 초점을 맞추고, 전염병학의 역사는 전염병학자에 초점을 맞추지 않겠는가? 그러나 이런 분야에서 제기된 아이디어들은 학문적 경계를 뛰어넘는 경향을 띤다. 포도주 제조자들은 포도를 효과적으로 으깨기 위해 나선식 압착기(screw press)를 개발했고, 구텐베르크는 그 압착기에서 실마리를 얻어 인쇄기를 발명했다. 포도주 제조자들은 인접 가능성으로 출판 혁명을 위한 길을 열었다는 걸 전혀 몰랐지만, 그들이 개발한 장치가 궁극적으로는 출판 혁명까지 빚어낸 것이다.

인간의 기대수명 이야기는 많은 다양한 혁신—통계, 화학, 정부의 새로운 규제와 감독—과 밀접한 관계가 있다. 건강을 고려한 포도주 제조자들의 혁신이 뜻하지 않게 구텐베르크 시대를 앞당기는데 도움을 줬듯이, 기대수명 이야기에도 예상 밖의 인과관계가 숱하게 언급된다고 해서 놀라울 것은 없다. 예컨대 '19세기에 발견된 어떤 새로운 과학기술이나 아이디어가 20세기에 들어 기대수명에 가장 큰 영향을 줬을까?'라는 문제를 생각해보자. 윌리엄 파의 감독과 통계 혁명, 수인성 질병이라는 개념 등 우리가 앞서 다뤘던 것을 포함해 몇몇 가능성이 머릿속에 떠오른다. 그러나 가장 큰 영향을 끼친 아이디어로 전혀 뜻밖의 깨달음, 즉 '흙은 살아 있다'는 깨달음을 꼽는 사람도 있을 것이다.

무척 복잡한 과정을 거친 뒤에야 그런 깨달음에 이르렀지만, 19세기 중반에는 학문의 경계를 넘나드는 활동이 폭발적으로 증가했다. 과학자들은 흙이 단순히 돌덩이가 가루로 변한 것도, 활성을 띠지 않는 불변의 것도 아님을 깨닫기 시작했다. 흙에도 물질대사가 있고, 에너지 유입과 폐기물 관리가 필요했다. 적절한 환경에서 흙은 놀라운 생산력을 발휘했지만, 그렇지 않은 경우에는 생명이 없는 먼지로 전락했다. 흙에는 현미경으로나 볼 수 있는 생명체가 가득했고, 그 생명체 하나하나가 지금 '질소순환(nitrogen cycle)'이라고 일컬어지는 과정에서 중요한 역할을 했다.

질소순환에서 가장 중요한 단계는 질소의 '고정(fixing)', 즉 대기 중의 질소를 질산암모니아로 환원하는 과정이다. 식물이 질산암모니아를 식량으로 사용하기 때문이다. 질소의 문제는, 기체 형태로 대기 중에 풍부하지만 일반적인 상태로는 다른 원소들과 쉽게 결합하지 않는다는 것이다. 수십억 년 동안 진화하는 과정에서 토양 생태계는 '질소 고정 세균(diazotroph)'으로 알려진 미생물의 헌신적인 노동을 통해 그 한계를 극복해왔다. 그 세균이 질소를 암모니아로 환원하고, 그렇게 환원된 암모니아는 식물의 성장에 연료로 쓰인다. 한편 다른 미생물은 식물과 동물을 분해하면서 암모니아를 방출하기도 한다.

이런 새로운 관점에서 접근하자, 흙은 화학물질 생산 공장으로 여겨지기 시작했다. 무수히 많은 미생물 일꾼들이 땀흘려 일하며 질산염을 생산해내는 공장, 문자 그대로 무(無)에서 유(有)를 만들어내는 공장이었다. 전쟁에 승리하기 위해 항생제를 적시에 대량생산해내는 방법을 찾아내려고 필사적으로 노력하던 과학자들, 특히 미생물학자, 화학자, 농학자로 이뤄진 팀에게 질소순환 과정은 반드시 필요한 지식이었다.

유망하지만 불가사의한 곰팡이가 전 세계인에게 효과 있는 특효약이 되는 항생제 혁명을 위해서는 적잖은 중대한 돌파구가 필요했다. 물론 그중 하나는 현대 토양학의 발전이었다. 우리 발밑의 보이지 않는 세계를 탐구하던 과학자들은 스스로 20세기 의학계에서 가장 중요한 혁신을 위한 발판을 쌓고 있다는 걸 전혀 몰랐다. 물론 그들은 당시 그런 질문을 받았더라도 자신들의 연구가 의학과 아무런 관계가 없다고 대답했을 것이다. 그러나 새롭게 열린 문이 때로는 전혀 예상하지 못한 곳으로 우리를 끌고 가고, 때로는 완전히 다른 건물에 우리를 데려다줄 수도 있다. 인접 가능성은 워낙에 그런 것이다.

단순한 흙에서 복잡한 물질대사가 이뤄진다는 깨달음도 기대수명에 영향을 미쳤다. 그런 가능성은 약간 예측된 것이기도 하다. 흙이 살아 있다는 걸 알게 된 덕분에 우리는 흙을 통한 감염을 경계하게 됐고, 때와 장소를 가리지 않던 또 다른 위협, 즉 기아를 극복하는 데 도움을 받았기 때문이다.

▲ ▲ ▲

제1차세계대전이 유럽과 중동을 휩쓸던 1915년 5월 20일, 테헤란에 주재하던 랠프 베이더(Ralph G. Bader)라는 미국 외교관이 본국에 긴급히 공문을 보내, 당시 중립국이던 이란이 전쟁으로 인한 혼란에 어떻게 대응하고 있는지 보고했다. 유럽으로부터 수입하던 상품들의 가격은 급격히 올랐지만, 지역 내의 식량 공급은 별다른 영향을 받지 않았다며 다음과 같이 덧붙였다. "이란 국민이 주로 먹는 식품, 예컨대 양고기와 쌀, 통밀가루로 만든 빵 등의 가격만 약간 올랐습니다." 그러나 러시아와 터키와 영국이 이란의 지배권을 두고 싸우기 시작한 10월쯤에는 불길한 징조가 나타나기 시작했다. 미국의 대리 대사 제퍼슨 카프리(Jefferson Caffery, 1886~1974)는 테헤란 거리 어디에나 식량 배급을 기다리는 긴 줄이 있고, 파운드당 10센트에 팔리던 설탕의 가격이 한 달만에 1달러 이상으로 급등했다고 보고했다.

정상적인 식량 보급망이 외국의 침략으로 인해 큰 혼란에 빠졌고, 그런 혼란 상태는 이듬해 페르시아 전역을 휩쓴 극심한 가뭄으로 더욱 악화됐다. 캔자스에서 태어난 법률가 존 로런스 콜드웰(John Lawrence Caldwell, 1875~1922)이 당시 이란 주재 미국 대사였다. 1917년 콜드웰은 폭동이 시작됐다고 본국에 보고하며, '죽음과 기아가 올겨울에는 더욱 극심할 것이 뻔하다'고 경고했다. 콜드웰은 그 후에 보낸 전보에서는 물가 폭등에 대해 보고했다. 쌀을 비롯한 기본 식료품 가격이 파운드당 5센트에서 2달러로 치솟았다. 오늘날 슈퍼마켓에 들어가 1갤런들이 우유를 200달러에 사는 것과 다를 바가 없는 상황이었다. 흥미롭게도 콜드웰은 상품의 유무보다 상품 가격이 주된 문제라고 지적하며 이렇게 말했다. "밀은 부셸당 15~20달러입니다. 그런데 이 가격이면 공급을 얼마든지 받을 수 있습니다."[2] 이렇듯 이란 국민의 주식이 실질적으로 구입하기 어려워졌기 때문에 강력한 기아 현상이 전국을 뒤덮기 시작했다. 1918년 아메리카대학의 한 교수는 본국에 급히 전보를 보냈다. "테헤란에서만 극빈자가 4만. 죽은 짐승을 먹고 있음. 여자들이 아기를 유기함."

영국군 소장 라이어널 찰스 던스터빌(Lionel Charles Dunsterville, 1865~1946)은 이즈음 페르시아에 입성해 그 이후로 3년 동안 지속된 군사 점령을 시작했다. 이때 던스터빌은 완전히 붕괴 직전에 처한 한 농촌을 방문하게 됐다. 그때의 경험을 담은 회고는 인간에게 닥친 고난에 대한 경악과 '전형적인' 동양인에 대한 터무니없는 고

정관념 사이를 오간다.

기아 현장은 끔찍했다. 마을을 걷다 보면 섬뜩한 장면을 마주치지 않을 수 없었다. "이런 고난도 신의 뜻이다!"라고 말하는 동양인의 경이로운 무관심을 선천적으로 타고나지 않았다면 누구도 그런 장면을 견디지 못할 것이다. 따라서 사람들이 죽어가지만 누구도 도우려고 나서지 않는다. 길거리에 시신이 널브러져 있어도, 매장이 불가피해질 때까지 누구도 관심을 갖지 않는다. 나는 주요 간선도로를 지날 때 아홉 살쯤으로 보이는 소년의 시신을 지나게 됐다. 겉보기에 그날 죽은 게 분명했다. 소년은 진창에 얼굴을 파묻은 채 엎드려 있었다. 소년이 길을 걷는 데 방해되는 물건에 불과한 듯, 사람들은 무심하게 그 소년을 피해 양옆으로 지나갔다.[3]

'동양인의 경이로운 무관심'이라는 던스터빌의 표현에는 일상화된 인종차별도 읽힌다. 영국이 중동 지역 전체에 주둔한 영국군에 식량을 공급하기 위해 비축 식량을 대거 구입했기 때문에 식료품 가격이 폭등했고, 그로 인해 기아가 촉발됐다는 증거는 차고 넘친다. 제국주의적인 사고방식을 지닌 던스터빌의 눈에, 페르시아의 도시 길거리와 시골 지역에서 목격된 기아의 '섬뜩한 장면'은 자국의 문제를 제대로 관리하지 못하는 무능력한 국가의 증거로 보였다. 실제로 던스터빌은 어느 정도는 영국 때문에 촉발된 위기로부터 페르시아를 '구하려고' 그곳에 주둔한 것이었다.

1916년부터 1918년까지 페르시아를 휩쓴 대기근(Great Persian Famine)에 희생된 사람의 수는 지금도 여전히 논란거리다. 기아가 한창이던 동안, 테헤란의 인구는 거의 반토막 나서 40만에서 20만 명으로 급락한 듯하다. 일부 역사학자는 전국적인 사망률도 그 정도로 극적이어서 50퍼센트에 가까웠다고 주장한다. 이 격변의 3년 동안 인구의 20퍼센트가 굶주림으로 죽었다고 주장하는 학자들도 있다.

페르시아의 대기근은 그 지역 사람들에게도 충격적이었지만, 그 이후로 10년 동안 전 세계에 불어닥친 재앙적 기근의 시작에 불과했다. 그 기간 동안 굶주림으로 죽은 사망자 수가 제1차세계대전에서 군사적 충돌로 사망한 사람의 수보다 많았던 것은 거의 확실하다. 기근이 계속되던 1920년대 동안 5,000만 명 이상이 죽었다. 기근의 원인으로는 기상이변, 전쟁으로 인해 방해받은 식량 분배, 갓 형성된 소비에트연방에서 실험적으로 실시한 계획경제의 처참한 실패 등이 손꼽혔다.

이런 수치는 지금의 우리에게는 충격적이지만, 그 10년 동안 기아로 죽은 사람의 수와 전체 인구에 대한 그 비율로 보면, 인류의 역사에서 겪은 식량 위기에 비교해 특별했던 것도 아니다. 1840년대 말, 아일랜드는 유명한 '감자 대기근'으로 인구의 약 8분의 1이 죽었고, 4분의 1은 식량을 찾아 다른 지역, 주로 미국으로 이주해야 했다.

1300년대, 오늘날 '소빙기(Little Ice Age)'라고 일컫는 시기의 초기에는 북유럽에 홍수와 기상 이변이 잦아, 인구의 3분의 1이 기아로 목숨을 잃은 것으로 추정된다. 또 마야문명의 불가사의한 붕괴도 1020년과 1100년 사이의 극심한 가뭄이 적잖은 원인이었을 것이라고 생각하는 학자가 많다. 극심한 가뭄으로 흉년이 계속되고, 결국에는 선진적이던 '메소아메리카(Mesoamerica)' 문화가 실질적으로 하룻밤 사이에 사라지고 말았다는 주장이다. 나일강 안의 한 섬에서 발견된 상형문자에는 기원전 3000년경, 조세르(Djoser) 파라오가 통치하던 시기에 7년 간의 기근이 계속되며 무질서와 정치적 불안이 끊이지 않았다는 이야기가 쓰여 있다.

대기근은 농업 사회에서는 거의 피할 수 없는 귀결이었다. 최종적인 기록을 따지면, 대기근은 인류 역사에서 전쟁보다 많은 인명을 빼앗아갔을지도 모른다. 사망자 수를 그런대로 정확히 가늠하게 된 근대에는 기아가 전쟁보다 더 많은 사람을 죽인 것이 분명하다. 1870년부터 1970년 사이에 1억 2,000만 명 이상이 세계 전역에서 기아로 사망한 것으로 추정되며, 군사적 충돌로 인한 사망자 수보다 수백만, 아니 수천만 명은 더 많은 듯하다.

만성적인 식량 부족은 떼죽음을 야기하지는 않지만 눈에 띄지 않게 저승사자 역할을 한다. 경제사학자 로버트 포겔(Robert Fogel, 1926~2013)이 지적했듯이, 대체로 18세기와 19세기 초에 유럽인들이 먹던 식사량은 1970년대 르완다나 인도의 식사량과 거의 비슷했다. 르완다와 인도는 당시 국민의 상당수가 만성적인 영양실조에 시달렸다. 이런 제한적인 식사는 국민 전체적인 노동량의 한계로 이어졌다. 포겔의 주장에 따르면, "18세기 말, 영국 농업은 그다지 생산적이지 않아서, 수입으로 보충하는 경우에도 잠재적 노동력의 80퍼센트 이상에게 일상적인 육체노동을 지속하는 데 필요한 칼로리를 제공할 수 없었다."[4]

이렇게 부족한 칼로리는 전반적인 건강에도 중대한 영향을 미쳤다. 토머스 매큐언은 고전적인 저서 《근대의 인구 증가》에서 19세기에 기대수명이 늘어난 주된 원인이 식습관의 개선에 있다며, 위대한 탈출을 향한 첫걸음을 떼게 한 것은 의학 발전이 아니라 농업 발전이라고 주장했다. "유럽에서는 17세기 말과 19세기 중반 사이에 식량 공급이 크게 증가했다. 특히 영국에서 식량 생산이 세 배로 증가해 상당량의 식량을 수입하지 않고도 전 국민을 먹일 수 있었다."[5]

매큐언이 '에너지 혁명(energy revolution)'이라는 표현을 사용하지는 않았지만, 내심으로는 그 말을 하고 싶었을 것이다. 물론 여기에서 에너지는 증기력이 아니라 섭취된 칼로리로 측정되는 에너지를 뜻한다. 기아의 경계선상에서 살아가는 사람들, 즉 기본적인 대사

기능을 유지하는 데 필요한 에너지를 섭취하지 못하는 사람은 그 럭저럭 굶주림을 모면하더라도, 기회감염(opportunistic infection, 정상 적인 상태에서는 감염되지 않다가 환경이 바뀌면 감염되는 현상 – 옮긴이)에 더 취 약할 수밖에 없다.

19세기의 에너지 혁명에 대해 말할 때, 우리는 증기력을 이용한 공장을 자연스레 떠올린다. 그러나 매큐언의 모델에서 주된 동력 은 '산업화와 관련된 기술적이고 화학적인 조치가 아니라, 전통적 인 방법의 더 효율적인 사용, 예컨대 경작지의 확대와 거름주기, 겨 울철을 넘길 사료 준비, 윤작 등'이었다.[6] 달리 말하면, 우리가 더 오래 살기 시작한 이유는 더 나은 의사가 있었기 때문이 아니라 더 나은 농부가 많아졌기 때문이다.

두 세기 전 또는 그 이전에 살았던 사람들의 칼로리 섭취를 계산 하는 것은 인구통계 역사학자에게 무척 어려운 과제다. 그 시기에 보통 사람들이 일반적으로 섭취한 음식에 대한 기록이 없기 때문 이다.

그러나 아동의 영양 섭취 수준을 측정한 중요한 척도 중 하나로 성인의 신장이 있다. 아이들이 충분히 먹는 사회와 비교할 때, 아 이들이 만성적인 영양실조에 시달리는 사회의 성인은 키가 무척 작다. 한 사회에서 세대 간에 성인 신장이 급속히 변한다면 그 이 유는 거의 언제나 어린 시절의 식단 변화에 있다(예컨대 일본의 밀레 니얼 세대[millennial generation, 1978년 이후 출생한 세대 – 옮긴이]는 조부모보다 거의 머리 하나 정도가 더 크다. 제2차세계대전 이후로 식단이 개선된 덕분이다).

매큐언의 주장을 근거로 삼아, 포겔은 잉글랜드인의 평균 신장이 1750년과 1900년 사이에 약 5센티미터가 커졌다며 그 시기에 식습관에 유의미한 개선이 있었을 것이라고 추정했다.

유럽이 그 기간 동안 대기근이라는 고질적인 위협에서 벗어나기에 충분한 정도로 농업이 발달하지는 않았다. 1780년대 말, 프랑스에 닥친 기근은 프랑스대혁명을 촉발하는 데 일조했다. 1800년대 말, 스칸디나비아에서는 몇 번이나 반복해 닥친 기근으로 수십만 명이 죽었다. 게다가 아일랜드의 감자 기근은 100만 명 이상의 사망자를 낳았다. 범세계적인 차원으로 시각을 넓히면, 굶주림으로 인해 기대수명이 1970년대까지 꾸준히 추락했다.

그 이후로, 인간 사회를 옥죄던 기아가 거의 하룻밤 사이에 크게 줄어들었다. 1980년부터 오늘날까지 기아로 사망한 사람은 500만 명에 불과하다. 앞서 40년 동안에는 약 5,000만 명이 기아로 사망했다는 사실에 비교하면 크게 줄어든 수치다. 게다가 이 시기에 세계 인구가 크게 증가했음을 고려하면 그 하락 폭은 더욱더 큰 셈이다. 비율로 계산하면, 페르시아 대기근의 결과로 10만 명당 82명이던 기아 사망자가 지난 5년 동안에는 10만 명당 0.5명으로 줄어들었다.[7]

소규모 기근이 지금도 일어나고 있고, 기후변화에 따른 생태계 교란과 집단 이주에 따른 인구통계의 혼란으로 향후에는 기근이

더욱 빈번해질 것이라고 믿을 만한 근거는 충분하다. 그러나 적어도 지난 40년 동안 기아로 인한 사망자 수가 줄어들고 있다는 걸 보여주는 추세선은 무척 고무적이다. 우리는 결핵으로 인한 사망자 수를 줄였던 것만큼이나, 기아로 인한 사망자 수를 효과적으로 줄였다. 한때 기아는 많은 사회에서 피할 수 없는 운명이자 무시무시한 위협으로 받아들여졌지만, 이제는 세계 인구의 1퍼센트만이 걱정하는 극히 드문 일로 변했다.[8]

지금이 기근에서 해방된 일시적인 안정기에 불과할 수도 있다. 해수면이 높아지면, 대기근이 갑작스레 닥칠 수 있기 때문이다. 그러나 40년 동안 그럭저럭 잘 지내왔고, 그런 시간이 끝날 조짐은 아직 보지 않는다. 얄궂게도 기아라는 천형과의 타협은, 전쟁과 관련된 과학기술 덕분에 어느 정도는 가능했다.

▲　▲　▲

그야말로 영겁의 시간 동안, 질산암모늄은 세계 어디에서나 식물의 생장을 위해 천연비료로 사용해왔다. 그러나 약 1,000년 전, 질산암모늄을 새롭게 사용하는 길이 열렸다. 엄격히 말하면, 중국인들이 화학적으로 질산암모늄과 무척 가까운 친척, 초석(saltpeter)으로도 알려진 질산칼륨의 폭발력을 실험하기 시작한 때였다. 질소 자체가 처음 분리되고 이름이 붙여진 때는 화학이 급속히 발전하던 1770년대였다. (질소가 발견되고 1년이 지나지 않아 산소의 존재도 확인됐다.) 19세기에는 질소가 식물의 생장을 북돋을 뿐만 아니라, 사물을 날려버리는 데에도 사용될 수 있다는 게 분명해졌다. (질산암모늄 폭탄은 테러 집단이 아직도 사용하고 있다. 가장 유명한 예가 1995년 오클라호마시티 폭탄 테러 사건이다.) 그러나 이런 질산염을 제조하는 능력은 아직 '인접 가능성'의 일부가 되지 않았다. 전쟁이나 정원에서 질산염을 사용하려는 사람은 그 화학물질을 자연에서 찾아낼 수밖에 없었다. 이런 이유에서 바닷새나 박쥐의 배설물은 19세기에 가장 값비싼 물건 중 하나였다.

1,000년 이상 동안, 페루 해안 지역의 토착민들은 주기적으로 근처 섬들을 찾아가, 바위에 달라붙은 '구아노'(guano, 바닷새의 배설물 – 옮긴이)를 긁어냈다. 바닷새 배설물은 불모의 사막 지대를 비옥한 땅으로 바꿔줬다. 잉카제국은 곡물 생산량을 증대하려고, 구아노를 남아메리카 전역으로 실어 날랐다. 유럽인들은 19세기 초에야 구아노의 상업적 가치를 깨달았다. 수세기 동안, 남아메리카에서 박쥐와 바닷새의 배설물보다 금과 은에 더 많은 관심을 기울인 뒤였다. 1840년 남태평양을 마주한 해안 지역에서 좀 떨어진 친차군도를 탐험하던 페루인들은 가공의 엘도라도(El Dorado, 스페인 사람들이 아마존강 연안에 있을 거라고 상상한 황금의 나라 – 옮긴이)에 버금가는 것을 발견했다. 45미터 이상의 높이로 쌓인 구아노 더미였다. 그 더미는 단일한 것으로는 그때까지 발견된 가장 큰 축적물이었다. 그때부

터 세상은 문자 그대로 미쳐버렸다. 식민지를 건설하려는 경쟁이 벌어졌고, 자연 생태계는 큰 혼란에 빠졌다. 곳곳에서 전쟁도 벌어졌다. 세계 전역의 농부들이 페루의 구아노를 사용해 토양의 비옥도를 높였다. 남북전쟁 동안, 남군(南軍)은 동굴에서 구한 박쥐 구아노를 주원료로 사용해 화약을 제조했다.[9]

그러나 박쥐와 바닷새가 수요를 충족시킬 만큼 넉넉히 배설물을 만들어낼 수 없기 때문에 구아노 열풍은 언젠가 필연적으로 한계에 부딪칠 수밖에 없었다. 제1차세계대전이 발발하기 수년 전부터 독일은 유럽의 경쟁국들과 싸우기에 충분한 폭탄을 제조할 방법을 찾아내는 데 열중했다. 하지만 질산염 공급이 점점 줄어든다는 제한적인 요인이 있었다. 질산염을 원천적으로 구아노에서 구한 때문이었다. 독일 화학자 프리츠 하버(Fritz Haber, 1868~1934)는 실험실에서 질산염을 합성하는 방법을 연구하기 시작했다. 그리고 1908년쯤, 하버는 질소 고정 세균이나 바닷새에 의존하지 않고 질산암모늄을 만들어낼 수 있는 방법을 완벽하게 고안해냈다. 철을 촉매로 사용해 공기와 열만으로 질산암모늄을 만들어내는 방법으로, 그야말로 최고의 연금술이었다. 화학자이자 기업가이던 카를 보슈(Carl Bosch, 1874~1940)는 하버의 방법을 적용해 질산암모늄 대량생산의 길을 열었다. 따라서 독일 공장에서는 질산암모늄을 몇 톤씩 생산해냈다. 하버와 보슈가 한 팀이 돼 인위적으로 질소를 '고정'하는 기법을 발견하고 대규모로 적용하는 방법을 알아내지 못했다면, 제1차세계대전 동안 얼마나 많은 사람이 죽음을 피할 수 있었을지는 불분명하다. 그러나 적어도 수십만 명의 목숨은 구할 수 있지 않았을까?

질소의 이상한 속성은 폭탄 제조자들에게 유용한 만큼이나 농부들에게도 유용했다. 공장에서 질산염을 생산할 수 있게 되자, 그때부터 농업의 세계는 자연적으로 존재하는 비옥한 토양이나 박쥐 구아노에 더이상 의존하지 않게 됐다. 생명력이 없는 밭에 질산염을 보충하면, 토양 생태계가 회복됐다. 얄궂게도 더 많은 폭탄을 만들어내는 법이 완전히 새로운 개념의 발명품, 즉 화학비료(artificial fertilizer)를 발명하는 데 큰 도움을 줬다. 개념적으로는 작은 도약이었지만, 20세기에 미친 결과로 평가하면 화학비료에 견줄 것이 없을 것이다. 결국 하버의 인공 암모니아만큼 인구 폭발에 영향을 미친 발명품은 없었다. 하버가 암모니아를 인공으로 추출하는 실험을 시작했을 때 지구에는 약 20억 명이 살고 있었다. 오늘날 전 세계의 인구는 77억 명에 달한다. 이러한 인구의 폭발적 성장에도 불구하고, 기아율과 만성적인 영양실조율은 급락했다. 한때 1년에 수천만 명의 목숨을 앗아가던 집단 기아는 완전히 사라졌다. 하버와 보슈의 암모니아 합성법과 그 이후의 녹색혁명으로 알려진 혁신들 덕분에 농업 생산성이 크게 향상됐다. 이로써 토머스 맬서스(Thomas Malthus, 1766~1834)부터 1968년에 발표한 《인구 폭탄(The

Population Bomb)》에서 최후의 심판일을 예언한 폴 에를리히(Paul Ralph Ehrlich)까지, 평론가들을 큰 걱정에 빠뜨렸던 인구의 한계가 깨졌다. 오늘날 경작지는 지구 표면적의 약 15퍼센트다. 곡물 수확량이 1900년대 수준에 머물렀다면, 오늘날 지구에서 얼지 않은 땅의 절반 이상이 경작지로 개간됐을 것이다. 물론 그 대부분은 화학 비료가 투입되지 않으면 집약 경작을 해낼 수 없는 땅이다. 천연두 근절 과정에서 그랬듯이, 이 경우에도 국제기구들이 중대한 역할을 하고 있다. 군사적 갈등 지역이나 자연재해 지역에서 일시적인 식량 부족이 일어나면, 2020년 노벨 평화상을 수상한 '세계식량계획(World Food Programme, WFP)' 같은 국제기구들이 개입해, 100년 전 페르시아를 덮친 기근과 유사한 재앙적 기근을 예방한다.

▲ ▲ ▲

20세기에 굶주림과 집단 아사와의 전쟁이 경작지에서만 진행된 것은 아니다. 축산에서도 논란이 많은 혁명적 변화가 있었다. 평론가들은 그런 변화를 '공장형 축산(factory farming)'이라고 조롱한다. 닭만큼 그런 혁명의 범위를 적절히 상징해주는 것도 없다. 닭이 전 세계에서 주된 식품이 되고, 미국 패스트푸드점의 메뉴에서 주된 위치를 차지하는 시대에 이상하게 들리겠지만, 20세기에 들어 처음 수십 년 동안 닭은 고기가 아니라 알의 생산을 위해 사육됐다.

많은 가정에 닭장이 있었고, 더는 알을 낳지 못할 정도로 늙은 닭이나 조리돼 저녁 식탁 위에 올랐다.

재밌게도, 우리 식단에서 닭의 위상이 달라진 초기 원인에는 단순한 식자(植字)의 실수와 저돌적인 기업가가 끼어 있다. 1920년대 초, 델라웨어주의 서식스카운티에는 세실 스틸(Cecile Steele)이라는 젊은 여성이 산란계 몇 마리를 가족 농장에서 키우고 있었다. 거기서 얻은 달걀은 대부분 가족이 소비했지만, 간혹 남은 달걀을 이웃에 팔아 푼돈을 벌었다. 매년 봄이면 세실은 지역 부화장에 50마리의 병아리를 추가로 주문했다. 그런데 1923년 봄, 부화장의 실수로 그녀의 주문량에 0이 하나 더해졌다. 따라서 500마리의 병아리가 세실의 집으로 배달됐다. 세실이 적극성이 부족한 고객이었다면 초과된 병아리를 돌려보냈을 것이다. 그러나 그 많은 병아리를 보는 순간, 세실의 머릿속에서는 그럴듯한 아이디어가 떠올랐다. 그녀는 병아리들을 빈 피아노 박스에 넣어두고, 제재소에 그 많은 병아리를 수용할 수 있는 널찍한 헛간을 지어달라고 부탁했다. 세실은 새롭게 발명한 모이 공급 장치로 병아리들을 살찌웠고, 병아리 무게가 2파운드(900그램)에 도달하자 387마리를 파운드당 62센트에 팔아 상당한 수익을 올렸다. 이듬해에는 아예 병아리 주문량을 1,000마리로 늘렸고, 병아리 사육 시설도 확장했다. 그때까지 식당이나 식료품점에서 구입해 판매하던 닭은 대부분 늙은 암탉이었고, 주로 스튜용으로 사용됐다. 그러나 스틸의 닭은 영계였다. 달리 말하면 고기가 더 부드럽고 튀기기에도 좋았다.

500마리의 병아리가 배달된 숙명적인 날로부터 5년이 지났을 때 세실 스틸은 최초의 공장형 양계장 중 하나를 경영하며, 한 해에 2만 6,000마리의 닭을 사육해서 팔았다. 그로부터 수년이 지난 뒤에는 마릿수가 25만까지 올라갔다. 그 지역의 많은 농민이 스틸의 성공을 눈여겨보고, 스틸의 양계장을 모방해 양계 사업을 시작했다. 그들은 '브로일러 닭'(chicken broiler, 고기 생산을 목적으로 사육되는 닭—옮긴이)이 소나 돼지보다 더 효율적인 단백질 공급원이라는 걸 알게 됐다. 게다가 소에 비해 닭 사육에는 널찍한 면적이 필요하지 않았고, 소는 시장에 내놓으려면 1년 넘게 키워야 했지만 닭은 몇 주밖에 걸리지 않았다.

1950년대, 양계 산업계는 닭에게 항생제로 강화된 비타민D 보충제를 먹이면, 닭을 햇살에 노출하지 않고 실내에서 사육할 수 있다는 걸 알게 됐다. 이제 철망이 둘러진 비좁은 닭장이 위아래로 길게 설치되고, 3만 마리의 닭에게는 날개를 움직일 공간조차 허용되지 않았다. 그 결과로 닭고기 생산의 효율성은 극적으로 상승했다. 1파운드의 쇠고기를 생산하려면 7파운드의 사료가 필요했지만, 닭고기는 2파운드의 사료로 1파운드의 고기를 얻을 수 있었다. 한 작가의 표현을 빌리면, 이런 효율성 증가로 인해 "공급자가 중심에 있는 먹거리 경제의 거대한 국가 실험"이 가능해졌다.[10] 시장에는 값싼 닭이 넘쳐흘렀고, 사람들은 닭고기 맛에 금세 길들었다. 켄터

키프라이드치킨(Kentucky Fried Chicken, KFC) 같은 패스트푸드 체인들이 우후죽순처럼 생겨났다. 더구나 1983년 영양 문제를 다룬 미국 상원 특별위원회가 심장 질환과 지방의 관계를 우려하며 미국인들에게 '붉은 고기 섭취량을 줄이고 닭고기와 어류 섭취를 늘리라고' 권장한 직후, 맥도널드는 전 세계 매장의 메뉴에 '치킨너겟'을 추가했다. 오늘날 미국인은 1인당 연평균 90파운드 이상의 닭고기를 먹는다. 산업화된 닭고기 생산도 폭발적으로 증가한 세계 인구를 먹이는 데 대단히 중요한 역할을 해왔다. 1970년 브라질이 생산한 닭고기는 217톤에 불과했지만 오늘날에는 약 1만 3,000톤을 생산한다. 중국과 인도에서도 지난 20년 사이에 닭고기 생산이 열 배 이상으로 증가했다.[11]

그러나 이런 변화 규모를 가장 명확히 드러내는 측정치는 전 세계에서 사육되는 닭의 총개체수다. 세계에서 개체수가 가장 많은 야생종은 아프리카 붉은부리 퀠러(red-billed Q. quelea)로, 개체수는 15억 마리로 추정된다. 닭의 경우에는 항상 230억 마리 정도가 사육되고, 인간은 매년 600억 마리의 닭을 소비한다. 닭은 수개월 만에 고기를 얻기 위해 도축되기 때문에, 현재 사육되는 개체수보다 소비되는 개체수가 많을 수밖에 없다. 닭의 개체수는 다른 모든 종의 조류를 합한 수보다 많다. 20세기에 들어, 닭의 개체수 증가율이 인간 개체수의 증가율을 훌쩍 넘어섰다. 그러나 두 증가율은 밀접한 관계에 있다. 지금 지상에 70억 인구가 살아갈 수 있는 이유 중 하나는 매년 600억 마리의 닭을 먹어 치우기 때문이다.

닭의 개체수는 어마어마하게 많기 때문에, 수천 년 후의 고고학자들이 이른바 '인류세(Anthropocene)'의 유적을 발굴할 때 닭의 유해를 그 시기의 주된 표지로 사용할 것이라고 생각하는 학자가 적지 않다. 인간 문화의 다른 증거, 예컨대 분해되지 않은 플라스틱과 파묻힌 도시도 발견되겠지만, 호모사피엔스의 유골에 남은 흔적은 미래 고고학자들에게 크게 중요하지 않을 것이다. 이 시기를 규정짓는 생물학적 특징은 세계 전역의 쓰레기 매립장에서 미라화된 닭 뼈일 것이다.

▲　▲　▲

20세기 농업혁명—토양 비옥도의 증가와 세상 방방곡곡에 닭고기를 제공하는 공장형 축산 기법—의 영향은 실로 대단했다. 전문가들의 진단에 따르면, 이런 농업혁명으로 지구의 '환경 수용력(carrying capacity)'이 두 배로 증가했다. 이런 혁신이 없었다면 오늘날 지구에서 살아가는 77억 명의 절반이 결코 태어나지 못했거나, 오래전에 기아로 죽었을 것이라는 뜻이다. 무수히 많은 나머지 사람들도 어떻게든 살았겠지만, 대사 능력이 바닥이어서 제대로 기능하지 못했을 것이다. 50년 전만 해도 개발도상국 국민의 3분의 1 이상이 만성적인 영양 부족 상태에 있었지만, 오늘날에는 10퍼센

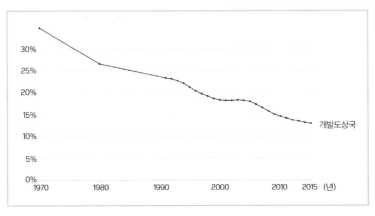

개발도상국의 영양실조율, 1970년~2015년

유엔식량농업기구(Food and Agriculture Organization of the United Nations, FAO)가 발표한 기아 지표. 능동적이고 건강한 삶을 살 수 있을 만큼의 칼로리(식품을 통한 최소 에너지 요구량)를 섭취하지 못하는 국민의 비율로 측정한 값이다. 1990년 이후의 자료는 FAO의 추정치를 근거로 해서 확실한 편이지만, 1970년부터 1989년까지의 추정치는 그렇지 못하다.
출처: FAO와 ESS 지표

트를 조금 넘을 뿐이다.

　로버트 포겔이 오래전부터 설득력 있게 주장했듯이, 영양 섭취의 증가는 '기술-생리적 진화(technophysio evolution)'에 긍정적인 피드백 고리를 만들어줄 수 있다. 과학 발전이 거듭된 덕분에 인간의 칼로리 섭취가 증가하면, 우리가 일과 경제적 생산에 더 많은 에너지를 쏟을 수 있고, 그 결과로 더 많은 혁신이 일어나며, 그 혁신으로 다시 칼로리 섭취가 증가하게 된다는 것이다. 제2차세계대전 이후로 세계의 많은 지역, 특히 아시아 지역이 눈부시게 성장하며, 칼로리 섭취가 기아 경계선상에서 유럽에 버금가는 수준으로 올라선 것은 우연이 아니다.

굶주림으로부터의 탈출은 20세기가 거둔 위대한 승리지만, 그에 따른 대가가 없었던 것은 아니다. 화학비료를 생산하는 데 세계 전체에서 공급되는 천연가스의 5퍼센트가 사용되고, 농지에서 유출된 화학비료에 삼각주 근처의 거대한 바다가 죽은 지역이 됐다. 해양 생물이 생존하는 데 필요한 산소를 질산염이 빼앗아갔기 때문이다.

이 글을 쓰는 현재, 멕시코만에는 2만 제곱킬로미터 이상의 생명체가 거의 없는 지역이 있는 것으로 추정된다. 이 추정이 사실이라면, 지금까지 기록된 가장 넓은 '데드존(dead zone)'이다. 또한 지구에는 항상 230억 마리의 닭이 살고 있어, 우리는 조류독감의 새로운 변종을 의도치 않게 배양하는, 전례가 없는 거대한 실험을 진행하고 있는 셈이다. 2007년 전 세계를 공포에 떨게 한 H1N5 바이러스는 부분적으로 닭에 의해 전파됐다. 코로나19보다 치명적인 파괴력을 지닌 다른 팬데믹이 수년 안에 다시 닥친다면, 개체수가 엄청난 닭과, 그런 닭을 사육하는 공장형 축산 시스템이 그 발화점이 될 가능성이 크다.

오늘날 지구에서 살아가는 77억 인구가 새로운 질병에 걸리지 않더라도, 그들의 존재 자체가 환경 파괴와 온실가스 배출로 지구에 추가적인 부담을 안기고 있다. 기후변화라는 세계적인 위기는 우리가 산업화된 생활 방식을 채택했기 때문이기도 하지만, 인간이 집단 기아로 죽거나 기아의 경계선상에서 살아가는 걸 예방하는 새로운 기법을 고안해냈기 때문이기도 하다. 박쥐 구아노와 폭탄 제조, 병아리 주문 사고 등 우연찮게 발견된 기법도 적지 않지만, 그 기법들이 미친 영향은 거의 우리 이해력의 범위를 넘어선다. 수십억 명이 굶주림과 기아에서 벗어났지만, 그 대가로 우리 지구는 그런 고삐 풀린 성장의 부작용을 관리하느라 발버둥치고 있다.

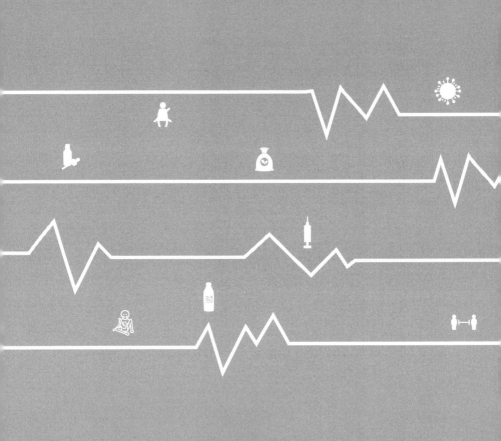

다시 찾은 볼라섬

이 책은 두 개의 단순한 그래프로 시작했다. 하나는 지난 4세기 동안의 기대수명을 하나의 선으로 압축한 우상향 그래프였다. 다른 하나는 지난 두 세기 동안 급격히 떨어진 아동 사망률을 추적한 그래프였다.

그러나 두 그래프는 평균을 이야기할 뿐, 분포에 대해 말하지는 않는다. 그래프에서 기대수명의 평균값이 아니라 지역 간의 격차, 즉 불평등의 정도를 볼 수 있다면, 얼마나 좋겠는가? 1875년 위대한 탈출이 잉글랜드 노동자계급에서 처음 나타나기 시작했을 때,

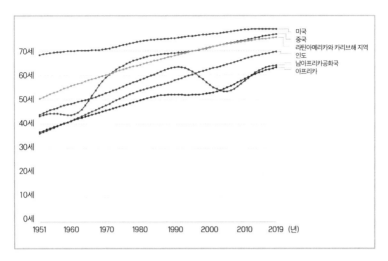

미국
중국
라틴아메리카와 카리브해 지역
인도
남아프리카공화국
아프리카

출생 시 기대수명, 1951~2019년

출처: Our World in Data

부유한 영국 시민과 나머지 시민 간의 그 격차는 무려 17년이었다. 오늘날에도 여전히 격차가 존재하지만 과거에 비하면 극히 작은 4년에 불과하다. 미국의 건강 데이터에서 비슷한 현상이 확인되는데, 기대수명에서 백인과 아프리카계 미국인의 격차가 지난 세기에 극적으로 줄어서 4년 미만이 됐다. 1900년 듀보이스가 인종차별이 건강 결과에 미치는 영향을 분석한 직후에는 그 격차가 거의 15년에 달했다.

가장 고무적인 추세는 지난 70년을 압축한 위의 그래프에 나타난 추세인 듯하다.

과거에는 산업국가와 산업화 이전 국가라고 칭했고, 요즘에는 일반적으로 서구와 '남반구(Global South)'라고 칭하는 곳의 격차는

30년 전부터 인구통계에서 전례가 없는 속도로 좁혀져왔다. 스웨덴은 아동 사망률을 30퍼센트에서 1퍼센트 이하로 낮추는 데 150년이 걸렸다. 전후 한국은 40년 만에 그런 쾌거를 이뤄냈다. 제2차세계대전이 끝났을 때, 인도의 기대수명은 여전히 35세라는 천장을 뚫지 못한 상태였지만 오늘날 인도의 기대수명은 약 70세다. 1951년 기대수명에서 중국과 미국의 격차는 20년 이상이었지만 지금은 4년에 불과하다. 요즘 서구 국가에는 지난 수십 년을 불평등 지수가 천정부지로 치솟은 시대로 생각하는 사람이 많다. 그런 국가들, 특히 미국에서는 경제적 성과를 승자가 독식했다. 그러나 시야를 전 세계로 돌리면, 그런 생각이 뒤집힌다. 오히려 지난 수십년은 '평등' 지수가 높아진 시대다. 서로의 격차가 줄어들고 있기 때문이다.

불평등의 축소는 건강 결과와 수입 모두에 적용된다.[1] 지금 남반구가 부유해지는 속도는, 미국와 영국이 산업화 초기에 부유해졌던 속도보다 더 빠르다. 중국, 더 나아가 인도도 그런 속도로 발전하고 있다. 지난 10년 동안 아프리카는 고무적인 회복력을 보여줬고, 그 결과로 인체 면역 결핍 바이러스(Human Immunodeficiency Virus, HIV)의 위기가 진정되기 시작했다. 서구와 남반부를 구분짓던 격차는 일종의 전 지구적인 제로섬게임(zero-sum game)에서 비롯된 것이라고 의심한 사람이 많았다. 요컨대 서구의 물질적 풍요와 장수하는 삶은 지구의 절반을 극도로 빈곤한 삶에 몰아넣는 범세계적인 시스템 덕분에 가능했다는 의심이다. 이른바 '선진국'의 성공은 '미개발' 국가들의 자원과 노동을 착취한 결과였다. 노예무역과 식민지 건설이 한창이던 동안에는 이런 이점이 발전의 부분적인 동력일 수 있었겠지만, 이제 더는 그렇지 않은 듯하다.

남반구에서 경제 발전과 건강 향상은 공생 관계에 있는 게 거의 확실하다. 노벨상을 수상한 경제사학자 로버트 포겔이 19세기 유럽 사회에서 찾아낸 과학기술과 영양 섭취의 상관관계를, 지금 남반부의 덜 부유한 국가들이 똑같이 경험하고 있기 때문이다. 전 연령층의 인구가 기아와 만성적인 질병 상태에서 벗어나자, 경제에 기여할 수 있을 만큼의 칼로리를 처음으로 섭취한 새로운 노동력이 생겨났다. 노동의 대가를 얻자 생활 수준이 향상되고, 그 결과로 건강 상태가 개선돼, 소득 창출을 위한 노동에 더 많은 에너지를 쏟을 수 있게 됐다.

포겔의 표현을 빌리면, "20세기를 과거와 구분짓는 것은 저소득 계층의 수명도 크게 늘어났다는 점이다."[2] 늘어난 수명만큼 발전의 증거를 명확히 보여주는 증거는 거의 없다. 우리 사회가 발전했다는 증거로 언급되는 많은 특징을, 합리적으로 생각하면 어렵지 않게 부정할 수 있다. 우리 주머니 안에 슈퍼컴퓨터를 지녔다고 우리 형편이 정말 더 나아졌는가? 자동차가 지금보다 훨씬 더 안전해지더라도 자동차에 기반을 둔 문화가 주로 걸어다니던 사회, 즉 20세기 이전의 문명보다 정말 안전하다고 할 수 있을까? 우리 자녀가 두 살에 천연두로 죽거나 스무 살에 자동차 사고로 죽는 일이 실제로 일어나지 않는 한, 발전의 이득을 간과하기는 어렵다. 한편, 그런 이득은 쉽게 '무시되기도 한다'. 오랜 기간 동안 점증적으로 누적된 결과, 다시 말하면 제퍼슨의 '악의 목록'에서 악한 것들을 하나씩 제거한 조치들의 총체적 결과이기 때문이다. 이런 유형의 진보가 인지되기 어려운 이유는 발전 과정이 느리기도 하지만, 진보의 혜택이 구체적인 형태로 드러나지 않기 때문이기도 하다. 예컨대 한 세기 전이었다면 피할 수 없었던 죽음을 과학 발전 덕분에 이제는 완전히 피할 수 있게 됐더라도, 그 혜택은 쉽게 인지되지 않는다. 항생제를 복용해 짜증나는 감염증을 차단하고, ABS가 작동한 덕분에 자동차 사고를 모면할 때마다 우리는 계속 삶을 이어가지만, 그 과정에 어떤 일이 있었는지는 거의 기록되지 않는다. 하지만 그런 보호 장치가 없었다면 우리는 계속 살아가지 못했을 수 있다.

이런 조치와 발명은 중대하고, 찬양받아 마땅하다. 하지만 편히 앉아 진보가 계속되도록 지켜봐야 한다는 변명에 이용돼서는 안 된다. '악의 목록'에는 아직 많은 것이 남아 있다. 수년 전, 뉴욕대학교 랑고니의료센터의 국민건강부(Department of Population Health)가 온라인 웹사이트를 개설했다. 여기에서 우리는 미국 내 인구조사 표준 지역들 간의 평균 기대수명을 비교할 수 있다. 윌리엄 파가 런던과 리버풀과 서리에서 실시한 생명표의 디지털 시대 후예인 셈이다.[3] 내가 거주하는 브루클린의 평균 기대수명은 82세로, 미국 전체 평균보다 약간 더 높다. 그러나 20블럭 떨어진 곳, 상대적으로 가난하고 아프리카계 미국인들이 많이 거주하는 브라운스빌의 평균 기대수명은 73세에 불과하다. 이런 차이는 우리가 상상할 수 있는 가장 기본적인 형태의 불평등이다. 어떤 지역에서는 10년의 삶을 추가로 즐기지만, 이웃 동네 주민들에게는 그런 삶이 허용되지 않는다. 파와 듀보이스가 100년 전에 그린 지도에도 이런 불평등이 나타난다. 코로나19 팬데믹으로, 미국 내에 건강 불평등이 존재한다는 새로운 증거가 여실히 드러났다. 코로나19로 인해 뉴욕에서만 아프리카계 미국인이 백인보다 두 배나 많이 사망한 듯하다. 시카고의 경우, 아프리카계 미국인은 전체 주민의 29퍼센트이지만 코로나19와 관련된 사망자의 70퍼센트를 차지한다. 미국 밖으로 눈을 돌려보자. '파트너스인헬스(Partners In Health)'를 창립한 폴 파머(Paul Farmer)는, 2014년 서아프리카에서 발병한 에볼라가 지독히 가난하거나 전쟁으로 만신창이가 된 국가들이 여전히 "임상 사막"(clinical desert. 산소 호흡기, 신장 투석기, 수혈 장비 등 기본적인 의료 설비가 부족한 지역)이라는 사실을 우리에게 떠올려줬다고 말했다. 1966년 마틴 루서 킹 주니어(Martin Luther King Jr., 1929~1968) 목사는 한 연설에서 "온갖 형태로 나타나는 불평등 중에서도 의료 부문의 불평등은 가장 충격적이고, 가장 비인간적이다"라고 말했다. 그로부터 반세기 이상이 지난 지금도 우리는 그런 불평등과 싸우고 있다.

달리 말하면, 우리가 건강이나 다른 부문의 진보에 대해 생각할 때, 데이터를 두 각도에서 동시에 주시할 필요가 있다는 뜻이다. 첫째, 과거의 추세를 연구하며, 어떤 조치가 과거에 효과가 있었는지를 배우고, 그 과정에서 교훈을 얻어야 한다. 둘째, 현재의 조치가 효과를 발휘하지 못하더라도, 그 조치에 내재한 잠재력을 고려해서 효과를 제대로 발휘하지 못하는 이유를 다각도로 분석할 필요가 있다. 현재에는 어떤 과학기술이나 조치가 인접 가능성의 일부로서 사망률을 더 낮출 수 있을까? 그렇다, 같은 브루클린 주민이지만 브라운스빌에 사는 사람들은 1970년대에도 기대수명이 10년 정도 더 짧았을 수 있다. 그렇다면 이는 한편으로 그 지역 사람들도 그 이후로 진보의 혜택을 누렸다는 뜻이다. 그렇더라도 우리는 현재에도 여전히 존재하는 격차, 즉 10년이라는 기대수명을 해소하는 데 초점을 맞춰야 한다. 진보가 가능하다고 다짐하는 것만으로는 충분하지 않다. 어떤 일을 더 해야 하는지를 생각해내는 것도 그에 못지않게 중요하다.

▲ ▲ ▲

이 책은 건강과 관련된 부문들의 혁신에 얽힌 뒷이야기를 소개하고, 그 혁신을 세상에 내놓는 데 일조한 네트워크를 그리는 데 상당한 지면을 할애했다. 그러나 그 주된 혁신들을 하나의 덩어리로 생각하면 어떻게 될까? 이 책을 시작하며 언급한 생명을 구한 혁신들의 순위를 다시 보자.

수백만 명의 목숨을 구한 혁신	에이즈 치료를 위한 칵테일 요법 마취 혈관 성형술 말라리아약 심폐 소생술 인슐린 신장 투석 경구 수액 요법 심박 조율기 영상의학/방사선학 냉장 기술 안전벨트
수억 명의 목숨을 구한 혁신	항생제 분지침 수혈 염소 소독법 저온살균법
수십억 명의 목숨을 구한 혁신	화학비료 화장실/하수도 백신

이 혁신의 만신전에서 가장 주목되는 점은 민간 부문에서 시작된 혁신이 거의 없다는 것이다. 영리를 추구하는 기업이 독자적으로 개발한 혁신은 손가락으로 꼽을 정도다. 눈에 띄는 예외가 있다면,

닐스 볼린이 볼보에서 설계한 삼점식 안전벨트다. 그러나 안전벨트가 성공한 많은 이유 중 하나는, 물론 대부분의 자동차 제조사가 안전벨트를 모든 자동차에서 기본 사양으로 넣는 과정에는 치열한 실랑이가 있었지만, 볼보가 안전벨트의 특허를 포기하고 세계에 공개한 것이다. 위에서 나열한 혁신들은 인간에게 축복이나 다름없었다. 거듭 말하지만 대부분의 혁신은 민간 부문 밖에서 시작됐다. 구체적으로 말하면, 학문적 연구(알렉산더 플레밍과 월리엄던병리학교)과 진취적인 의사들의 도전(에드워드 제너와 우유 짜는 여인들)과 위기를 맞아 어떻게든 해결책을 찾으려던 현장 요원들의 극단적이지만 혁신적 아이디어(방글라데시에서의 콜레라 발병과 딜립 마할라나비스)에서 시작됐다.

공공 부문의 연구로 시작된 혁신을 확대하는 데, 많은 경우에 민간 기업이 중요한 역할을 한 것은 사실이다. 학계의 과학자들과 미국 군부가 신비한 곰팡이에서 추출한 페니실린을 특효약으로 만들었지만, 페니실린을 대량생산하는 기법을 다듬는 데에는 머크와 화이자가 큰 도움을 줬다. 페니실린이 개발된 이후에 두 제약 회사는 물론이고 다른 제약 회사들도 다른 종류의 항생제를 꾸준히 개발하고 대량생산해왔다. 인슐린과 관련해서도 비교할 만한 비슷한 교훈을 찾을 수 있다. 인슐린은 토론토대학교의 과학자들이 처음 발견해 당뇨 치료제로 사용한 것이었다. 볼보가 안전벨트의 특허를 무료로 공개했듯이, 인슐린 특허 기술도 세상에 무상으로 알려졌다. 그러나 오늘날 대부분의 당뇨 환자가 사용하는 합성 인슐린은 '시티오브호프내셔널메디컬센터(City of Hope National Medical Center)'의 연구진과 민간 제약 회사 제넨텍(Genentech)이 협력해 개발한 것이다. 대형 제약 회사들이 더이상 파크데이비스의 카탈로그에 수록된 엉터리 약을 팔지 않고, 적법한 약을 파는 요즘에는 이런 협업이 거의 상식이 된 듯하다. 결론적으로 말하면, 생명을 연장하는 데 필요한 핵심적인 아이디어는, 다른 분야에 기원을 둔 다양한 아이디어에 영향을 받은 학계 연구자들과 공공 부문의 연계에서 잉태되지만, 최종적으로 아이디어가 널리 확산되고 채택되는 과정에서는 민간 부문의 생산과 보급망에 의존하게 된다.

최근 들어 건강 증진이 민관 협력에 의존하는 경향이 짙어졌지만, 우리가 2만 일의 삶을 추가로 얻은 데에는 비시장적 혁신의 몫이 크다는 사실에는 변함이 없다. 위험을 무릅쓰는 기업가 정신 및 자유 시장의 창의적인 힘이 혁신과 융합되는 시대에, 기대수명의 역사는 우리에게 중요한 교훈을 전해준다. 우리가 지난 수세기 동안 경험한 가장 기본적이고 논쟁의 여지가 없는 진보는 대기업이나 신생 기업에서 시작된 게 아니다. 오히려 진보를 위한 첫걸음은 개혁을 위해 투쟁한 시민운동가, 대학에 기반을 두고 자신의 연구를 공개하고 공유한 과학자들, 새로운 과학적 발견을 세계 전역의 저소득 국가에 알리는 데 힘쓴 비영리 기관들에서 시작됐다. 민간 기업들이 면역요법에 접근하는 새로운 방법을 연구하기 시작하거나, 신약 개발에 기계 학습을 적용한다면 향후에는 그 중심축이 민간 부문 쪽으로 이동할지도 모른다. 그러나 어느덧 두 배로 증가한 기대수명의 역사를 기초로 미래를 예측해본다면, 언제나 공공 부문의 협력이 필요할 것이다.

▲ ▲ ▲

윌리엄 파의 사망 보고서, 오스틴 힐의 RCT처럼 물리적인 실체가 상대적으로 덜 와닿는 혁신도 잊어서는 안 된다. 나는 이런 혁신들이 여섯 가지 주요 범주에 속한다고 생각한다.

관찰하는 방법

현미경와 의료 영상 기술 덕분에 우리를 죽이는 병원균이나 악성 세포를 직접 볼 수 있었고, 따라서 질병의 원인과 싸우는 새로운 방법을 꿈꿀 수 있었다. 존 스노가 브로드가에서 발병한 콜레라의 분포를 시각적으로 표현한 지도도 이와 마찬가지였다. 물론 윌리엄 페이지가 라이베리아에서 즉흥적으로 고안해낸 '포위 접종'도 마찬가지였다. 전염병이 발병해 확산되는 양상을 지리적으로 관찰하는 방법, 즉 위에서 내려다보는 식으로 관찰하는 방법도 현미경 렌즈를 통한 치밀한 관찰만큼이나 중요하다는 게 입증됐다.

숫자를 다루는 방법

윌리엄 파는 원래 의사였다. 그러나 그는 숫자를 다룬 연구를 통해 수많은 사람의 생명을 구해내는 데 도움을 줬다. 구체적으로 말하면, 파는 도시 인구밀도와 사망률의 인과관계를 추적해 문서로 기록하고 자료로 정리함으로써 스노가 독기설을 해체하는 데 도움을 줬다.

시험하는 방법

RCT가 과학 박물관에 전시될 수는 없겠지만, 어떤 영약이나 기능성 자기공명 영상 장치(Functional magnetic resonance imaging, fMRI)만큼이나 혁명적인 수단을 우리 인간에게 안겨줬다. 달리 말하면, 엉터리 치료약과 진짜 치료약을 구분할 수 있게 해줬다. 그때부터 정부 규제 기관들도 RCT를 이용해, 진짜 약만 시장에서 판매하도록 허락하고 돌팔이 약장수들을 퇴출시킬 수 있었다. 이런 혁신적 변화에는 새로운 통계학적 방법론이 큰 역할을 했지만, FDA을 비롯해 새로이 설립된 규제 기관들의 역할도 빼놓을 수 없었다.

관계망을 연결하는 방법

네크워크의 확대가 기대수명에 항상 긍정적 역할을 했던 것은 아니다. '콜럼버스의 교환'이라고 일컬어지는 기간, 즉 콜럼버스가 신대륙을 발견한 이후로 신대륙과 구대륙 사이에 생물과 인구가 급격히 이동하던 기간 동안, 천연두로 인한 사망자 수가 그 증거다. 그러나 메리 몬터규가 아들 팔의 흉터와 함께 콘스탄티노플에서부터 가져온 인두 접종의 비밀처럼, 새로운 아이디어들이 국제적으로 뒤섞인 결과도 생각해보라. 아니면 페니실린이 대량생산될 때까지 어떤 국제적인 이동이 있었는지 생각해보라. 플로리와 히틀리는 1941년 2월 12일, 앨버트 알렉산더에게 200밀리그램의 페니실린을 투여했다. 같은 해 7월, 그 둘은 전쟁을 피해 뉴욕행 비행기에 올랐다. 워런 위버, 록펠러재단과의 네트워크 덕분이었다. 그 직후, 그들은 아이오와의 옥수수밭 옆에서 옥수수 침지액을 발효시키는 통과 씨름했다. 그들의 아이디어가 그처럼 신속하게, 또 정확히 바다 건너편까지 전달될 수 없었다면, 페니실린이라는 항생제가 제때 개발돼 전쟁의 결과에 영향을 주지 못했을 것이다.

발견하는 방법

항생제 혁명은 플레밍의 우연한 발견으로 시작됐다. 여기에 페니실린을 대량생산하기 위한 국제 공조도 힘을 보탰다. 그러나 항생제 혁명의 완성을 위해서는 군대와 제약 회사들이 세계 각지에서 수집한 토양 표본들에서 치명적인 박테리아와 생산적으로 싸울 수 있는 분자들을 찾아내는 과정이 필요했다. 20세기에 들어 대형 제약 회사들의 연구·개발실은 엄청난 연구 능력을 과시하며 의약품 개발에 나섰다. 요컨대 수천 가지의 흥미로운 화합물을 실험하며 마법의 특효약을 찾고 있다.

확대하는 방법

백신은 18세기에도 의학적 조치로서 유용했지만, 백신의 효과를 대중에게 알리기 위해서는 찰스 디킨스가 자신이 발간하던 주간지 〈하우스홀드 워즈〉에 기사를 냈던 것처럼 인기가 있는 매체를 활용하는 백신 전도사들이 필요했다. 1860년대에 루이 파스퇴르가 우유의 안전성을 보장하는 신뢰할 만한 과학적 기법을 생각해냈지만, 저온살균된 우유가 표준화되는 데는 네이선 스트라우스의 우유 보급소와 천재적인 홍보 능력이 필요했다.

여러 요인들 때문에 이런 혁신들은 찬양하기가 쉽지 않다. 그래도 그란트는 1660년대에 촛불을 밝히며 사망표를 연구했고, 파는 밀집된 도시 생활이 사망률에 미친 영향을 시각화하는 방법을 생각해냈다. 힐과 리처드 돌은 임상 연구에서 무작위 추출의 중요성을 정확히 이해했다. 그들의 연구는 데이터로 새로운 것을 해내려는 혁신적 돌파구였다. 그들의 연구가 반짝이는 새로운 장치를 만들어내거나 그들에게 큰돈을 벌어준 것도 아니었고, 일상의 삶에 미친 영향도 간접적이고 인지하기 힘들었다. 그러나 긴 시각에서 보면 그들의 연구 덕분에 세계 전역에서 수십억의 인구가 죽음을 모면했고, 건강 증진을 위해 상대적으로 직접적인 조치를 무수히 만들어낼 수 있는 토대가 마련됐다. 특효약이나 새로운 외과 수술 기법, fMRI 덕분에 우리 수명이 늘어난 것은 사실이다. 그러나 대량의 데이터를 고속으로 처리하거나, 새로운 치료법을 공개적으로 지지하고 홍보하는 능력, 또 새로운 유형의 국제 협력을 용이하게 해주는 기구의 설립도 우리 수명을 늘리는 데 적잖은 역할을 했다.

코로나19 팬데믹의 확산을 막아낼 안전하고 효과적인 백신이 전례 없는 속도로 개발됐다. 이번 사례는 물리적인 실체가 상대적으로 와닿지 않는 혁신의 효용성을 완벽하게 보여준다. 물론 최종적인 결과는 주사로 주입하는 백신이라는 물리적인 형태를 띠지만, 그런 백신을 가능하게 해준 혁신들은 새로운 종류의 자료 수집 및 공유와 관련된 것이다. 2019년이 저물어갈 무렵 SARS-CoV-2 바이러스가 중국에 처음 나타났을 때, 그 바이러스의 정체는 몇 주 만에 밝혀졌다. (반면에 40년 전 에이즈 팬데믹이 시작됐을 때, 에이즈를 일으키는 병원체 HIV를 찾아내는 데는 무려 3년이 걸렸다.) 코로나 바이러스가 발견되고 며칠이 지나지 않아서 그 바이러스의 게놈도 분석됐고, 그 유전자 배열이 전 세계의 연구실에 전해졌다. 유전자 정보를 확보한 덕분에 과학자들은 약 48시간만에 코로나19 백신을 위한 기본 구조를 설계할 수 있었다. 많은 점에서 정보의 신속한 공유 덕분에, 모더나(Moderna)와 화이자 같은 기업들이 기능적인 백신을 2020년 말 이전에 출하하며, 가장 낙관적으로 생각하던 보건 관리들의 예측조차 뛰어넘을 수 있었다. 과학자들이 코로나19 팬데믹을 일으키는 바이러스 자체를 밝혀내는 데 3년의 시간이 필요했다면, 코로나19의 현재 상황이 어떠할지 상상해보라. SARS-CoV-2가 수십 년 전에 나타났을 경우에 세상이 겪었을 법한 상황과 비슷한 상황에 우리는 직면해 있을 것이다.

▲ ▲ ▲

기대수명 이야기의 다음 장에서는 어떤 혁신이 주인공으로 부각될까? 존 스노가 거의 두 세기 전에 처음 찾아낸 최고의 적, 수인성 질병이 저소득 국가에서는 지금도 심장 질환에 뒤이어, 두 번째로 많은 사인이다. 심장 질환이 중년 이상의 연령층에 흔한 것과 달리, 수인성 질병은 주로 어린아이들이 걸리기 때문에 전체적인 기대수명에 큰 영향을 미친다. 조지프 배절제트가 런던에 하수관을 새로 설치했듯이, 폐수를 처리할 기반 시설을 대대적으로 구축할 자원이 없는 지역에서, 그나마 유망한 방법은 화장실 자체를 개조하는 것이다. 2017년 빌앤멀린다게이츠재단(Bill & Melinda Gates Foundation)은 독립형으로 설계된 화장실, 즉 하수관이나 상수도관 및 전기선과 연결하지 않아도 독자적으로 기능하는 새로운 화장실을 인도와 남아프리카 공화국에서 시험하기 시작했다. 그 화장실은 인간의 배설물을 연료로 태우고, 그 과정에서 얻은 에너지를 활용해 물을 소독하는 닫힌 회로(closed loop) 형태로, 장치 운영 비용은 하루 5센트에 불과하다.[4]

저소득 국가에 큰 영향을 줄 수 있는 또 하나의 조치는 말라리아의 근절일 것이다. 사람들에게 가장 큰 두려움을 불러일으키는 동물이 무엇이냐고 물으면 대부분 상어와 뱀을 머릿속에 떠올리지만, 인류의 역사에서 모기만큼 많은 사람을 죽음에 몰아넣은 다세포생물은 없다. WHO의 추정에 따르면, 매년 2억 명 이상이 말라리아에 걸리고, 그 절반이 목숨을 잃으며, 사망자 대부분이 어린아이다.[5] 모기에게 물릴 때 체내에 침투하는 '플라스모디움(Plasmodium)'이라는 말라리아 원충이 말라리아 병원균이다. 그러나 말라리아는 일부 아프리카 국가에만 집중되며, 살충제 처리된 모기장과 새롭게 개발된 말라리아약 덕분에 사망자가 이미 크게 줄었다. 모기는 바이러스들에 비해 상대적으로 먼 거리를 돌아다닐 수 있기 때문에, 천연두를 박멸하는 데 사용된 포위 접종은 말라리아 문제에서는 별다른 효과를 발휘하지 못한다. 따라서 학자들이 말라리아 박멸을 위해 완전히 새로운 접근법을 연구하고 있다. 대표적인 것이 '유전자 드라이브 테크놀로지(gene drive technology)'다. 이 기술은 어떤 특정한 대립형질이 후손에 전달될 확률을 조작함으로써 특정한 형질이 개체군 전체에 퍼지게 하는 유전공학적 방법이다. (정상적인 유기체에서 대립형질이 후손에 전달될 확률은 50퍼센트다. 이 확률을 인위적으로 높이면, 문제의 형질이 개체군에 급속히 확산되기 마련이다. 특히 며칠 단위의 번식 주기를 지닌 생명체의 경우에는 그 속도가 더욱 빠르다.) 이 기술, 특히 모기 전체를 박멸하지는 못하더라도 전체적인 개체수를 극적으로 줄이는 걸 목표로 삼아, 불임을 야기하는 형질을 다음 세대에 전달함으로써 모기의 개체수를 줄이는 방법은 논란이 많을 수밖에 없다.[6] 한편 모기가 말라리아 원충에 저항력을 갖도록 돌연변이를 일으키는 유전공학적인 방법도 고려되고 있다.

고소득 국가에서는 전염병이 점점 줄어들었기 때문에 주된 사망 원인도 노령층의 만성적 질병, 예컨대 심장 질환, 알츠하이머병 등으로 바뀌고 있다. 1900년만 해도 암은 여덟 번째로 많은 사인에 불과해, 소화기계 감염과 결핵 같은 질병에 훨씬 못 미쳤다. 이제 소화기 질병과 결핵은 상위 20위 안에도 들지 못한다. 향후 수년 내에 미국에서는 암이 주된 사인이 되며 처음으로 심장 질환을 앞설 것이다. 암과의 전쟁은 좌절의 연속인 지루한 역사였지만, 새로운 면역요법이 개발된 덕분에 지난 수년은 가장 흥미진진한 시기였다.

19세기의 주요 사인이던 콜레라와 천연두와 달리, 암은 어떤 외적인 병원균이 우리 인체에 침범해 생기는 게 아니다. 물론 바이러스에서 촉발되는 듯한 암이 없지는 않지만, 어쨌든 암세포는 우리 자신의 세포다. 자신의 고유한 진화에 이용하려는 어떤 침입자에게 우리 몸이 장악된 게 아니다. 암도 세포분열을 통해 자기 복제를 한다. 이런 자기 복제는 모든 세포가 행하는 생활환(life cycle)의 일부다. 암세포는 다음 세대에 전하는 유전 명령(genetic instruction)이 뒤범벅된 까닭에 세포분열을 멈추지 않는 폭주자일 뿐이다. 이처럼 끝없이 분열하는 세포는 거의 한 세기 전부터 주된 사인으로 떠올랐지만, 세포들이 어떻게라도 자기 복제를 하는 쪽으로 변하는 게 무척 흔하다는 걸 우리는 과거에 몰랐다. 암이라 칭해지는 것이 우리 몸에서 항상 진행되고 있지만, 이런 폭주적 행동은 우리 면역 체계에서 가장 먼저 반응하는 세포들에 의해 끊임없이 차단된다는 게 현대 면역학에서 밝혀졌다. 대부분의 경우에는 이런 차단이 효과가 있다. 세포가 죽지 않으면, 면역 체계가 우르르 몰려가 그 세포로 하여금 명령을 따르게 하기 때문이다.

그러나 때때로 어떤 세포가 면역 체계의 T세포들에게 즉각 물러서게 만드는 신호를 보내, T세포의 활동을 저지하는 경우가 있다. 대체로 세포는 상처에서 회복하는 과정에 있을 때 암처럼 빠른 속도로 자란다. 치료가 필요한 조직이 세포를 평소보다 더 빠른 속도로 더 오랜 시간 동안 분열하게 만들기 때문이다. 면역 체계가 그런 성장을 허락하는 이유는, 치료가 필요한 세포들이 T세포에 CTLA-4로 알려진 분자를 활성화하는 신호를 보내기 때문이다.[7] CTLA-4를 활성화함으로써 암세포는 '나는 다친 조직을 회복하려고 여기에서 정상적으로 자기 복제를 하고 있을 뿐이다. 그러니까 나를 저지할 필요가 없다'는 메시지를 항체에 효과적으로 전달한다. 그 신호의 의미를 의도적으로 뒤집는 활동을 하는, 암세포의 기막힌 속임수인 셈이다. 달리 말하면, 우리가 암으로 죽는 이유는 암세포가 거짓말하는 법을 알고 있기 때문이다.

우리가 유기체로서 체내에서 우리의 일부로서 성장하는 암과 밀접한 관계에 있지만, 처음부터 우리는 종양을 어떻게든 제거해야하는 침입자로 취급했다. 처음에는 질병 세균설도 모른 채 종양을 무지막지하게 잘라냈다. 다음에는 다소 위생적인 수술법을 개발해냈고, 그 다음에는 화학 치료와 방사선치료를 시작했다. 면역요법의 주장을 액면대로 믿으면 그야말로 장밋빛이다. 우리가 첨단 생화학적 지식을 활용해 지금보다 훨씬 정교하게 암 자체를 통제할 수 있는 충분한 도움을 면역 체계에 부여할 수 있다고 면역요법은 약속하고 있다.

면역요법은 어떻게 그 약속을 지킨다는 것일까? 면역요법은 CTLA-4 신호를 교란한다. 악성 세포는 세포분열을 계속하려고 하겠지만, '나한테는 신경쓰지 말라'는 신호를 T세포가 받아들이지 않는다. 따라서 T세포가 악성 세포를 덮쳐 끝내버린다. 우리가 면역 체계에게 바라는 기능이 바로 이런 것이다. 철학적으로 말하면, 면역요법으로 암을 치료하는 방법은, 먼 옛날에 이발사 겸 외과 의사가 환자를 마취도 하지 않은 채 종양을 떼어내던 방법만큼이나, 방사선과 화학물질을 이용한 치료법과도 많이 다르다. 우리 몸의 생득적인 방어 체제(natural defense system)가 우리를 위해 일하도록 내버려둘 수 있다면, 세포를 파괴하는 방사선치료를 아픈 사람에게 강요할 이유가 있겠는가?

면역요법은 이른바 닫힌 회로를 이용하는 치료법이다. 두 배로 증가한 기대수명의 역사에서 가장 큰 발전도 유사한 속임수에 기초한 것이었다. 백신이라는 속임수가 처음 고안됐을 때 생화학은 과학으로 존재하지도 않았다. 백신, 또 그 이전의 인두 접종도 세포의 마법 같은 속임수를 통해 효과를 발휘했다. 면역 체계가 백신의 속임수에 넘어가, 위협적인 질병을 물리치기 위한 새로운 항체를 만들어내기 때문이다. 항생물질들은 순환 과정에 들어서자마자 궂은 일을 해내기 시작한다. 따라서 우리 체내에 침입한 박테리아는 우리 혈류에 투입된 페니실린 같은 화합물과 직접적으로 접촉함으로써 죽는다. 그러나 면역요법은 백신과 다른 방법을 사용한다. 외부에서 폭탄을 떨어뜨리는 게 아니라, 기존의 방어 체제를 강화한다. 아마도 이 방법이 의학의 미래일 것이다. 몸이 스스로 치유하도록 유도하는 방향으로 약들이 개발되고 있다.

▲　▲　▲

메타 혁신(meta-innovation)은 가능할까? 힐의 RCT와 파의 사망표에 버금가는 방법론적인 혁신이 눈앞에 보이는가? 코로나19 팬데믹 위기를 맞아, 데이터를 수집하고 분석하는 새로운 실험들이 다양한 관점에서 시도됐고, 가능성을 지닌 몇몇 새로운 아이디어가 개발되거나 가속화됐다. 게다가 이번 팬데믹 동안 수천 명의 생명을 구한 듯한 실험도 있었다. 따라서 새로운 혁신적 방법론이 구체화되면, 미래의 팬데믹을 애초부터 예방할 수 있을 것이라고 기대하는 것은 당연하다.

CDC와 WHO 같은 기구의 존재를 고려할 때 말도 안 되는 소리로 들리겠지만, 코로나바이러스가 확산되던 초기에, 공공 보건 관리들과 연구자들이 그때까지 알려진 모든 사례에 대한 정보에 접속해 분석할 수 있는 데이터 저장소가 단 한 곳도 없었다. 코로나19가 발병한 직후, 세계 전역의 학자들이 임시로 조직돼, 파의 사망표와 유사한 21세기판 사망표를 작성하기 시작했다. 그 사망표가 세계 전역에서 발생한 코로나19의 사례를 빠짐없이 기록한 유일한 공개 자료였다. 2월 초까지, 학자들의 임시 조직, 즉 '코로나19오픈데이터워킹그룹'(Open COVID-19 Data Working Group)'은 수만 건이 넘는 자세한 기록을 모았다.[8] 2020년 여름쯤에는 수백 명의 자원봉사자로 이뤄진 비공식적인 네트워크가 세계 142개국에서 모은 기록이 100만 건을 넘었다. 이 기록은 코로나 바이러스가 인간 세계에 어떻게 확산되는지를 정확히 보여주는 단 하나의 자료일지 모른다.

물론 이런 종류의 데이터가 지닌 가장 큰 가치는 코로나19가 앞으로 어떻게 전개되고, 어떻게 해야 그 전개 방향을 끊을 수 있는가를 우리에게 알려주는 단서라는 데 있다. 그러나 그 모델을 만들어보려는 노력도 소수의 학술 기관에서 즉흥적으로 조직되는 형태를 넘어서지 못했다. 존스홉킨스대학교의 전염병학자 케이틀린 리버스(Caitlin Rivers)의 주장에 따르면, 코로나 바이러스 팬데믹으로 우리에게 필요한 중대한 혁신 중 하나가 새로운 종류의 기관이라는 게 분명해졌다. 리버스는 그 기관이 '유행병예측센터(Center for Epidemic Forecasting)'가 돼야 한다고 주장했다. 하지만 좋은 예측을 위해서는 그 예측을 뒷받침하는 데이터 자체가 좋아야 한다. 실제로 어떤 감염성 질병이 발병할 때, 대부분의 데이터 수집에는 중대한 문제점, 즉 정보가 수집되는 시기가 지나치게 늦다는 문제점이 내재한다. '코로나19오픈데이터워킹그룹'이 모은 기록처럼 포괄적인 기록의 경우에도 다르지 않다. 정확한 통계를 위해서는 입원 환자와 사망자 수가 무척 중요하다. 그러나 그 수는 질병의 행로에서 마지막 단계를 추적하는 것일 뿐이다. 코로나19의 경우, 발병자가 병원에 입원하는 시점은 바이러스와 처음 접촉하고 약 열흘이 지난 뒤였다.

코로나19 같은 질병의 경우에는 잠복기 감염자와 무증상 감염자가 바이러스를 퍼뜨릴 수 있어, 확진 여부를 판단하는 시간의 차이에서 발병의 폭주와 실질적인 억제가 판가름난다. 코로나19의 경우, 사망으로 끝나는 전형적 사례는 대략 30일 또는 그 이상 지속되는 다음과 같은 시간표를 따른다.

> 감염 → 잠복기 → 증상 발현 전(前) 단계 → 증상 발현과 확산 → 의사의 진찰 → 입원 → 집중 치료 → 사망

보통은 최상의 시나리오에서도 데이터 수집이 열흘 뒤, 의사를 찾은 뒤에야 시작된다. 코로나19의 경우에는 시간표의 앞부분에서 데이터를 수집하기 위한 다양한 실험이 시도됐다. 그중 일부는 '표본 감시(sentinel surveillance)'라고 일컬어지는 것과 관계가 있다. 파의 생명표, 스노의 브로드가 콜레라 발병 지도는 사망자를 추적했다는 점에서, 데이터 수집을 역학조사 시간표의 오른쪽 끝에서 했다. 오늘날 우리는 시간표의 중간부터 데이터를 수집할 수 있는 시스템을 갖추고 있다. 구체적으로 말하면, 누군가 아파서 병원을 방문해 검사를 받거나 입원하게 되는 순간부터 데이터가 수집된다. 그러나 표본 감시는 더 이른 단계에서 데이터를 수집하는 방법이다. 요컨대 전반적인 징후가 나타나기 전에, 대중을 대표하는 표본을 추출해 검사하는 방법이다. '시애틀 독감 연구(Seattle Flu Study)'가 대표적인 예다. 이 연구는 2019년에 시작된 프로젝트로, 임시 선별검사소를 곳곳에 세워두고 병원들로부터 받은 표본을 분석했으며, 시애틀 시민들에게 가정용 코 면봉을 나눠준 뒤에 호흡기 감염 징후가 있으면 면봉으로 코 안쪽을 문지른 표본을 보내달라고 부탁했다. 이 프로젝트는 미국에서 SARS-CoV-2의 지역 감염을 효과적으로 추적한 최초의 사례다.

과학기술은 시간표 자체를 왼쪽으로 옮기는 데도 도움이 된다. 샌프란시스코에 기반을 둔 건강 관련 신생 기업인 킨사(Kinsa)는 2014년부터 인터넷과 연동된 체온계를 판매하고 있다. 소비자 관점에서 보면 킨사 체온계를 팔목에 차는 게 그다지 어렵지 않다. 그러나 그 체온계는 착용자의 지리적 정보 등을 익명으로 킨사의 서버에 보낸다. 이렇게 실시간으로 얻은 데이터를 바탕으로 회사는 전국의 '건강 날씨 지도(health weather map)'를 유지할 수 있고, 이례적인 발열 현상에 대한 실시간 데이터는 개별 카운티 단위로까지 분석된다.[9]

킨사의 그래프에서 2020년 3월 4일부터 뉴욕에서 발열자 수가 통계적으로 유의미할 정도로 증가하고 있음이 포착되기 시작했다. 그로부터 19일 후에 뉴욕은 전면적인 봉쇄에 들어갔다. (뉴욕에서 최초의 확진자가 보고된 날은 3월 1일이었다.) 3월 10일쯤에는 브루클린에서만 발열자의 수가 평상시보다 50퍼센트가 많았다. 공식적으로 발표된 확진자 수는 아직 200건을 넘지 않았지만, 바이러스가 뉴욕시 다섯 곳의 행정구 모두에서 이미 창궐하고 있다는 뜻이었다.

데이터 수집 시간표를 왼쪽으로 옮기는 가장 급진적인 기법은 그 과정에서 인간을 완전히 배제하는 것이다. 이 기법이 실현된다면, 미래의 유행병으로부터 우리는 가장 고차원적으로 보호받게 될 것이다. 파가 1840년 처음으로 유행병 곡선을 그릴 때 근거로 삼았던 기초 자료는 분석 대상이 지역민들의 삶과 죽음에서 나타날 패턴에 국한됐다. 이제는 표본 감시 덕분에 사람들이 보건소나 병원을 접촉하기 전에 징후를 감지하는 게 가능해졌기 때문에, 시간표에서 더 일찍 신호를 포착할 수 있다. 그러나 지난 수십 년 동안 나타난 많은 무서운 전염병의 경우, 최초의 인간 감염 사례는 긴 시간표의 중간쯤, 즉 바이러스가 동물로부터 인간에게 이동한 시점에야 나타났다. 1970년대 동안 천연두 박멸에 핵심적인 역할을 했던 전염병학자 래리 브릴리언트(Larry Brilliant)의 주장에 따르면, 시간표를 왼쪽으로 옮기는 가장 강력한 방법은 '동물 감시(animal surveillance)' 체계를 확립하는 것이다. 세계 전역의 공장형 농장, 특히 개체수에서 인간을 훨씬 능가하는 600억 마리의 닭에서 발생하는 질병을 추적하는 새로운 시스템을 구축해야 했다.[10]

윌리엄 파의 인구동태 통계를 동물 질병에 적용해 얻을 결과에 대한 전망은 밝다. 인수 공통 감염병(zoonotic disease)이 동물에게서 인간으로 전파되기 전에 차단할 수 있기 때문이다. 동물 감시를 활용하면, 전문가들이 역사적으로 가장 걱정하던 팬데믹, 즉 1918년 스페인독감의 기원으로 밝혀진 조류독감에서 다시 변이된 독감 팬데믹이 다시 나타날 가능성을 피할 수 있다. 매년 600억 마리의 닭이 이 땅에서 살다 간다고 생각하면, 섬뜩하지만 의도하지 않은 결과가 닥칠 가능성은 충분하다. 공공위생과 관련된 자료 수집은, 얼마나 많은 사람이 그날 그 장소에서 죽었는가를 헤아리는 수준의 가장 단순한 계산으로 시작됐다. 인구동태 통계의 관점에서 보면, 전염병으로 인한 한 인간의 죽음은 이전에 일어난 감염에 대한 이야기를 담고 있다. 그러나, 100마리의 닭이 연이어 죽는다면 이는 미래의 감염에 대한 예고일 수 있고, 미래의 감염을 원천적으로 예방하는 출발점이 될 수 있다.

10년 이상 동안, 미국 정부는 정확히 이런 유형의 동물 감시를 수행하는 프로그램을 지원했다. '프레딕트(Predict)'라는 프로그램인데, 세계 전역의 동물로부터 10만 건 이상의 생물학적 표본을 수집해 분석했고, 그 과정에서 1,000종 이상의 새로운 바이러스를 발견했다. 이 기간 동안의 운영비는 2억 달러로 연방 예산에서 극히 작은 푼돈에 불과했지만, 트럼프 행정부는 2019년 가을에 프레딕트 프로그램을 중단시켰다. 그때가 중국 우한에서 새로운 바이러스성 질병이 나타났다는 보고가 시작되기 수주일 전이었다.

▲ ▲ ▲

인류 건강의 역사에서 흔히 그렇듯이, 향후 수십 년의 수명에 영향을 미칠 중대한 발전이 겉보기엔 아무런 관계도 없는 분야에서 비롯될 수 있다. 19세기에 이런 분야 중 하나가 토양학이었다. 21세기에는 수명 연장과 관련된 혁명이 컴퓨터게임을 연구하는 학문에서 나타날 가능성이 무척 높다.

2017년 12월 초, 구글의 자회사 딥마인드(DeepMind)는 알파제로(AlphaZero)라는 최첨단 인공지능 프로그램으로 이뤄낸 진보를 기록한 연구 보고서를 발표했다.[11] 딥마인드는 데미스 허사비스(Demis Hassabis)라는 만물박사가 그보다 7년 전에 런던에서 창업한 회사였다. 허사비스는 인지신경과학(cognitive neuroscience)을 연구하고, 비디오게임을 설계하며 20대를 보냈다. 체스 실력도 세계 정상급이었다. 딥마인드는 창업 초기에는 비디오게임을 수행하는 알고리즘을 개발하는 데 주력했고, 그 사이에 '퐁(Pong)'에서 '스페이스 인베이더(Space Invaders)'를 거쳐 큐버트(Q*bert)까지 게임의 복잡성 수준을 천천히 올렸다. 초기 게임들은 단순했기에 딥마인드의 성취가 그다지 인상적으로 보이지 않았을 수 있지만, 딥마인드가 개발한 컴퓨터들은 10여 년간 체스보다 까다로운 게임들에서 세계 챔피언을 하나씩 꺾었다. 허사비스와 그의 팀은 '알고리즘에 어떤 조언도 하지 않는다!'라는 원칙을 고수했다. 1996년 체스 그랜드마스터인 가리 카스파로프(Garry Kasparov)를 꺾어 유명해진 딥블루(Deep Blue) 체스 컴퓨터에는 과거에 행해진 엄청난 양의 게임이 데이터베이스로 저장돼 있었다. 따라서 딥블루는 그랜드마스터들이 행한 행마들의 저장고와 다를 바가 없었다. 또한 체스 전략에 대한 인간 지식과, 각 행마의 결과를 초인적인 속도로 계산해내는 엄청난 계산 능력까지 겸비했다. 그러나 딥마인드의 알고리즘은 완전히 무지한 상태에서 게임을 시작했고, 게임 전략에 대한 정보도 전혀 알지 못했다. '심층 강화 학습(deep reinforcement learning)'으로도 알려진 큐러닝(Q-Learning)이라는 인공지능에 전적으로 의지할 뿐이었다. 알고리즘이 학습 대상으로 삼을 기존 모델—딥마인드의 경우에는 게임—을 전혀 심지 않는다는 점에서, 이런 접근법은 '학습할 모델을 두지 않는 접근법'으로 여겨진다. 딥마인드의 알고리즘은 밑바닥에서부터 배우고, 거의 무한에 가까운 일련의 반복을 거치며 수십억 가지의 전략을 실험한다. 허사비스는 이런 과정을 '백지 상태 강화 학습(tabula rasa reinforcement learning)'이라고 칭했다.

연구가 무르익자, 딥마인드는 접근법을 약간 수정해 알파제로를 개발하기 시작했다. 구체적으로 말하면, 알고리즘이 바둑이나 체스 같은 보드게임을 스스로 행함으로써 게임에서 승리하는 법을 학습하게 했다. 알파제로는 규칙에 대한 기본적 정보를 제공받는 것부터 시작했다. 폰은 한 번에 한 칸만 움직일 수 있고, 비숍은 대각선 방향으로만 움직일 수 있다는 등 기본적인 정보만 제공됐다. 이런 기본적인 지식만을 지닌 채 알파제로는 백지 상태에서 첫 체스 게임을 했다. 물론 가상의 체스판 맞은편에 앉은 상대도 알파제로 알고리즘의 복사판이었기 때문에 마찬가지로 체스에 완전히 무지했다. 당연한 말이겠지만, 처음에 그들의 게임들은 엉망진창이었다. 체스 클럽에 가입한 지 얼마 되지 않은 초보자도 그들을 물리칠 수 있을 것 같았다. 그러나 아홉 시간이 지나기도 전에, 알파제로는 세계에서 가장 강한 체스 선수가 됐다. 아홉 시간은 그 많은 지식을 축적하기에는 터무니없이 짧은 시간 같지만, 알파제로의 알고리즘은 아홉 시간 동안, 즉 단 하루의 노동일 동안 무려 4,400만 판의 게임을 해냈다. 비교해서 말하면, 인간 그랜드마스터가 평생 동안

해낼 수 있는 게임은 평균 10만 게임에 불과하다.

흥미롭게도, 알파제로가 아홉 시간 동안 습득한 경기 방식은 인간 그랜드마스터들에 비교하면 무척 공격적이었다. 딥마인드는 그 이후에 제시한 보고서에서, 최상위 체스 선수들이 오래전부터 사용하던 일련의 전략을 알파제로가 독자적으로 생각해낸 습득 과정에 대해 분석했다. 또한 알파제로가 수십만 게임에서 그 일련의 전략을 구사한 후에는 더 효과적인 전략을 생각해내며 그 전략들을 버렸다고도 덧붙였다. 작가이자 프로그래머인 제임스 소머스(James Somers)는 〈뉴요커(New Yorker)〉에 기고한 글에서 알파제로의 성취에 대해, "인간이 생각해낸 최상의 전략이 더 나은 쪽으로 내던져지는 걸 본다는 게 이상하고 불안하기도 하다"라고 언급했다.[12] 그랜드마스터들이 수세기 동안 축적된 전문적인 경험에 지식을 더해 짜낸 최상의 전략을 알파제로는 몇 시간 만에 독학으로 터득했고, 얼마 후에는 더 나은 전략을 만들어냈다.

지금부터 50년 후, 우리는 4,400만 판의 게임을 인류 건강의 역사에서 획기적인 이정표라고 생각하며, 브로드가의 펌프에서 손잡이를 제거한 날이나 알렉산더 플레밍이 휴가로부터 돌아와 창문 옆의 페트리 접시에서 곰팡이를 발견한 날만큼 모든 면에서 중요하게 평가할지도 모른다. 체스 게임을 하는 능력은 인간 지능의 작은 부분에 불과하다. 딥마인드가 몇 시간 만에 그랜드마스터들에게 좋은 전략을 가르칠 수 있게 됐다는 게, 전반적인 면에서 호모사피엔스의 지능에 버금가는 지능을 지닌 기계를 만들어낼 수 있다는 뜻은 아니다. 하지만 알파제로가 보여준 자유로운 학습 능력, 즉 편견에 사로잡히지 않은 학습 능력은 건강의 생화학에 특히 적합하다. (공교롭게도 알파제로의 학습 방법은 면역 체계가 과거에 경험한 적이 없는 병원균을 공격하는 법을 학습하는 방법과 다르지 않다.) 따라서 언젠가는 딥마인드의 알고리즘이 체스 게임의 새로운 전략을 구상하는 대신, 치명적인 바이러스를 파괴하거나 암세포의 걷잡을 수 없는 증식을 억제하고, 알츠하이머병의 손상된 신경 세포를 되살리는 데 사용할 수 있는 화합물을 연구하게 될 것이다. 딥마인드가 게임의 울타리를 벗어나 처음으로 개발한 알고리즘은 2018년에 발표한 알파폴드(AlphaFold)다. 알파폴드는 유전자 배열 분석에 근거해 단백질의 3차원 구조를 예측―'잘못 접힌' 단백질에서 비롯되는 파킨스병이나 낭포성 섬유증(cystic fibrosis) 같은 질병들을 이해하는 데 중요한 과정―하고, 다양한 질병과 싸우는 신약을 개발하는 데 사용할 목적에서 개발된 인공지능 알고리즘이다.

어떤 의미에서, 알파폴드와 그 후속작 같은 알고리즘은 제2차 세계대전 중에 군인들이 세계 전역에서 토양 표본을 채집하고, 메리 헌트가 피오리아 시장에서 과일들을 뒤적거리는 행동을 디지털로 해내는 것과 크게 다르지 않다. 그 알고리즘은 수직 갱도와 썩은 칸탈루프에서 유명한 미생물을 찾아내는 대신, 가상 세계에서 아미노산들을 수십억 가지로 연결하고 결합함으로써 세포 차원에서 우리 건강을 지배하는 복잡한 3차원 모형을 만들어내는 연구에 이용될 수 있다. 그러면 알파폴드는 모의 병원균을 물리치는 모의 '게임'을 수백만 회 반복하며 인접 가능성의 경계를 넓히고, 적을 압도할 수 있는 새로운 단백질 구조를 생각해내는 발견 메커니즘 (discovery mechanism)이 될 것이다.

내일의 딥러닝(deep learning), 즉 심층 기계 학습 알고리즘이 결국 메리 헌트와 썩은 칸탈루프의 역할을 해낸다면, 그야말로 시의적절한 혁신적 돌파구가 될 것이다. 오늘날 시장에서 판매되는 거의 모든 항생물질이 1960년 이전, 즉 페니실린이 개발된 직후 광풍처럼 항생제 개발에 몰두하던 시기에 발견됐다. 그러나 항생제를 지나치게 처방하고 가축의 사료에도 항생제를 섞어 준 까닭에, 박테리아가 항생제라는 특효약에 저항하고 대응하는 새로운 전략을 완성함으로써 항생제의 효능이 떨어졌다.[13] 딥마인드가 개척한 알고리즘 같은 것들을 이용하면, 우리가 신약을 발견하는 과정의 속도를 높이고, 그 범위를 넓힘으로써 박테리아가 내성을 갖는 속도보다 더 빨리 새로운 화합물을 합성해낼 수 있을지도 모른다. 그러나 현재 항생제 혁신이 정체된 이유는 우리에게 새로운 항생제를 발견하는 데 필요한 도구가 없기 때문만은 아니다. 대형 제약 회사들이 항생제 개발에 더는 관심이 없기 때문이기도 하다. 심혈관 질환과 암을 치료하는 값비싼 약 개발은 돈이 되는 데 비해, 페니실린과 그 후속작은 상대적으로 값도 싼 데다 복용량도 적기 때문에 영리를 추구하는 기업들을 경제적으로 유혹하기 힘들다. 게다가 가격을 인상해도 괜찮을 정도로 기존 항생제들을 압도하는 새로운 항생제를 처음부터 개발하려면 수백억 달러를 투자해야 한다.

이런 잠재적 시장 실패로 나타난 일부 수치가, 새로운 기구를 창설할 필요성을 말해준다. 기존 항생제를 생산해 배포하는 동시에 새로운 종류의 항생제를 개발하는 데 적극적으로 지원하며, 딥마인드에서 연구 중인 알고리즘까지 기꺼이 활용하는 범세계적인 기구가 그것이다. (가장 가까운 선례로는 윌리엄던병리학교, 록펠러재단, 미국 농무부, 미 육군 및 머크와 화이자 같은 소수의 민간 기업이 손잡고 페니실린을 전 세계에 배포하는 데 성공한 하이브리드 네트워크가 있다.) 웰컴트러스트 같은 조직들이 이 목표를 위해 이미 상당한 규모의 재정적 지원에 나섰고, 그런 조직들을 통해 지금까지 6억 달러 이상이 항생제 연구에 지원됐다. 단일한 목적을 위해 수백억 달러의 자금을 지원받고, 세계 전역의 네트워크들로부터 협력을 받는 기구가 생긴다면, 그 기구는 다음 단계로 가장 작은 유기체에 대한 연구로 자연스레 옮겨갈 수 있을 것이다. 딥마인드는 우리에게 새로운 방식의 연구와 관찰이라는 가능성을 열어줬다. 예컨대 아미노산 사슬과 관련된 방대한 데이터를 고속으로 처리하고, 아미노산 사슬이 박테리아의 단백질과 결합되는 무수한 방법을 시각적으로 처리할 수 있다. 항생제 개발에만 몰두하는 범세계적인 비영리 기구도 연구를 확장하는 완전히 새로운 방법을 우리에게 알려줄 수 있다.

▲ ▲ ▲

그래도 여전히 맹점은 있다. 역사에서 교훈을 찾는다면, 독기설이 존 스노의 지도와 로베르트 코흐의 현미경 아래에서 연기처럼 사라졌듯이, 지금 폭넓게 인정되는 이론이라도 수십 년 후에는 근본적으로 잘못된 것으로 입증될 수 있기 때문에 의료계는 항상 신중하게 행동할 수밖에 없다. 오늘날 건강에 관련된 어떤 정설이 훗날 우리 손주 세대를 어리둥절하게 만들까?

이 질문에 대해 가장 논란이 많은 대답은 의료계의 변두리와 실리콘밸리의 '트랜스휴머니스트'(transhumanist, 과학기술을 이용해 인간의 정신적이고 육체적 특성과 능력을 개선하려는 사람들 - 옮긴이)에게서 튀어나오는 주장이다. 그들의 주장에 따르면, 생명에는 끝이 있다는 구시대적인 믿음이 우리의 가장 큰 맹점이다. 노화 자체가 '악의 목록'에서 지워진다면 어떻게 될까?

이런 열정적 주장 중 일부는 통계에 대한 잘못된 이해에서 비롯된 것으로, 확률에 대한 오해의 가장 흔한 양상이기도 하다. 아동 사망률 하락이 차지하는 중요성을 고려하지 않으면, 인간은 거의 불멸의 길에 들어선 것처럼 보인다. 100년 전만 하더라도 보통 사람들은 40세에 사망했지만, 요즘에는 평균적으로 80세까지 살아간다. 이런 추세가 향후 수십 년 동안 계속되면 우리는 인구통계가 무의미한 지경에 이를 것이다. 그러나 평균 기대수명의 변화에는 오해의 소지가 있다. 한 세기 전과 비교할 때 평균 기대수명을 가장 극적으로 변화시킨 것은, 누군가 100세까지 살게 된 것이 아니라, 어린 시절을 무척 높은 확률로 무사히 넘기게 된 것이다.

물론, 영생이라는 문제를 진지하게 연구하는 학자들도 이런 인구통계적 쟁점을 정확히 알고 있다. 노화의 시계를 거꾸로 돌릴 수 있을 거라는 그들의 믿음은 과거의 성취에서 비롯된 것이 아니라, 후성유전체(epigenome)에 대한 새로운 해석에서 비롯된 것이다. 후성유전체는 DNA를 활성화하며 DNA의 발현을 조절하는 화학물질의 집합체. 우리 몸의 모든 세포의 유전자 암호는 인간을 구성하는 간 세포와 신경 세포, 혈구 등 온갖 유형의 세포를 어떻게 만들라는 명령을 담고 있다. 그러나 하나의 간 세포는 간 세포의 생성과 관련된 명령 집합의 일부만을 표현할 뿐이다. 후성유전체가 그 표현을 조절하기 때문이다. 요즘 과학계의 통설에 따르면, 노화과정 자체가 특정한 후성유전학적 명령의 결과다. 그렇다면 노화는 열역학제3법칙에 따른 불가피한 현상, 즉 마모로 인한 피할 수 없는 쇠락이 아니다. 우리가 20대에 노화와 관련된 징후를 거의 보이지 않는 이유는, 그때의 세포들이 정상적인 활동을 충실히 유지하라는 명령을 받고 있기 때문이다. 30대에 들어서면, 이런 자기 교정 명령이 어떤 이유에서든 덜 엄격해진다. 진화의 관점에서 보면, 노화는 고유한 특징이지 오작동이 아니다. 다음 세대를 만드는 기간 동안에는 스스로 몸의 세포를 고치지만, 그 이후에는 유지 보수를 중단하며 다음 세대에 순서를 넘기는 게 자연스런 노화 현상이라는 뜻이다. 어쩌면 자연 선택이 자기 수리라는 순환 고리를 계속 이어가는 방법을 생각해내지 못한 것일 수도 있다. 어느 쪽이든 간에 우리는 늙어서 모든 것이 기능을 상실하기 때문에 죽는 게 아니다. 후성유전체가 우리를 더는 성가시게 돌볼 만큼 가치 있는 존재가 아니라고 판정하기 때문에 죽는 것이다.

우리가 면역요법으로 CTLA-4 신호를 차단할 수 있게 된다면 어떻게 될까? 약 10년 전, 스탠퍼드의 유전학 교수 하워드 창(Howard Chang)이 NF-κB라는 단백질의 분비가 피부조직 세포의 노화를 재촉한다는 걸 알아냈다. 늙은 생쥐에게서 그 단백질의 분비를 억제하자, 생쥐의 피부가 눈에 띄게 더 젊어보였던 것이다.[14] 이 발견에는 심원한 가능성이 담겨 있었다. 인간의 몸은 새로운 표피세포를 끊임없이 생성한다. 피부 세포의 평균수명이 2~3주에 불과하기 때문이다. 하지만 80대 노인의 표피 세포가 생후 보름밖에 되지 않은 아기처럼 되지는 않는다. 세포 차원에서, 노인의 새로운 피부는 노화 전(前) 단계의 세계에서 나오기 때문이다. 그러나 중대한 생물학적 사건, 즉 후손이 잉태되면 시계가 다시 맞춰진다. 마흔 살인 남녀의 경우, 후성유전체는 자기 수리 능력을 중단하라는 신호를 보내기 때문에 그들의 정자와 난자는 각각의 노화 징후를 띤다. 그러나 그들이 자식을 갖게 되면, 한마음으로 만들어내는 수정란(zygote)은 이런 노화의 징후를 전혀 띠지 않는다. 결국 생식 과정에서 무엇인가가 노화의 진행을 막고, 나이 든 사람의 몸 안에서 새로운 세포를 만들어내는 것이다.

하워드 창이 실험용 생쥐들에게 NF-κB 억제제를 주입하던 즈음, 일본 생물학자 야마나카 신야(山中伸弥)가 갓 수정된 난자의 시간 재설정에 관여하는 네 가지 중요한 유전자를 찾아냈다는 획기적인 연구를 발표했다. 2016년 말에는 미국 캘리포니아에 있는 소크연구소(Salk Institute)의 유전학자 후안 카를로스 이즈피수아 벨몬테(Juan Carlos Izpisua Belmonte)와 그의 동료 학자들이 야마나카의 네 유전자를 되살려냄으로써 생쥐의 노화를 조작할 수 있었다고 발표했다. 벨몬테는 생쥐들이 마시는 물에 어떤 약을 넣고, 그 약물을 일주일에 두 번씩 마시게 했다. 그러자 야마나카 인자(Yamanaka factor)라고 칭해지는 네 유전자가 다시 기능하기 시작했다. 결국 벨몬테는 네 유전자를 활성화하는 일종의 외적인 후성유전체를 발견한 셈이었다.[15] 야마나카 인자들이 끊임없이 작용한 초기의 실험에서는 생쥐들이 죽었다. 그러나 어떤 까닭인지, 자기 수리 과정이 촉발되는 경우에만 간혹 더 나은 결과가 나왔다. 조작된 생쥐들이 대조군에 속한 생쥐들보다 30퍼센트만큼 더 오래 살았던 것이다. 그 생쥐들의 수명은 만성적인 질병 치료나 박테리아 침략자를 제거한 결과가 아니었다. 새로운 형태의 개입, 즉 노화 과정 자체의 속도를 낮춤으로써 수명을 연장할 수 있었다.

▲ ▲ ▲

노화 과정이 한없이 복잡하다는 사실을 고려하면, 세포의 시간을 재설정하는 게 불가능하거나 수백 년의 생명공학(biotechnology) 연구를 더 필요로 할지도 모른다. 그러나 이야기를 끌어가기 위해서, 오브리 드 그레이(Aubrey de Grey)를 비롯한 트랜스휴머니스트의 주장이 맞다고 가정하고, 우리가 과거 세기보다 더 빨리 더 큰 폭으로 기대수명의 천장을 올리려고 한다고 해보자. 이런 변화가 사회 전반에 어떤 영향을 미칠까? 우리는 이미 2만 일을 추가로 얻어 기대수명의 증가 효과를 경험한 까닭에 이 질문에 어느 정도 대답할 수 있다. 첫째로, 사망률의 감소는 폭발적인 인구 증가로 이어졌다. 출생률의 하락도 인구 증가를 막지 못했다. 또 인구 증가는 지구 환경에 큰 피해를 입혔다. 지구의 생태계는 수백만 년 동안 인간과 함께 진화해왔다. 그러나 대부분의 시간 동안, 호모사피엔스의 총 인구는 수십만 명을 넘지 않았다. 존 그란트가 1660년대 처음으로 사망자 수를 헤아리기 시작했을 때 지구 인구는 고작 5억 명에 불과했고, 스페인독감이 처음 닥쳤던 1918년에는 20억 명이었다. 오늘날 지구 인구는 거의 80억에 이른다. 사람들이 25세에 생물학적 시계를 동결시키고 수세기 동안 사는 쪽을 선택하기 시작하면 그 숫자가 어떻게 되겠는가?

RCT로 검증된 노화 치료법을 제공하는 상품이 나오면, 분명 처음에는 엄청나게 비쌀 것이다. 페이팔(PayPal)의 창업자 피터 틸(Peter Thiel)과 발명가이자 미래학자 레이먼드 커즈와일(Raymond Kurzweil)이 첫 손님이 되겠지만, 그 치료법은 너무도 비싸 미국의 중산층에게도 언감생심일 것이고, 나이지리아의 중산층에게는 더더욱 그럴 것이다. 사망표에서 불평등의 기울기가 한 세기 동안 줄어들었지만, 앞으로 새로운 변화가 시작될 것이다. 부자와 가난한 사람이 죽지 않는 사람과 죽는 사람으로 구분될 것이다. 이런 차이만으로도 심각한 윤리적 문제가 제기된다. 은행 저축액의 차이만으로 어떤 사람은 영원히 살고, 어떤 사람은 노화를 늦추는 데 만족하거나 어쩔 수 없이 죽어야 하는 게 옳은 일일까? 부유한 국가에서도 가장 부유한 사람들에게만 그런 선택지를 제공하는 게 옳은 일일까?

그런 경우, 총인구에 미치는 영향도 간과할 수 없다. 한 세기만에 20억에서 80억으로 증가한 인구를 그래프로 표시하면, 기울기가 가파른 선이 그려진다. 그러나 세계 인구가 향후 수십 년 이후에는 안정화될 것이라고 믿는 데에는 충분한 근거가 있다. 처음 산업화를 시도한 국가들이 1800년대에 겪은 '인구통계적 천이(demographic transition)'를 남반구 국가들이 지금 똑같이 겪고 있기 때문이다. 그런 천이가 유럽에서 처음 나타난 이후로 똑같은 패턴이 세계 전역에서 반복해 관찰됐다. 따라서 그 이후에 순서대로 나타날 현상에 대한 예측도 가능하다. 그 패턴은 다음과 같다. 먼저 아동 사망률의 감소로 인구가 증가한다. 전에는 청소년기를 맞기 전에 죽었을지도 모를 수백만 명의 아이가 자식을 볼 때까지 살 테니까. 사망률 감소가 명확히 드러나고, 사회적 통념으로 통합되려면 시간이 걸리기 때문에, 성인들은 예전과 같은 비율로 계속 아이를 갖는다. 모든 자녀들이 모두 성인이 된다는 걸 사람들이 깨달을 때쯤에는 전략을 수정하기에 너무 늦다. 따라서 인구가 폭발적으로 증가하는 기간이 있기 마련이다. 그러나 결국 현대화로 더 많은 여성이 노동시장에 뛰어들고, 밀집된 도시로 모여들며, 대가족을 갖겠다는 생각에서도 멀어진다. 산업화로 교육의 기회가 증가하고 임신 조절도 가능해짐으로써 여성은 임신 횟수를 줄이는 방법도 터득한다. 가장 먼저 '인구통계적 천이'를 경험한 사회에는 출산율이 대체 출산율(replacement rate) 이하로 떨어져, 각 가정이 평균 2.1명 미만의 자녀를 뒀다. 중국의 경우에는 많은 서구인에게 혐오감마저 자아낸 정부의 강력한 규제로 지금도 출산율이 2.1명 미만으로 유지되고 있는 듯하다. 이런 양상이 남반구에서 반복된다고 가정하면, 세계 인구는 2080년경 100억을 넘는 어딘가에서 안정될 것이고, 그 이후에 우리의 생태 발자국은 마침내 하향하기 시작할 것이다.

그러나 노화를 막는 게 가능해지면, 위의 추정은 허물어진다.

수십 년이 아니라 수백 년을 살 수 있다는 전제를 받아들이는 사람이 점점 늘어나면, 출산에서도 비슷한 조정이 있게 될 것이다. 기대수명과 총인구의 관계를 지배하는 세 가지 주요 기준이 있다. 출생률과 사망률, 그리고 부모가 첫 아이를 가질 때의 평균 연령이다. 상대적으로 장수하고 많은 자녀를 가지는 사회는 부모가 되는 평균 연령을 뒤로 미루는 방법으로 인구를 억제할 수 있다. 예를 들어, 평균수명이 70세이고 첫 아이를 갖는 부모의 평균 연령이 25세라면, 그 사회에는 조부모의 수가 무척 많고, 증조부모의 수도 상당할 것이다. 총인구를 계산할 때는 그 모든 세대가 합산된다. 그러나 기대수명이 같은 70세이더라도 대부분이 40세에 첫 아이를 갖는 사회에서는 조부모와 증조부모가 훨씬 적을 것이다. 그런데 20세가량의 건강한 신체를 지속적으로 유지하며 200세까지 살 수 있다면, 부모가 된다는 것에 대한 사람들의 생각도 크게 달라질 것이다. 내가 태어났을 때 첫 아이를 낳은 여성의 평균 연령은 20세를 조금 넘었지만, 오늘날은 30세에 가깝다. 한편 불멸의 존재가 되면 사회생활을 그만둘 때까지 아이를 두지 않고, 은퇴하고 가정에 정착한 뒤 65세쯤 아이를 갖게 될지도 모른다. 따라서 우리가 수백 년을 살게 되면 한동안 인구가 꾸준히 증가하겠지만 결국에는 그 숫자가 안정될 것이다.

윤리적 딜레마에 언제 부딪치고, 그에 따른 결과를 어떻게 예측하든 간에 부인할 수 없는 것이 하나 있다. 노화의 종식은 지금까지 인간종에 일어난 가장 중대한 사건이 될 것이다. 죽음이 존재하던 세계에 그런 가능성이 생기면 모든 것이 달라질 것이고, 지구가 감당할 수 있는 인구량의 범위 내에서만 살아갈 수 있는 우리 능력에 새로운 위협적인 상황이 제기될 것이다. 또한 세계 종교들의 핵심 계율이 도전을 받고, 새로운 형태의 불평등이 생겨날 것이다. 반면에 '악의 목록'에서 가장 사악한 항목이 지워지며, 부모와 배우자 및 사랑하는 사람이 죽어가는 모습을 지켜보는 슬픔으로부터 수십억 명이 구원받을 것이다. 늙어가는 아픔과 치욕을 견뎌야 하는 수모에 대해서는 굳이 말할 필요도 없을 것이다.

급격한 변화의 요구에는 신중한 숙고가 따르기 마련이다. 여론조사에서 보듯이, 대부분은 수명이 지나치게 증가하는 걸 바라지 않는다. 오히려 많은 사람이 '건강 수명'(health span, 질병이나 부상으로 장애를 겪지 않고 살아가는 시간)을 더 오랫동안 누리다가 고통 없이 빨리 죽기를 바란다. 대부분이 수백 년을 사는 것보다, 건강한 몸에 건전한 정신으로 100세를 살다가 덜컥 죽기를 원한다.[16] 하지만 영생 연구는 소크연구소 같은 명망 있는 연구소들과 억만장자들의 지원을 받아, 줄기차게 진행되고 있다. 인접 가능성 내에서 우리가 세포의 시계를 재설정해서, 25세의 몸으로 무한정하게 사는 게 정말 가능하다면, 아무런 진지한 토론도 없이 그 변화를 받아들여야 할까? 그 중대한 단계를 받아들여야 할지, 받아들이지 말아야 할지를 누가 결정해야 하는가? 물론 그 연구를 금전적으로 지원한 부자들에게만 결정권을 맡길 수는 없다. 노화 과정을 종식하려면, 후성유전학과 유전자 편집 등 수많은 관련 학문의 발전이 필요하다. 더

불어 새로운 종류의 제도적 기관, 이 복잡한 문제에서 우리의 선택을 도와줄 수 있는 범세계적인 규제 기관도 창설돼야 한다. 프랜시스 올덤이 22세에 시카고대학교에 연구 조교로 들어왔을 때, 돌발적으로 사람들을 죽이고 있던 약으로부터 우리를 지켜줄 수 있는 규제 기관은 하나도 없었다. 그렇다면, 죽음을 완전히 근절하는 약들이 나오기에 앞서 우리가 심사하는 걸 도와줄 유사한 기관을 창설할 필요가 있지 않을까?

우리가 엉뚱한 문제로 걱정하고 있는 것인지도 모른다. 한 세기 동안 기대수명이 꾸준히 상승한 까닭에 향후의 상승도 당연한 것처럼 보일 수 있다. 공중위생에도 무어의 법칙(Moore's law, 반도체 집적회로의 성능이 24개월마다 두 배로 증가한다는 법칙 - 옮긴이)을 적용한 셈이다. 그러나 지금 우리가 추가로 얻은 2만 일이 예외적인 것이면 어떻게 될까? 미국에서 스페인독감 이후로 처음에는 평균 기대수명이 3년 연속으로 하락했다. 이 글을 쓰는 지금까지도 코로나19 팬데믹이 전 세계를 괴롭히고 있다. 범세계적으로 기온이 상승하고 인구 폭발이 적어도 2080년까지 계속된다면, 노화 추세가 다음 세기에는 역전될 수 있을까? 위대한 탈출이 현실적인 수준으로 되돌려질 수 있을까?

▲ ▲ ▲

1927년 돈 딕슨(Don Dickson)이라는 척추 지압사가 중부 일리노이주의 가족 농장 곳곳에 불룩하게 솟은 이상한 흙더미들을 파헤쳐 보기로 결정했다. 오랜 시간이 지나지 않아, 딕슨은 자신이 고고학적으로 중요한 유적을 파내고 있다는 걸 알게 됐다. 딕슨이 발굴한 수백 구의 아메리카 원주민 유골들은 수세기 전 일리노이강 유역에 살던 원주민 사회의 무덤에 묻혀 있던 것이었다. 딕슨은 유골들을 원래의 위치에 두고 발굴지를 커다란 천막으로 씌운 뒤에, '현장 박물관'의 입장권을 팔기 시작했다. 결국 그 발굴지에는 '딕슨마운드(Dickson Mounds)'가 세워졌고, 그 자료관은 현재 일리노이주립 박물관의 일부다. 유골들은 아메리카 원주민의 가치관을 존중하는 뜻에서 전시장에서 치워졌다.

딕슨마운드는 고고학자와 인구통계학자에게서 많은 관심을 끌었다. 그 이유는 1960년대 말 낸시 하월이 !쿵족 사회를 방문했던 이유와 유사했다. 딕슨의 농장에서 가장 오래된 묘지터는 약 1,000년 전까지 거슬러 올라갔고, 일리노이강 유역에 살던 수렵 채집인들의 것이었다. 유골들이 비교적 잘 보존된 까닭에 고생물병리학자들은 질병과 영양 부족의 흔적을 찾아 유골들을 검사할 수 있었고, 그 지역에서 발견된 유골들의 사망 연령을 대략 추정함으로써 그 사회의 생명표를 작성할 수 있었다. 그 연구의 결과에서, 낸시 하월이 !쿵족의 현재 문화에서 발견한 사회와 유사한 사회가 그려졌다. 구체적으로 말하면, 평균 기대수명이 긴 천장에 못 미치는 26세였고, 유아 사망률과 아동 사망률이 30퍼센트를 조금 넘었으며, 구성원의 14퍼센트가 50세 너머까지 살았다.

딕슨마운드는 수렵 채집 사회의 건강 상태를 압축적으로 보여준 데에 그치지 않았다. 그 유적지에는 변화의 이야기도 담겨 있었다. 기원후 1150년경, 이 지역의 아메리카 원주민은 수렵과 채집에 의존하던 삶을 버리고 처음으로 농업을 채택했으며, 주로 옥수수를 집약적으로 경작했다. 그 이후로 그곳에서 그들은 농경 중심의 생활 방식을 이어갔지만, 어떤 이유였는지 몰라도 시신을 땅에 묻는 관습을 중단했다. 농경으로 생활 방식을 전환했다는 증거로, 아메리카 원주민의 유골에는 지워지지 않는 흔적이 남았다. 만성적인 영양 부족에 따른 치아의 에나멜질 결손, 철분 결핍성 빈혈에 따른 뼈의 기형, 끝없는 중노동의 결과인 듯한 퇴행성 척추 질환 등이 대표적인 흔적이었다. 생명표에서도 암울한 이야기가 읽히는 것은 똑같았다. 출생 시 평균 기대수명이 19세로, 7년이나 떨어졌다. 아동 사망률은 50퍼센트를 넘었고, 인구의 5퍼센트만이 50세까지 살았다.[17] 윌리엄 파가 첫 생명표를 작성할 때 산업화가 리버풀에 살던 가정에게 파괴적이었던 것만큼이나, 농경 생활의 채택은 아메리카 원주민들에게 파멸적인 영향을 미쳤다.

딕슨마운드 연구를 통해 밝혀진 삶과 죽음의 양상은, 농업으로의 역사적 전환을 연구하는 고생물병리학자들에 의해 그 이후로 세계 전역에서 재확인됐다. 영양 섭취 감소, 감염성 질병 증가, 힘든 육체노동으로 인한 사망률 급증 현상이 거듭해서 확인됐다. 대부분의 농경 사회는 기대수명에서 수천 년 전으로 후퇴하고, 아동 사망률은 수렵 채집 사회로 되돌아간 듯했다. 오늘날 우리는 농업을 낭만적으로 보고 세상의 소금처럼 생각하며 사랑하지만, 경제적 생산 방식으로 처음 등장한 농업은 1800년대 초 북잉글랜드의 공장만큼이나 재앙적이었다. 농경 사회에서는 기대수명이 줄어들었을 뿐만 아니라 새로운 형태의 불평등이 나타났기 때문에, 재러드 다이아몬드(Jared Diamond)는 농경의 채택을 "인류 역사에서 최악의 실수"라고 규정했다.[18]

딕슨마운드 조사 결과로 밝혀진 암울한 이야기는 현재 상황과 거리가 먼 것처럼 보인다. 지금 우리는 건강 상태가 한 세기 동안 꾸준히 향상되는 기적적인 진보의 끝자락에 있기 때문이다. 그 진보의 증거는 선진 사회에서만이 아니라 세계적인 차원에서도 삶과 죽음과 관련한 숫자로 나타난다. 그러나 딕슨마운드에서 발견된 유골의 병변과 골절은, 위대한 탈출의 우상향 곡선이 필연적이지는 않다는 걸 말해주는 증거다. 초기 사회는 집단적으로 농경 사회를 선택했지만, 그 때문에 수명이 늘기는커녕 줄어들었고, 그런 추락의 악순환이 수천 년 동안 지속됐다. 물론 농업 시대의 초기에 우리 조상들이 겪은 참담한 결과를 우리는 피할 수 있다고 믿을 만한 근거는 충분하다. 산업화 시대의 여명기에도 기대수명이 추락했고, 사망 보고서와 생명표, 브로드가의 콜레라 발병 지도에서도 이런 양상이 확인됐다. 그러나 우리는 건강을 위한 투쟁 및 개혁으로 결국 한두 세대만에 하락세를 뒤집었다. 더구나 오늘날 우리에게는 마음대로 이용할 수 있는 훨씬 더 강력한 도구가 있지 않은가.

스페인독감에 비교하면, 코로나19 팬데믹의 치사율은 무척 낮은 편이다. 공중위생에 관련해 100년 전에는 부족하던 과학적 전문 지식이 이제는 어느 정도 갖춰진 덕분이다. 1918년 스페인독감과 싸우던 과학자들과 의사들에게는 마술 지팡이처럼 보였을 법한 도구들을 사용해, 요즘의 과학자들은 SARS-CoV-2 바이러스의 게놈을 확인하고 배열 순서를 밝혀낼 수 있었다. 또 인터넷을 이용해, 정보를 빛의 속도로 공유할 수도 있었다. 제약 회사들은 2020년 3월 첫 백신의 1상 시험을 시작하며, 힐이 1940년대에 개척한 통계 기법을 사용해 결과를 분석할 수 있었다. 기계 학습 알고리즘은 방대한 양의 데이터를 샅샅이 뒤지며, 코로나19를 치료할 수 있는 약물의 조합을 찾아내려 애썼다. 전염병학자들은 코로나19 팬데믹의 향후 행로를 추정하는 정교한 모델을 구축함으로써, 확진자 수를 낮추려면 봉쇄 전략이 필요하다고 당국을 설득할 수 있었다. 100년 전 스페인독감과 싸우던 의사들과 공중보건 당국에는 이런 자원들이 없었다. 물론 코로나19 팬데믹으로 우리가 치른 비용은 막대했다. 경제의 붕괴도 그렇지만, 너무도 많은 사람이 죽었다. 또한 코로나19 팬데믹이 발병한 초기에 위협의 정도를 과소평가했을 뿐만 아니라, 마스크 착용 같이 간단한 공중위생 조치를 제대로 채택하지 않는 등 무수한 실수를 저질렀다. 그러나 궁극적으로 제 역할을 해낸 방어 장치들이 없었다면 수백만 명이 더 죽었을 것이다.

향후에 SARS-CoV-2보다 더 치명적인 바이러스가 우리 방어벽을 무너뜨리고 1918년 규모로 팬데믹을 일으킬 가능성은 얼마든지 있다. 또 어떤 불량한 과학기술이 불쑥 나타나, 위대한 탈출을 뒤엎을 정도로 많은 사람을 죽일 수도 있다. 그러나 우리가 많은 전선에서 힘겹게 싸워 추가로 얻은 2만 일을 위협하는 가장 큰 위험은 역설적이게도 그런 승리에서 비롯된 것이다. 앞으로 100년 동안 기대수명이 줄어든다면, 가장 큰 원인은 산업화된 사회에서 살아가는 100억의 인구가 환경에 미치는 영향일 것이다. 지금 우리에게는 지구온난화의 실질적이고 잠재적인 영향을 인식할 수 있는 놀라운 도구가 많다. 이것도 지금까지 기대수명을 끌어올려준 공공 부문의 네트워크와 다양한 형태로 진행된 학제간 연구 덕분이다. 그러나 우리 환경에서 온실가스를 줄이려는 의지는 물론이고, 그 일을 전담할 제도적 기관은 아직 없는 듯하다. 우리의 수명이 늘어난 대신에 기후 위기가 초래됐고, 어쩌면 결국에는 기후 위기가 평균으로의 회귀를 촉발할지도 모른다.

방글라데시 볼라섬만큼 이런 과거와 잠재적 미래를 통렬하게 보여주는 곳은 없다. 40년 전, 볼라섬은 공중위생 영역에서 인류가 가장 놀라운 성과를 이뤄낸 곳이었다. 그곳에서 마지막 천연두 환자를 치료하며, 제퍼슨이 거의 두 세기 전에 마음속에 그렸던 꿈인 천연두 박멸이 선언됐다. 그러나 천연두 박멸이 선언되고 수년 동안, 볼라섬은 연이어 파멸적인 침수 피해를 입었다. 라히마 바누베굼이 천연두에 걸린 이후로 거의 50만 명이 그곳을 떠났다. 오늘날 볼라섬은 지구온난화로 인한 해수면 상승으로 많은 땅을 영원히 잃었다. 우리 자식과 손주 세대가 천연두 박멸 100주년을 기념할 2079년쯤에는 섬 전체가 사라졌을지도 모른다. 그때 그들의 생명표는 어떤 모습일까? 지난 수세기 동안 긍정적인 변화를 이끌었던 요인들이 계속 위대한 탈출을 견인할 수 있을까? 앞으로 소아마비, 말라리아, 독감이 근절되며, 천연두에 이어 '악의 목록'에서 지워질까? 평등을 지향하는 공중위생의 수준 향상으로 향후에도 계속 모든 계층이 혜택을 누릴 수 있을까? 혹시 추가로 얻은 2만 일을 비롯해 지금까지 이뤄낸 모든 성취가 단번에 사라져버리지는 않을까?

장수의 기적을 다룬 책을 어머니에게 헌정하는 것만큼 감동적인 일은 없을 것이다. 표현하지 못한 감사의 마음은 이런 특별한 경우에 더 큰 의미를 갖는다. 거의 반세기 동안, 내 어머니는 전 세계의 환자들이 더 공평하고 더 인간적인 의료 혜택을 누리고 건강을 되찾게 하기 위한 변화를 이끄는 운동에 전념해왔다. 어머니 덕분에 나는 어렸을 때부터 의료 전문가들이 사회에서 행하는 중요한 역할을 인식했고, 건강 부문의 긍정적인 변화에는 과학과 기술의 발전만이 아니라 환자와 환자 가족의 행동과 홍보도 필요하다는 걸 알았다. 나는 《감염 도시(The Ghost Map)》에서, 건강과 의학의 역사에 대해 수년 동안 수집하고 연구한 자료에 기초해 인간 수명의 증가에 비전문가와 사회운동의 역할이 컸다는 걸 강조했다. 이는 내 어머니가 현장에 일하는 걸 평생 동안 지켜본 경험에 기초한 것이도 했다.

이 책을 쓰는 데 영감을 준 두 사람을 특별히 언급하고 싶다. 내 친구이자 전염병에 관련한 모든 문제에서 내 멘토인 래리 브릴리언트는 다양한 아이디어의 선택 여부를 결정하는 데 처음부터 자문을 해줬고, 이 프로젝트를 텔레비전 시리즈로 제작할 때에는 소중한 협력자가 돼주기도 했다. (나에게 래리를 소개해주고, 우리 대화에도 간혹 참여해준 마크 뷰얼과 가이 램퍼드에게 감사한다.) 물론 제작자인 제인 루트에게도 고맙다는 말을 전하고 싶다. 텔레비전 시리즈로서 이 프로젝트의 가능성을 믿고, 힘든 제작 과정에도 원래의 믿음을 잃지 않고 지원해준 덕분에 이 프로젝트가 완성될 수 있었다. 제인이 텔레비전용 프로그램 제작 회사인 뉴토피아에 모은 뛰어난 인재들과 이 책과 텔레비전 시리즈에 담긴 아이디어를 개발하는 데 그치지 않고 코로나 시대에서 텔레비전용 프로그램을 제작하는 난제를 이겨낸 팀원들, 피오나 콜드웰, 니콜라 무디, 사이먼 윌고스, 칼 그리핀, 헬레나 타이트, 트리스탄 퀸, 던컨 싱, 헬렌 세이지, 데이비드 알바라도, 제이슨 서스버그, 젠 비미슈에게 감사한다.

이 책을 쓰면서 지금까지 내가 진행한 어떤 프로젝트보다 많은 분야 전문가들과 끝없이 대화하고, 역사 기록을 치밀하게 조사했다. 이 과정에서 브루스 겔런, 데이비드 호, 낸시 하월, 로나 소프, 타라 스미스, 마크 구레비치, 린다 빌라로사, 칼 짐머, 존 브라운스틴, 짐 킴, 새뮤얼 스카르피노, 제러미 파라, 앤디 슬래비트, 낸시 브리스토, 앤서니 파우치, 클라이브 톰슨, 준 윤 및 텔레비전 시리즈에서 나와 함께 진행을 맡은 다재다능한 데이비드 을루소가에게 도움을 받았다. 맥스 로서와 '데이터로 보는 우리 세계' 팀은 '인구 동태 통계'를 쓰는 데 소중한 도움을 줬다. 그들은 그란트와 파의 진정한 계승자다. 전문 분야의 지식으로 조언을 아끼지 않은 마네 슈 파텔에게도 감사하고, 어려운 시기에도 소중한 지원을 해준 부모님에게도 특별히 감사하고 싶다. 큰 그림을 그리며 SERJ 그룹을 후원해준 사람들에게도 감사하고, 책 제목을 결정하는 데 영감을 줬던 스튜어트 브랜드와 라이언 펠런에게도 감사한다.

이 책처럼 다원적인 프로젝트가 성공하려면 많은 사람과 조직의 지원이 필수적이다. 리버헤드(Riverhead) 출판팀에게 먼저 인사를 하고 싶다. 편집자 코트니 영은 팬데믹 기간에 임신까지 하고도 이 책의 진행 과정을 빠짐없이 챙겼고, 발행자 제프리 클로스크는 여러 면에서 끊임없이 이 프로젝트를 지원해줬다. 재클린 쇼스트, 애슐리 갈랜드, 메이지 림, 애슐리 서턴에게도 감사의 말을 전하고 싶다. 내 오랜 편집자, 빌 바시크에게도 많은 빚을 졌다. 〈뉴욕타임스매거진(New York Times Magazine)〉의 제이크 실버스틴은 이 프로젝트의 가능성을 초기부터 확신하며 응원을 아끼지 않았다. 공영방송서비스(PBS)의 빌 가드너는 〈우리는 어떻게 여기까지 왔을까(How We Got To Now)〉에서 함께 작업한 이후로, 이런 아이디어를 영상화하는 프로젝트를 적극적으로 지원해왔다. 내가 진행하는 팟캐스트의 제작자 마셜 루이와 나탈리 치차의 도움으로, 나는 여기에서 다룬 몇몇 역사적 이야기를 현재의 코로나19 팬데믹과 연결할 수 있었다. 우리가 텔레비전 시리즈를 제작하는 데 금전적인 도움을 준 재단들과 개인들, 특히 슬론재단(Sloan Foundation)의 도론 웨버에게 감사하고 싶다. 그는 우리가 시리즈를 제작하는 과정에서 최악의 상태에 빠졌을 때에도 격려와 응원을 아끼지 않았고, 내가 현재의 위기를 과거의 승리와 엮어내는 방법을 구상하는 데에도 도움을 줬다. 역시 텔레비전 시리즈 제작에 도움을 준 아서바이닝데이비스재단(Arthur Vining Davis Foundation)에도 감사한다. 리디아 윌스, 라이언 맥닐리, 실비 라비노, 트래비스 던랩, 제이 맨델은 프로젝트가 진행 과정에서 변덕스레 방향을 바꾸는 걸 당연하게 받아들이며, 결국에는 목적지에 도달하게 조종함으로써 내 대리인으로서 본연의 역할을 충실히 해냈다.

끝으로 아내와 아들들에게도 고맙다는 말을 전하고 싶다. 그들 덕분에, 추가로 얻은 삶이 더욱더 멋지고 살 만한 가치가 있게 느껴진다.

눈에 보이는 게 전부는 아니다

인류 역사상 최고의 발명품은 무엇일까? 이 질문에 많은 사람이 바퀴, 전기, 문자, 인쇄술 등을 언급할 것이다. 심지어 농경을 최고의 발명품이라고 생각하는 사람도 있을 것이다. 물론 관점의 차이겠지만, 재러드 다이아몬드라는 학자는 우리 조상이 수렵 채집 사회를 포기하고 농경 사회를 채택함으로써 영양 부족으로 기대수명이 줄어들었을 뿐만 아니라 새로운 형태의 불평등이 나타났기 때문에, 농경의 채택을 '인류 역사에서 최악의 실수'라고 규정했다. 여하튼 앞에 나열된 발명품들은 하나같이 눈에 보이는 것이다. 그런데 저자는 뜻밖의 것을 생각했고, 그 생각이 이 책의 전반적인 주제다. 19세기 후반기부터 인류의 기대수명이 급격히 상승했고, 거의 반세기 만에 우리는 예전의 조상들보다 무려 2만 일이나 더 살수 있게 됐다. 어떻게 이런 기적적인 변화가 가능했을까? 저자의 주장에 따르면, 이런 기대수명의 증가를 인류 역사에서 가장 위대한 성취로 손꼽아도 이상할 것이 전혀 없다. 그 승리는 한 천재의 기발한 아이디어에서 잉태된 것이 아니라, 광범위한 네트워크의 승리였다는 점에서 더더욱 그렇다. 하지만 우리 눈에 명확히 보이지 않기 때문에 간과되고 있을 뿐이다.

우리나라 통계청 자료에 따르면, 2019년을 기준으로 한국인의 평균 기대수명은 83.3세다. 기대수명은 현재의 사망률이 변하지 않는다는 가정하에 갓 태어난 아이가 앞으로 살아갈 평균적인 햇수를 가리키므로, 2019년 우리나라에서 태어난 아기는 앞으로 83.3세를 살 수 있다는 뜻이다. 한편 서울대학교 황상익 교수의 추정에 따르면, 약 100년 전 조선 시대의 평균수명은 '35세 안팎이나 그 이하'였다. 이 추정이 맞다면, 우리도 한 세기만에 약 1만 8,000일을 더 살게 된 셈이다. 세계적인 평균과 크게 다르지 않다. 어떻게 이런 극적인 변화가 가능했을까? 유아 사망률과 이런저런 사고로 젊은 나이에 죽은 사람의 비율이 크게 낮아진 덕분이다. 200년 전까지도 생후 1년을 넘기지 못하는 아기가 4분의 1, 5세를 넘기지 못한 아이가 절반가량이었다. 하지만 이제 부유한 국가에서는 99퍼센트 이상, 세계 평균으로는 96퍼센트 이상이 생존한다.

인류 역사상 최고의 발명품이라는 백신이 이 모든 변화를 끌어낸 것은 아니다. 저자의 추적에 따르면, 많은 혁신과 발명이 복합된 결과다. 백신만이 아니라 페니실린을 비롯한 항생제, 염소 소독과 저온살균, 하수관 정비, 그리고 자연주의자가 들으면 질겁하겠지만, 수십억 명을 기아에서 구해낸 화학비료가 여기에 속한다. 역시 이 경우에도 눈에 보이지 않는 혁신, 출생자와 사망자 수를 추적하는 인구동태 통계와 무작위 대조 이중맹검 시험이 큰 역할을 해냈다. 저자는 각 요인이 수명 연장에 어떤 역할을 했는지, 그 역사를 흥미롭게 끌어간다. 저자가 지금까지 역사를 다루면서 다른 책들, 예컨대《우리는 어떻게 여기까지 왔을까(How We Got to Now)》,《인류 모두의 적(Enemy of All Mankind)》에서 보여줬던 접근 방식과 다르지 않다. 이런 점에서 역사를 종횡으로 아우르는 저자의 넓고 깊은 지식에 다시 한번 감탄하지 않을 수 없다.

충주에서
강주헌

주

─ 서론 ─

1 Starmans, Barbara J. "Spanish Influenza of 1918." *The Social Historian*, September 7, 2015. www.thesocialhistorian.com/spanish-influenza-of-1918.

2 Erkoreka, Anton. "Origins of the Spanish Influenza Pandemic (1918-1920) and Its Relation to the First World War." *Journal of Molecular and Genetic Medicine* 3, no. 2 (2009), pp. 190-94.

3 Barry, John M. *The Great Influenza: The Story of the Deadliest Pandemic in History*. New York: Penguin Books, 2018, p. 176.

4 Opdycke, Sandra. *The Flu Epidemic of 1918: America's Experience in the Global Health Crisis*. New York: Routledge, 2014, p. 168에서 인용.

5 Barry, p. 397.

6 "남아프리카 여러 도시에서는 20세부터 40세 사이의 사망자가 전체 사망자의 60퍼센트를 차지했다. 시카고에서는 동일한 연령대의 사망자가 41세부터 60세 사이의 사망자보다 거의 네 배 많았다. 한 스위스 의사는 '50세 이상에서는 심각한 증세를 보인 환자를 한 명도 보지 못했다'고 보고했다." Barry, p. 238.

7 위의 책, p. 364에서 인용.

8 Our World in Data. https://ourworldindata.org/grapher/life-expectancy.

9 Our World in Data. https://ourworldindata.org/grapher/child-mortality-around-the-world.

10 Bernstein, Lenny. "U.S. Life Expectancy Declines Again, A Dismal Trend Not Seen Since World War I." *Washington Post*, November, 29, 2018. www.washingtonpost.com/national/health-science/us-life-expectancy-declines-again-a-dismal-trend-not-seen-since-world-

war-i/2018/11/28/ae58bc8c-f28c-11e8-bc79-68604ed88993_story.
html?utm_term=382543252d3c.

11 Fogel, Robert W. "Catching Up with the Economy." *American Economic
Review* 89, no. 1 (1999), p. 2.

― 1장 ―

1 이 여정에 대한 설명은 하월과의 인터뷰에 기초한 것이다.

2 Howell, Nancy. *Life Histories of the Dobe !Kung: Food, Fatness, and
Well- eing over the Life Span*. Oakland, CA: University of California
Press, 2010, pp. 1-3.

3 Howell, Nancy. *Demography of the Dobe !Kung*. Kindle edition. New
York: Routledge, 2007, loc. 535-38.

4 Sahlins, Marshall. "The Original Affluent Society." Eco Action, 2005.
www.eco-action.org/dt/affluent.html.

5 Graunt, John. *Natural and Political Observations: Mentioned in a
Following Index and Made upon the Bills of Mortality: With Reference
to the Government, Religion, Trade, Growth, Air, Diseases, and the
Several Changes of the Said City*. London: Martyn, 1676, p. 41.

6 위의 책, p. 72.

7 위의 책, p. 135.

8 Howell, *Demography of the Dobe !Kung*, loc. 872-76.

9 위의 책, loc. 851-55.

10 위의 책, loc. 980-96.

11 Devlin, p. 97에서 인용.

12 Deaton, Angus. *The Great Escape: Health, Wealth, and the Origins of
Inequality*. Princeton, NJ: Princeton University Press, 2015, p. 81.

13 Hollingsworth, T. H. "Mortality." *Population Studies* 18, no. 2 (November,
1964), p. 54.

14 어떤 다른 사회에서도 기대수명의 상향 추세가 초기에 있었지만, 그 사회가 기
대수명을 추적하는 데 필요한 자료를 보관해두지 않아 측정되지 않았을 가능

성도 있다. 그러나 우리가 의학과 공중위생의 역사에 대해 알고 있는 바에 따르면, 그런 가능성은 거의 없다고 말해도 무방하다. 과거에 우연히 있었던 증가 추세는 일시적인 현상에 불과했고, 사망률이 세계 전역에서 정확히 기록되기 시작하면서 그런 우연마저 사라졌다는 걸 우리는 분명히 알고 있다.

15 Deaton, p. 163.

16 Hadlow, Janice. *A Royal Experiment: The Private Life of King George III*. New York: Henry Holt and Company, 2014, p. 358에서 인용.

17 위의 책, p. 359.

18 Cox, Timothy M., *et al.* "King George III and Porphyria: An Elemental Hypothesis and Investigation." *The Lancet* 366, no. 9482 (2005), p. 334.

19 Hollingsworth, p. 54.

20 Rosen, William. *Miracle Cure: The Creation of Antibiotics and the Birth of Modern Medicine*. New York: Penguin Books, 2018, pp. 5-6에서 인용.

21 Osler, William. *The Principles and Practice of Medicine*, 8th ed., Largely Rewritten and Thoroughly Revised with the Assistance of Thomas McCrae. Boston: D. Appleton & Company, 1912, p. 135.

22 McKeown, Thomas. *The Role of Medicine: Dream, Mirage, or Nemesis?* Princeton, NJ: Princeton University Press, 2016, p. x.

23 McKeown, Thomas. *The Modern Rise of Population*. London: Edward Arnold, 1976, p. 15.

— 2장 —

1 Needham, Joseph. "Biology and Biological Technology." *Science and Civilisation in China* 6, Part VI, Medicine. Cambridge, UK: Cambridge University Press, 2000, pp. 124-34.

2 Razzell, Peter Ernest. *The Conquest of Smallpox: The Impact of Inoculation on Smallpox Mortality in Eighteenth Century Britain*. London: Caliban Books, 2003, p. 115.

3 Hopkins, Donald R. *The Greatest Killer: Smallpox in History*, with a new introduction. Chicago: University of Chicago Press, 2002, p. 206에서 인용.

4   미드 박사에 따르면, 그런 처방의 주된 목적은 '핏속의 염증을 억제하는 동시에 병의 원인 물질이 피부를 통해 배출되는 걸 돕는 것'이었다. Carrell, Jennifer Lee. *The Speckled Monster: A Historical Tale of Battling Smallpox*. New York: Plume, 2004, p. 47에서 인용.

5   위의 책, p. 73에서 인용.

6   위의 책, p. 82에서 인용.

7   Gross, Cary P., and Kent A. Sepkowitz. "The Myth of the Medical Breakthrough: Smallpox, Vaccination, and Jenner Reconsidered." *International Journal of Infectious Diseases* 3, no. 1 (1998), p. 54.

8   위의 책, p. 54.

9   James, Portia P. *The Real McCoy: African-American Invention and Innovation, 1619-1930*. Washington, DC: Smithsonian Institution Press, 1990, p. 25에서 인용.

10   Leavell, B. S. "Thomas Jefferson and Smallpox Vaccination." *Transactions of the American Clinical and Climatological Association* 88 (1977), p. 122에서 인용.

11   1801년 11월 5일 제퍼슨이 존 본(John Vaughn)에게 보낸 편지, https://founders.archives.gov/documents/Jefferson/01-35-02-0464.

12   Leavell, p. 124에서 인용.

13   "Government Regulation." *The History of Vaccines*. https://www.historyofvaccines.org/index.php/content/articles/government-regulation.

14   Dickens, Charles. *Household Words Almanac*. djo.org.uk/household-words-almanac/year-1857/page-19.html.

15   Wolfe, Robert M., and Lisa Sharp. "Anti-Vaccinationists Past and Present." *BMJ* 325, no. 7361 (2002), pp. 430-32.

16   Fee, Elizabeth, and Daniel M. Fox. *AIDS: The Making of a Chronic Disease*. Oakland, CA: University of California Press, 1992, p. 107에서 인용.

17   Henderson, Donald A. "A History of Eradication: Successes, Failures, and Controversies." *The Lancet* 379, no. 9819 (2012), p. 884에서 인용.

18 Leavell, p. 122에서 인용.

19 Foege, William H. *House on Fire: The Fight to Eradicate Smallpox.* Oakland, CA: University of California Press, 2012, p. 76.

— 3장 —

1 Luckin, W. "The Final Catastrophe—Cholera in London, 1866." *Medical History* 21, no. 1 (1977), p. 33.

2 Eyler. *Victorian Social Medicine: The Ideas and Methods of William Farr.* Baltimore: Johns Hopkins University Press, 1979, p. 43에서 인용.

3 위의 책, p. 29.

4 위의 책, p. 82.

5 위의 책, p. 92-95.

6 Johnson, Steven. *The Ghost Map: The Story of London's Most Terrifying Epidemic—and How It Changed Science, Cities, and the Modern World.* New York: Riverhead, 2006을 참조할 것.

7 Eyler, p. 156에서 인용.

8 Lewis, David L. *W.E.B. Du Bois: A Biography, 1868-1963.* Kindle edition. New York: Henry Holt and Company, 2009, p. 132.

9 Du Bois, W. E. B. *The Philadelphia Negro* (The Oxford W. E. B. Du Bois). Kindle edition. New York: Oxford University Press, 2014, p. 36.

10 위의 책, pp. 204-205.

11 위의 책, p. 328.

— 4장 —

1 Leslie, Frank. *The Vegetarian Messenger* 10 (1858), p. 18.

2 Smith-Howard, Kendra. *Pure and Modern Milk: An Environmental History since 1900.* New York: Oxford University Press, 2017, p. 16에서 인용.

3 Nelson, Bryn. "The Lingering Heat over Pasteurized Milk." Science

History Institute, April 19, 2019. www.sciencehistory.org/distillations/ the-lingering-heat-over-pasteurized-milk.

4   Szreter, Simon. "The Importance of Social Intervention in Britain's Mortality Decline c.1850-1914: A Re-Interpretation of the Role of Public Health." *Social History of Medicine* 1, no. 1 (1988), pp. 25-26.

5   Hartley, Robert Milham. *An Historical, Scientific, and Practical Essay on Milk, as an Article of Human Sustenance: With a Consideration of the Effects Consequent upon the Present Unnatural Methods of Producing It for the Supply of Large Cities.* London: Forgotten Books, 2016, p. 133.

6   Frank Leslie's Illustrated Newspaper, May 22, 1858. https://upload. wikimedia.org/wikipedia/commons/f/f6/Frank_Leslie%27s_Illustrated_ Newspaper%2C_May_22%2C_1858%2C_front_page.jpg.

7   Moss, Tyler. "The 19th-Century Swill Milk Scandal That Poisoned Infants with Whiskey Runoff." *Atlas Obscura*, November 27, 2017. www. atlasobscura.com/articles/swill-milk-scandal-new-york-city에서 인용.

8   Dillon, John J. *Seven Decades of Milk: A History of New York's Dairy Industry.* Ann Arbor, MI: University of Michigan Press, 1993, p. 23.

9   "Pure Milk for the Poor." *New York Times*, May 16, 1894. https:// timesmachine.nytimes.com/timesmachine/1894/05/16/106905450. html?pageNumber=9.

10   Smith-Howard, p. 22.

11   Straus, Nathan. *Disease in Milk: The Remedy Pasteurization: The Life Work of Nathan Straus.* Smithtown, NY: Straus Historical Society, Inc., 2016, p. 98.

12   Smith-Howard, p. 33.

13   릴의 업적에 대해 더 많이 알고 싶으면, Johnson, Steven. *How We Got to Now.* New York: Riverhead, 2014와 McGuire, Michael J. *The Chlorine Revolution: The History of Water Disinfection and the Fight to Save Lives.* American Denver: Water Works Association, 2013을 참조할 것.

14   "What's Behind NYC's Drastic Decrease in Infant Mortality Rates?" National Institute for Children's Health Quality, July 24, 2017. www.

nichq.org/insight/whats-behind-nycs-drastic-decrease-infant-mortality-rates.

15   Cutler, David, and Grant Miller. "The Role of Public Health Improvements in Health Advances: The Twentieth-Century United States." *Demography* 42 (2005), pp. 13-15.

16   Straus, p. 116.

17   Ruxin, Joshua Nalibow. "Magic Bullet: The History of Oral Rehydration Therapy." *Medical History* 38, no. 4 (1994), p. 395.

18   *Bulletin of the World Health Organization*. "Miracle Cure for an Old Scourge. An Interview with Dr. Dhiman Barua." March 4, 2011. www.who.int/bulletin/volumes/87/2/09-050209/en.

19   위의 글.

20   위의 글.

21   Gawande, Atul. "Slow Ideas." *New Yorker*, July 22, 2013. www.newyorker.com/magazine/2013/07/29/slow-ideas.

22   Ruxin, p. 396.

— 5장 —

1   Rosen, p. 242에서 인용.

2   Barry, p. 23.

3   Ballentine, Carol. "Taste of Raspberries, Taste of Death: The 1937 Elixir Sulfanilamide Incident." *FDA Consumer*, June 1981, pp. 3-4.

4   "'Death Drug Hunt' Covered 15 States." *New York Times*, November 26, 1937. https://timesmachine.nytimes.com/timesmachine/1937/11/26/94467337.html?action=click&contentCollection=Archives&module=ArticleEndCTA&region=ArchiveBody&pgtype=article&pageNumber=42.

5   West, Julian G. "The Accidental Poison That Founded the Modern FDA." *The Atlantic*, January 16, 2018. www.theatlantic.com/technology/-2018/01/the-accidental-poison-that-founded-the-

modern-fda/550574에서 인용.

6   Kelsey, p. 13.

7   위의 책, p. 59.

8   Fisher, Ronald Aylmer. *The Design of Experiments*, 3rd ed. London: Oliver and Boyd, 1942, p. 49.

9   Hill, A. Bradford. "The Clinical Trial." *New England Journal of Medicine* 247, no. 4 (1952), pp. 113-19.

10 Doll, Richard, and A. Bradford Hill. "Smoking and Carcinoma of the Lung." *The British Medical Journal* 2, no. 4682 (1950), p. 743.

11 Eldridge, Lynne. "What Percentage of Smokers Get Lung Cancer?" Verywell Health, June 26, 2020. verywellhealth.com/what-percentage-of-smokers-get-lung-cancer-2248868.

12 돌의 모든 말은 2004년 인터뷰에서 인용한 것이다. https://cancerworld.net/senza-categoria/richard-doll-science-will-always-win-in-the-end.

— 6장 —

1   Rosen, pp. 94-95에서 인용.

2   Williams, Max. *Reinhard Heydrich: The Biography, Volume 2: Enigma*. Church Stretton, UK: Ulric Publishing, 2003, pp. 162-65.

3   Bendiner, Elmer. "Alexander Fleming: Player with Microbes." *Hospital Practice* 24, no. 2 (1989), p. 283에서 인용.

4   Rosen, p. 45.

5   Macfarlane, Gwyn. *Howard Florey: The Making of a Great Scientist*. The Scientific Book Club, 1980, p. 203.

6   Rosen, pp. 123-25.

7   Lax, Eric. *The Mold in Dr. Florey's Coat: The Story of the Penicillin Miracle*. New York: Henry Holt, 2005, p. 186에서 인용.

8   위의 책, p. 190에서 인용.

9   엄밀히 따지면, 체인이 감독한 초기의 페니실린 실험에 암환자가 포함돼 있었지만, 암 치료가 실험 목적이 아니었다.

10 "Committee on the History of the New York Section of the American Chemical Society 2007 Annual Report." American Chemical Society. www.newyorkacs.org/ reports/ NYACSReport2007/ NYHistory.html에서 인용.

11 Farris, Chris. "Moldy Mary… Or a Simple Messenger Girl?" *Peoria Magazine*, December 2019. www.peoriamagazines.com/pm/2019/dec/ moldy-mary-or-simple-messenger-girl.

12 Wainwright, Milton. "Hitler's Penicillin." *Perspectives in Biology and Medicine* 47, no. 2 (2004), p. 190.

13 위의 책, p. 193.

—7장—

1 "Mary Ward, the First Person to be Killed in a Car Accident —31 August 1869." blog, August 30, 2013. https://blog.britishnewspaperarchive. co.uk/2013/08/30/mary-ward-the-first-person-to-be-killed-in-a-car-accident-31-august-1869.

2 Laskow, Sarah. "Railyards Were Once So Dangerous They Needed Their Own Railway Surgeons." *Atlas Obscura*, July 25, 2018. www. atlasobscura.com/articles/what-did-railway-surgeons-do.

3 Gangloff, p. 40.

4 DeHaven, Hugh. "Mechanical Analysis of Survival in Falls from Heights of Fifty to One Hundred and Fifty Feet." *Injury Prevention* 6, no. 1, (2000), p. 5.

5 위의 글, p. 8.

6 Stapp, J. P. "Problems of Human Engineering in Regard to Sudden Decelerative Forces on Man." *Military Medicine* 103, no. 2 (1948), p. 100.

7 "The Man Behind High-Speed Safety Standards." National Air and Space Museum, August 22, 2018. www.airandspace.si.edu/stories/ editorial/man-behind-high-speed-safety-standards.

8   Ryan, Craig. *Sonic Wind: The Story of John Paul Stapp and How a Renegade Doctor Became the Fastest Man on Earth*. New York: Liveright, 2016, p. 107에서 인용.

9   Nader, Ralph. *Unsafe at Any Speed: The Designed-In Dangers of the American Automobile*. New York: Knightsbridge Publishing Co., 1991, p. 60에서 인용.

10   Borroz, Tony. "Strapping Success: The 3-Point Seatbelt Turns 50." *Wired*, June 4, 2017. www.wired.com/2009/08/strapping-success-the-3-point-seatbelt-turns-50.

11   Nader, p. 10.

12   1965 *Congressional Quarterly*, p. 783에서 인용.

13   United States Congress. *Congressional Record*. October 21, 1966. Vol. 112, 28618. https://www.google.com/books/edition/Congressional_Record/FBEb4lvtxMMC?hl=en&gbpv=1&dq=%22crusading+spirit+of+one+individual+who+believed+he+could+do+something%22&pg=PA28618&printsec=frontcover.

14   미국국립안전위원회(National Safety Council) 자료에 근거함. injuryfacts.nsc.org/motor-vehicle/historical-fatality-trends/deathsand-rates.

— 8장 —

1   Kauffman, Stuart A. *Investigations*. New York: Oxford University Press, 2002와 Johnson, Steven. *Where Good Ideas Come From: The Natural History of Innovation*. New York: Riverhead, 2011을 참조할 것.

2   Majd, Mohammad Gholi. *The Great Famine and Genocide in Persia, 1917-1919*. Lanham, MD: University Press of America, 2003, p. 17.

3   위의 책, p. 23.

4   Fogel, loc. 852.

5   McKeown, *The Modern Rise of Population*, p. 142.

6   위의 책, p. 156.

7   Gráda, Cormac Ó. *Famine: A Short History*. Princeton, NJ: Princeton

University Press, 2010, pp. 10-24.

8   기아의 감소에 대한 자료를 개괄한 연구에 대해서는 https://ourworldindata.
     org/famines를 참조할 것.

9   Adler, Jerry. "How the Chicken Conquered the World." *Smithsonian
     Magazine*, June 1, 2012. www.smithsonianmag.com/history/how-the-
     chicken-conquered-the-world-87583657/#IfRbIAss4zRjbFBE.99.

10   Cushman, G. T. *Guano and the Opening of the Pacific World: A Global
     Ecological History*. Cambridge, UK: Cambridge University Press, 2013,
     pp. 40-43.

11   India Broiler Meat (Poultry) Production by Year. https://www.
     indexmundi.com/agriculture/?country=in&commodity=broiler-
     meat&graph=production.

― 결론 ―

1   규모가 있는 현대사회 중에는 낸시 하월이 !쿵족 사회에서 확인한 수준의 평등
     주의에 근접한 곳이 없는 게 사실이다. 자본이라는 게 아직 구축되지 않은 사회
     에서 평등주의자가 되는 게 훨씬 더 쉽다. 진정한 수렵 채집 문화에서도 많은
     소유물을 보유할 수 있었다. 구석기 문화에도 스티브 잡스(Steve Jobs)나 버나
     드 메이도프(Bernard Madoff) 같은 책략가들이 있었겠지만, 비물질적인 부를
     보유하지는 못했다. 수렵 채집 문화의 인접 가능성에서는 그런 부의 축적을 상
     상하는 게 불가능했기 때문이다. 프랑스와 네덜란드와 독일 등 성공과 실패의
     가능성을 무릅쓰고 산업 자본주의를 만들어가는 데 대부분의 시간을 보낸 많
     은 국가는 민주사회주의 모델, 즉 시장 친화적이지만 강력한 안전망과 보편적
     보건 의료를 갖춘 모델을 완성해냈다. 덕분에 그들은 인상적인 평등 수준을 갖
     춘 국가 경제를 성공적으로 운영하고 있지만, 안타깝게도 미국은 그 모델을 아
     직 채택하지 않았다. 앞에서 인용한 그래프에서 뚜렷이 보이는 추세에 근거할
     때, 동일한 결과가 국가 간에도 가능하고, 물질적 풍요와 장수한 삶에 있어서의
     격차가 향후에도 계속 줄어들 것이라고 추정하는 데는 충분한 이유가 있다.

2   Fogel, Robert W. *The Escape from Hunger and Premature Death, 1700-
     2100*. New York: Cambridge University Press, 2003, loc. 804-18.

3   City Health Dashboard. https://www.cityhealthdashboard.com.

4   D'Agostino, Ryan. "How Does Bill Gates's Ingenious, Waterless, Life-Saving Toilet Work?" *Popular Mechanics*, November 7, 2018. www.popularmechanics.com/science/health/a24747871/bill-gates-life-saving-toilet.

5   https://www.who.int/data/gho/data/themes/malaria를 참조.

6   Hammond, Andrew, *et al.* "A CRISPR-Cas9 Gene Drive System Targeting Female Reproduction in the Malaria Mosquito Vector *Anopheles Gambiae.*" *Nature Biotechnology* 34, no. 1 (2016), pp. 80-83.

7   Richtel, Matt. *An Elegant Defense: The Extraordinary New Science of the Immune System: A Tale in Four Lives.* New York: William Morrow, 2020, pp. 298-300.

8   Research Data Alliance. https://www.rd-alliance.org/groups/rda-covid19.

9   HealthWeather. https://healthweather.us.

10   Johnson, Steven. "How Data Became One of the Most Powerful Tools to Fight an Epidemic." *New York Times Magazine*, June 11, 2020. www.nytimes.com/interactive/2020/06/10/magazine/covid-data.html.

11   Silver, David, *et al.* "A General Reinforcement Learning Algorithm That Masters Chess, Shogi, and Go Through Self-Play." *Science* 362, no. 6419 (2018), pp. 1140-42.

12   Somers, James. "How the Artificial Intelligence Program AlphaZero Mastered Its Games." *New Yorker*, December 28, 2018. www.newyorker.com/science/elements/how-the-artificial-intelligence-program-alphazero-mastered-its-games.

13   Richtel, p. 248.

14   Adler, Adam S., *et al.* "Motif Module Map Reveals Enforcement of Aging by Continual NF-kB Activity." *Genes and Development* 21, no. 24 (2007), pp. 3254-55.

15   "Turning Back Time: Salk Scientists Reverse Signs of Aging." *Salk News*, December 15, 2016. www.salk.edu/news-release/turning-back-time-

salk-scientists-reverse-signs-aging.

16   Friend, Tad. "Silicon Valley's Quest To Live Forever." *New Yorker*, March
      27, 2017. www.newyorker.com/magazine/2017/04/03/silicon-valleys-
      quest-to-live-forever.

17   Cohen, Mark Nathan. *Health and the Rise of Civilization*. New Haven,
      CT: Yale University Press, 2011, p. 121.

18   Diamond, Jared. "The Worst Mistake in the History of the Human Race."
      Discover, May 1, 1999, http://discovermagazine.com/1987/may/02-the-
      worst-mistake-in-the-history-of-the-human-race.

팬데믹 한복판에서 읽는 인류 생존의 역사

우리는 어떻게 지금까지 살아남았을까

제1판 1쇄 인쇄 | 2021년 10월 1일
제1판 1쇄 발행 | 2021년 10월 10일

지은이 | 스티븐 존슨
옮긴이 | 강주헌
펴낸이 | 유근석
펴낸곳 | 한국경제신문 한경BP
책임편집 | 김정희
교정교열 | 박서운
저작권 | 백상아
홍보 | 서은실 · 이여진 · 박도현
마케팅 | 배한일 · 김규형
디자인 | 지소영
본문디자인 | 디자인 현

주소 | 서울특별시 중구 청파로 463
기획출판팀 | 02-3604-590, 584
영업마케팅팀 | 02-3604-595, 583　FAX | 02-3604-599
H | http://bp.hankyung.com　E | bp@hankyung.com
F | www.facebook.com/hankyungbp
등록 | 제 2-315(1967. 5. 15)

ISBN 978-89-475-4755-0　03300